全國高等院校古籍整理研究工作委員會規劃重點項目

二〇一一——二〇二〇年國家古籍整理出版規劃項目

國家古籍整理出版專項經費資助項目

俞樾全集

汪少華 王華寶 — 主編

# 賓萌集 賓萌外集

（清）俞樾 — 著
滕振國 — 整理

鳳凰出版社

圖書在版編目（CIP）數據

賓萌集 ; 賓萌外集 / (清) 俞樾著 ; 滕振國整理
. -- 南京 : 鳳凰出版社, 2021.12（2022.9重印）
（俞樾全集 / 汪少華, 王華寶主編）
ISBN 978-7-5506-3551-7

Ⅰ. ①賓… Ⅱ. ①俞… ②滕… Ⅲ. ①俞樾（1821-1907）—文集 Ⅳ. ①Z425.2

中國版本圖書館CIP數據核字(2021)第238863號

書　　名　賓萌集　賓萌外集
著　　者　(清)俞　樾　著　滕振國　整理
責任編輯　王淳航
特約編輯　蘭淑坤
裝幀設計　姜　嵩
出版發行　鳳凰出版社(原江蘇古籍出版社)
　　　　　發行部電話025-83223462
出版社地址　江蘇省南京市中央路165號,郵編:210009
照　　排　南京凱建文化發展有限公司
印　　刷　蘇州市越洋印刷有限公司
　　　　　江蘇省蘇州市吴中區南官渡路20號,郵編:215104
開　　本　880毫米×1230毫米　1/32
印　　張　9.875
字　　數　173千字
版　　次　2021年12月第1版
印　　次　2022年9月第2次印刷
標準書號　ISBN 978-7-5506-3551-7
定　　價　76.00圓
　　　　　(本書凡印裝錯誤可向承印廠調换,電話:0512-68180788)

# 《俞樾全集》編委會

**主編**

汪少華　王華寶

**編委**（按音序排列）

白朝暉　傅　傑　顧莉丹　胡文波　黄曙輝

劉珈珈　羅雄飛　倪永明　喬秋穎　喬玉鈺

孫　煒　滕振國　田松青　王其和　王倩倩

魏慶彬　謝超凡　顔春峰　張曉青　張燕嬰

# 目録

前言……一

賓萌集

賓萌集序……三
賓萌集目録……五
論篇　賓萌集一……七
丹朱、商均論……七
鄭殺申侯論……八
晉文公論……九
蹇叔論……一〇
晏平仲論……一二
先縠論……一三
季札論……一五
滕文公論……一六
盆成括論……一七
陳仲子論……一八
伯魯論……一九
屈原論……二〇
申韓論……二一

秦始皇帝論上……二三
秦始皇帝論中……二四
秦始皇帝論下……二五
項羽論……二六
范增論……二七
韓信論……二八
馬援論……二九
魏文帝論……三〇
錢徽論……三一
劉蕡論……三二
鄒元標論……三三
明代爭國本諸臣論……三四
說篇　賓萌集二……三七
治說上……三七
治說下……四〇
性說上……四三
性說下……四四
封建、郡縣說……四六
公私說……四七
禮理說……四九
《周書》「明醜」說……五〇
《左氏春秋傳》以成敗論人說……五二
《論語》正名說……五三
孔門四科說……五四
蜀漢非正統說……五五
十二支說……五七
鬼說……五九
神說……六〇

經義雜説……六一
釋篇　賓萌集三……七五
釋盤古……七五
釋姜嫄……七六
釋太公望……七七
釋荆楚……七八
釋《春秋》絶筆獲麟……八〇
釋孔子弟子三千人……八一
釋楚漢五諸侯……八二
釋公主……八四
釋佛寺……八五
釋相……八六
釋主……八七
釋欽……八八
釋左右……九〇
議篇　賓萌集四……九二
文廟祀典議……九二
孔忠移祀崇聖祠議……九四
學校祀倉頡議……九四
考定文字議……九六
取士議……一〇五
仿造浮梅檻議……一〇八
雜篇　賓萌集五……一一〇
奏定文廟祀典記……一一〇
春在堂記……一一一
胡雲林先生《飛雲山授經圖》記……一一二
胡春喬先生遺書記……一一三

高氏祠堂記……一一四
吴縣重建關帝廟碑……一一六
《鄒氏恩邮全録》序……一一七
書張文敏劉文清所書上海曹氏志傳後……一一八
書應敏齋觀察所記張貞女事後……一一九
舅氏平泉姚公家傳……一二二
王封公傳……一二六
周君雲笈外傳……一二八
汪君樵鄰傳……一三〇
符烈婦傳……一三二
周孝女傳……一三三
誥授通議大夫賞戴花翎按察司銜貴州即補道署平越直隸州兼署開州知州贈太常寺卿世襲騎都尉戴君墓表……一三四
清故徵仕郎中書科中書程君墓誌銘……一三七
先府君行述……一三九
先妣姚太夫人行述……一四三
補篇　賓萌集六……一四六
周平王東遷論……一四六
秦穆殺三良論……一四八
越句踐論……一四九
自强論……一五〇
三大憂論……一五三
田獵説……一五五

戰説……一五七
醫藥説……一五八
嫁娶説……一六二
妾媵説……一六四
禦火器議……一六五
海軍議……一六六
治河議……一六八
副榜貢生補宴鹿鳴議……一七〇
文昌改稱梓潼文君議……一七一
創建驪山老母祠議……一七二
弭兵議……一七四
弭兵餘議……一七六

## 賓萌外集

賓萌外集序……一八一
賓萌外集卷一……一八三
賦……一八三
乾清宫賦……一八三
海運賦……一八六
記……一八八
楊嘉橋俞氏雙忠記……一八八
沈東江先生手卷記……一九〇
周心穀少府南澗殺賊記……一九二
論……一九五
反絶交論……一九五
廣樂志論……一九七

傳……二〇〇
吴母葉孺人家傳……二〇〇
表兄戴琴莊先生傳……二〇二
倪烈婦傳……二〇六
碑……二〇八
德清重建留嬰堂碑……二〇八
賓萌外集卷二……二一〇
書……二一〇
與周雲笈書……二一〇
與友人謝不飲酒書……二一一
答汪蓮府昆季書一……二一三
答汪蓮府昆季書二……二一四
答汪蓮府書……二一六
答沈吉齋書……二一七
答馬譓香書……二一九
與孫蓮叔書……二二〇
謝孫蓮叔爲刻駢散二體文書……二二二
報孫蓮叔書……二二三
啓……二二四
謝孫蓮叔贈扇啓……二二四
謝孫蓮叔惠《淵鑑類函》啓……二二五
賀周仁甫新婚啓……二二六
徵恭紀子産從祀孟皮配享詩文啓……二二七
賓萌外集卷三……二二八
序……二二八
蔡漢章外祖遺詩序……二二八

潘蘭垞前輩《稼書堂詩集》序……二二九
先君子《印雪軒隨筆》序……二三一
沈吉齋《題榴庵詩集》序……二三四
章紫伯《三悼亡詩》序……二三五
孫蓮叔《紅葉讀書樓詩集》序……二三六
孫蓮叔《萱蔭山房雜著》序……二三八
孫蓮叔《桑宿集》序……二四〇
汪愷卿《瞻園詩草》序……二四二
王佛雲《硯緣集》序……二四三
談氏二女史詩序……二四四
謝夢漁同年《香南憶夢圖》序……二四六
張棲竹先生《棲竹圖》序……二四八
潘修梅先生《仙梅紀遇圖》序……二四九
《紅葉讀書樓雅集圖》序……二五〇
汪愷卿《瞻園圖》序……二五一
孫雨樓《花甲自壽圖》序……二五二
葉魯泉《囊琴訪雨圖》序……二五三
《張憶娘簪花圖詩》序……二五五
賓萌外集卷四……二五六
序……二五六
相國祁春圃夫子六十壽序……二五六
姚平泉舅氏七十壽序……二六〇
蘇完瓜爾佳氏太夫人七十壽序……二六三

謝母汪太安人七十壽序……二六五
但雲湖前輩七十壽序……二六八
慎母陳太恭人八十壽序……二七〇
孫鼎庵太夫子壽序……二七三
墓誌銘……二七六
户部候補主事前翰林院庶吉士壽君墓誌銘……二七六
誄……二七九
孫竹孫先生誄……二七九
李春帆誄……二八二
祭文……二八四
公祭相國杜芝農夫子文……二八四
呈……二八六
公請林敏齋前輩入祀鄉賢祠呈……二八六
跋……杜文瀾　二八八

# 前言

《賓萌集》《賓萌外集》是晚清著名學者俞樾自編的文集。《賓萌集》同治九年（一八七〇）春由時任廣東布政使的王凱泰出資刻印，共五卷，依次爲《論篇》《説篇》《釋篇》《議篇》《雜篇》。此後二十多年俞樾所作可歸入《論篇》《説篇》《議篇》的，數量不能各成一卷，於光緒二十一年（一八九五）彙成一卷，題曰《補篇》，作爲第六卷刻印。俞樾自述體例取法乎《晏子春秋》，還説「今之集即古之子」。這樣比附，固然是向前代經典致敬，也不無自信自許自得的意味。

「賓萌」一詞，出於《荀子·解蔽》：「昔賓孟之蔽者，亂家是也。」俞樾自己有解釋：「孟，當讀爲萌。……所謂賓萌者，蓋當時有此稱。戰國時，游士往來諸侯之國，謂之賓萌。」「往來諸侯之國」的「游士」，很容易被理解成戰國時期的策士。他們操縱横之術，挾王霸之策，競走於權貴之門，雄辯於王侯之前，利口巧舌，攪動天下風雲，博取一己富貴。俞樾不是這樣的人。

他於道光三十年（一八五〇）中進士，僅當了一任河南學政，便因「試題割裂經義」而被劾落職。之後四十餘年，他潛心學術，成一代樸學大師；全力講學，主講杭州詁經精舍三十一年，有「門秀三千士，名高四百州」之譽。《賓萌集》成書於他治學授徒之際，集中也無結交勢要、諂媚權貴之文。顯然，這樣的俞樾和戰國策士面目迥異，因此集名「賓萌」一詞與戰國策士了然無涉。《呂氏春秋・高義》：「（墨）翟度身而衣，量腹而食，比於賓萌，未敢求仕。」説墨子節衣縮食，與賓萌同伍，不求做官。高誘注：「賓，客也；萌，民也。」很清楚，「賓萌」就是客民，即外鄉人。這有利於進一步理解俞樾的解釋。「游士往來諸侯之國」，重心在一個「游」字，即游子、游俠、游民之「游」，居無定所，謀生是求。其實，策士、縱横家是賓萌——客民、外鄉人的一種，其代表人物蘇秦、張儀，前者是東周雒陽人，游説六國，組建合縱聯盟，任合縱長，兼佩六國相印；後者是魏國人，得志於秦，任相國，以連横破合縱。還有一位大人物李斯，屬法家，也是一個賓萌，楚國人，入秦，立功而當上丞相。他的大作《諫逐客書》，勸諫秦王（後來的秦始皇）不要驅逐在秦的外國之人（也即「賓萌」），説「物不産於秦，可寶者多；士不産於秦，而愿忠者衆」，理直氣壯，冠冕堂皇，説明楚材晉用是當時的普遍現象。俞樾是浙江德清人，落職後移居江蘇蘇州，并於同治十三年（一八七四）構築「曲園」，思老子「曲則全」之訓，故名，至今尚是蘇州名勝。

德清人而寓居蘇州，自然是個外鄉人。但以「外鄉人」命名自己的文集，未嘗没有一絲中年落職的無奈和落寞。

《賓萌集》是散文集。俞樾爲文寫詩，崇尚平易的文風。他曾借前人的話，主張「爲文當從三易：易見事，一也；易識字，二也；易誦讀，三也」（《茶香室叢鈔・失黏》）。又説，「余生平最喜香山詩，所爲詩亦自謂近之」（《茶香室叢鈔・二李唱和集》）。香山，中唐詩人白居易，號香山居士。白居易寫詩，要求老嫗能解，淺顯通俗，所以有「元（稹）輕白俗」的説法。準確、乾净、淺易、傳神，是文學語言很高的境界，源於作家創作主旨的明確，語言運用的自如，當然也是一種美學追求。俞樾是博學鴻儒，精研經學，旁及諸子學、史學、訓詁學、音韻學，乃至对詩詞、書法、小説、戲曲等，都有很深的造詣。滿肚子的學問，出而爲文，則華麗、典雅的文風，非不能也，乃不爲也。他自覺追求平易的文風，客觀上順應了文學由艱澀到淺易、由貴族而大衆的歷史發展潮流。俞樾同年進士兼兒女親家王凱泰所作《序》，稱道「其論切當而不浮，其説精微而不腐，其釋詳明而不煩，其議正大而不詭，其雜文亦有法度不苟作」。雖有溢美之嫌，却也基本準確。

下面依照文集六卷的次序來介紹一下《賓萌集》的思想内容。

卷一《論篇》，共二十五篇，是俞樾治史的心得，主要對從春秋到明末的二十餘位歷史人物作了評論。比如《韓信論》，圍繞韓信於漢反與不反、呂后（實爲劉邦）殺信該與不該的公案，反復研探，斷語是「夫漢始患無信，而項氏非所憂；繼患有信，而呂氏非所憂。故自淮陰侯之死，而高帝可以老矣」。著眼於國家安定的大局，立論自高；對韓信事漢的曲折心態也分析得絲絲入扣，令人信服。二十五篇中，最值得一讀的是《秦始皇帝論》上中下三篇、關乎明朝國運的《鄒元標論》以及《明代爭國本諸臣論》。

怎樣評價秦始皇，自漢以降，聚訟不已。概而言之，譽少毀多。始皇焚書坑儒，得罪了天下讀書人。而撰史著書，筆捏在讀書人手裏，自然不肯說他的好話。秦王朝短命，二世而亡，來不及製造輿論替始皇塗脂抹粉，揚美掩醜，他的形象也就不會太好看。其實，秦始皇很了不起，他改革國家政體，變封建制爲郡縣制就是很大的歷史功績，唐代柳宗元的宏文《封建論》對此有深刻的論述。俞樾的三篇《秦始皇帝論》，上承《封建論》，著眼於一個「變」字。上篇說「周、秦之際，古今之交也，雖欲無變，不可得也」，中篇說「因時變法固當日之通論矣」，「則使秦人不得天下而楚得之，其變改古制猶夫秦也」。這一觀點，具有鮮明的時代特徵。鴉片戰爭，清政府割地賠款。老大帝國受辱於西方蠻夷，士大夫驚恐悲憤之餘，普遍有所反思。祖宗不足法，必須變法圖存。中興名臣李鴻章於同治十一年（一八七二）驚呼「此三千餘年一大變局也」（《籌議製造輪船未可裁撤折》）；一八九八年的戊戌變法，更是這種社會思潮的一次失敗的政治實踐。俞樾身處動蕩的時代，借古喻今，呼籲「變則通」，其政治眼光和政治立場，都是值得肯定的。

俞樾是樸學大師，有《群經平議》五十卷，影響很大。他治學以「通經致用」爲宗旨。「通經」不是死背經義，墨守成規，而是爲了「致用」，看重實際效果。《鄒元標論》是個好例子。儒家講道德教化，士大夫尤重氣節。孔子説殺身成仁，孟子説捨生取義，爲了仁義，不惜犧牲。因此，「文死諫，武死戰」，歷史上那些犯顔直諫、遭貶遭戮的人，往往被後世視爲道德楷模，没有誰敢提出諫得「對不對」或者「值不值」的疑問。俞樾敢。明神宗萬曆五年（一五七七）九月，首輔張居正喪父。居正戀棧，居喪不丁憂。小皇帝爲他辯護：「朕學尚未成，志尚未定，先生既去，前功盡隳。」説我年幼，方方面面都離不開張居正。鄒元標不顧居正勢盛、聖眷正隆，三次上疏反對奪情：「弼成聖學，輔翼聖志者，未可謂在廷無人也。且幸而居正丁艱，猶可挽留；脱不幸遂捐館舍，陛下之學將終不成，志將終不定耶？」（《明史・鄒元標傳》）言詞激切，假設较爲极端。結果被杖八十，貶職流放荒遠之地，直到居正病死，纔得復起。鄒後來成爲東林黨首領之一，與趙南星、顧憲成號爲「三君」。他的反奪情之舉，歷來被人稱頌，以爲是忠君愛國，不計個人安危。俞樾却直斥鄒「進必不用之言，以徼必不免之辠」，是沽名釣譽，并説「有明中葉以後，士大夫議論愈多，而國事愈壞」。在《明代争國本諸臣論》中進一步説，「有明一代，士大夫喜名譽，好議論，乃宋以來之積習也」。他們泥古不化，膠柱鼓瑟，「小而詩文之體，規規摹擬；大而乘朝車，議國事，亦徒泥夫古人之見，不知所以裁之」，對明代的文學、政治，具有洞見卓識。

卷二《説篇》，共十六篇，内容駁雜，於經、史、時政都有涉及，俞樾心有所感，即成一説。較諸《論篇》，《説篇》偏於感性。身處清季，撫時感世，内憂外患，危機感如影隨形，無法驅除，基調顯得沉重。比如《治説上》規勸爲政者要居安思危。這本是老生常談。但鴉片戰争、洪楊之亂後，時局哪來的安可居？唯有對危局的一聲長歎而已。又如《治説下》面對洋人的「心計之巧、技術之工」，作者反對師夷制夷，以爲「學人以求勝人，大惑之道也」。那麽出路在哪裏呢？有何克敵制勝的良策奇謀呢？揭開謎底，無非是老祖宗傳下來的「仁政」二字。心勞力拙，讀來深感悲涼。時局的衰敗，不僅在國力，也在人心。作爲經學大師的俞樾，對此更加痛心疾首。《性説》上下篇中，他力斥孟子性善説，以爲「今天下之人爲善者少，而爲不善者多」，人「其耳之聰、目之明、手足之便利、心思之巧變，可以無所不爲」，應從荀子性惡説，嚴刑峻法輔以道德教化，撥亂反正。《孔門四科説》中，他認爲把孔門弟子分爲德行、政事、文學、言語四科「非孔子之意也」，後世置德行於其他三科之上，更是大謬不然，使「空疎不學之徒得而託焉」。此説大有見地。衡人掄才，有才固然未必有德，而無才者德將焉附？倘能德才兼備，自然大好；不然，退而求其次，寧取有才少德者，竹頭木屑，終有一用。每見有才、學、能一無所長者，怡然左右逢源，青雲直上，自詡「吃道德飯」，可見此種人物，源遠流長。

這裏重點推介《公私説》。這是一篇奇文。長久以來，公、私對舉，「公者美名，而私者姦衺不正之號也」。爲政者總提倡先公後私，公而忘私，甚而至於大公無私，興公滅私。作者力排常識，獨立異説。首先引經據典，證明「聖人先私而後公」；繼而説「自營爲私」，「於是推以及人，使人人得以自營，是即公矣」；又説「古人之辭，言公必及私」，「私固聖人之所不禁也」。結論是「一家安而後一國安，一國安而後天下安也」。這一觀點至今還屬前衛，難怪俞樾在文末沾沾自喜道：「吾斯言也，自漢以來儒者未有及此者也，其爲世所詬病必矣。然而後之君子得吾説而深思之，其諸可以治天下歟？」

卷三《釋篇》，共十三篇，幾乎都是不同意成説的求異出新之文。其中十篇依次考釋「盤古」「姜嫄」「太公望」「荊楚」「公主」「佛寺」「相」「主」「欽」「左右」，類似於《辭海》的詞條，而探其所以然，有理有據。有的結論平易確實。如表示「宰輔」之「相」，阮元釋爲「襄」（助）之假借。俞樾反對這一「曲説」，認爲由《説文解字》「相」本義「省視」引申，「瞽者無目，不能省視，故必有人代爲省視，而扶助之、導引之，即謂之相。其後因以爲輔政者之稱」。有的闡述啓人神志。如表示佐助的「左右」，《説文解字》釋「左」爲「手相左助」，從𠂇（手）工（左助），釋「右」爲「手口相助」（段玉裁説「以口助手」）。作者考證「左」從工乃從巨（矩尺）省，「右」不從口而從囗（圓形的隸變）：天下之形，不外乎方與圓，「𠂇（左手）執方，又（右手）執圓，古人制字之意正如此」，「『天道圓，地道方；君道圓，臣道方。』古之聖人所以裁成天地之道、輔相天地之宜以左右民者，不外乎此矣。是故『左』『右』二字之義，其所包甚大也」。另三篇是對某一史實的考證和評析。《釋孔子弟子三千人》考證《史記》孔子「弟子三千」之「三千」非確指，而是泛指數目之多。楚、漢之興的「五諸侯」，衆説紛紜，《釋楚漢五諸侯》據史實排除了其中不能列入「五諸侯」者。《春秋·哀公十四年》「春，西狩獲麟」，相傳孔子作《春秋》至此而輟筆。前人認爲麟出非時，謂之不祥。《釋〈春秋〉絶筆獲麟》則指出作爲仁獸，麟仍是「王者之瑞」，從《詩經》《周易》的考察得出「天下方治也，而聖人之心則已憂其亂；天下方亂也，而聖人之心則已望其治」的結論，斷定《春秋》絶筆於『獲麟』，思治也」，而非「傷周道之不興，感嘉瑞之無應」。據俞樾《江孔德孝廉〈穀梁條例〉序》，本文是其十六歲時所作。

卷四《議篇》，共六篇。《文廟祀典議》《孔忠移祀崇聖祠議》都是對卷五《奏定文廟祀典記》所記倡議的補充，前者倡議文廟配享應有許慎、從祀增入毛亨，名爲表彰毛亨和許慎，實乃强調《毛詩》的傳承尤其是《説文解字》的價值，「義理存乎訓詁，訓詁存乎文字。無文字是無詁訓也，無詁訓是無義理也」，「而《説文解字》一書尤爲言小學者所宗」。《學校祀倉頡議》歷數配享四位、從祀六位的業績，確立先秦兩漢文字學功臣。《考定文字議》主張以《説文解字》爲標準，考正字義與字體，「悉羅列許書正字，辨俗體之誤，尤學者所不可不讀」（清李慈銘《越縵堂讀書記・子部・雜家類》），馮世徵曾爲此做《〈考定文字議〉疏證》。《取士議》是對「罷去八股時文，别求取士之法」考試内容與方式的建議，針對同治元年黎昌庶條陳取士法的繁重，俞樾主張「務宜簡易，使天下可以遵行，不必過涉繁重，轉致有空文而無實際」。《仿造浮梅檻議》倡議仿造明人黄汝亨西湖所建「浮梅檻」：用巨竹做成竹筏，平鋪木板，編織篷屋，朱紅欄杆，青色帳幕，中可放置几席觴豆及彝鼎、罍洗、茶鐺、棊局。俞樾四十七歲起主講杭州詁經精舍，春秋佳日時至西湖，遂作本篇。蓋羨慕「浮梅檻」新奇可喜，「終此老之身逍遥容與」，而仿製不果。八年後，蘇州曲園落成，園有曲池十一丈見方，乃於池中仿造浮梅檻，因僅寬四尺長五尺，命名「小浮梅」。容二人促膝，作者與夫人坐其中，相與閒話，往往考證傳奇、小説中俗事，於是録爲《小浮梅閒話》一卷（刻入《曲園雜纂》），可謂雅人清致。

卷五《雜篇》，共十九篇，内容龐雜。或爲圖、書作序作記，或爲廟碑、祠堂作記；或叙述以「春在堂」命名所居及曾國藩題寫之緣起，或記載河南學政任上奏請文廟祀典應有公孫僑從祀、孟皮配享。更多的是爲親戚、鄉試同年、同年兼親家之父、所在書院監院之父、岳父與父親做塾師時的東家、任學政時職責所及者而作的傳或墓表、墓誌銘，傳主或墓主包括死難的守土之吏、地方好官以及「烈婦」「貞女」「孝女」。雖多屬親朋好友圈，不無應酬之意，但特定時代的人物命運、文化現象尤其是作者的價值取向躍然紙上。《先府君行述》《先妣姚太夫人行述》兩篇（後者一八八五年補刻入《賓萌集》），記述先父、先母生平與爲人，筆下自有深情；《舅氏平泉姚公家傳》爲從小賞識自己的舅舅兼岳父立傳，介紹其著作大略及編著史書遺願，都是可供研究的珍貴資料。

卷六《補篇》刻印於俞樾七十五歲（一八九五年）之時，共十八篇：五論、五説、八議。憂國傷時是其主綫。列强侵凌，政府無能，有識之士争説自强。《自强論》反對洋務派師夷制夷的主張，以爲竊其唾餘，削足適履，「庸有濟乎？盍亦反其本矣」——推行仁政，主要是整頓吏治。倘若官吏得人，「官之與民若父兄子弟然」，一旦有警，「效死而民弗去，夫何守之不固乎？」以後的歷史證明，這不過是一介書生的白日夢。《三大憂論》一憂列强欺辱，國將不國；二憂西學盛行，孔教將廢；三憂開礦采煤，竭澤而漁。現在看來，睁眼看西方，采礦辦工業，自有其進步性。但文章以「憂」字立論，觸目驚心，可以想見作者的憂心忡忡，痛心疾首。《田獵説》主張教民以戰，以備不虞。《戰説》認爲士大夫也應知戰備戰，將帥更應身先士卒。《禦火器議》提議用藤牌兵破洋人槍炮火器。更有《弭兵議》《弭兵餘議》勸説列國，開戰終歸以和，然而「荼毒億萬之生靈，糜費億萬之銀錢，勢窮力竭」，兩敗俱傷，有何益處？不如弭兵——消除戰争，「各君其國，各子其民，勿干預他國之政治，勿覬覦他國之土地，所謂兵者用之於本國，勿用之於他國」。書生論戰，紙上談兵；與虎謀皮，幼稚迂闊，却也足見其報國之志和仁者之心。

《醫藥説》主張「不信醫而信藥」，即廢醫存藥。作者曾有《廢醫論》一卷，堅决「廢醫」，至此稍有變化。俞樾是廢棄中醫論的代表人物。其門生章太炎深研中醫，一九一〇年作《醫術平議》云「先師俞君僑處蘇州……累遭母、妻、長子之喪，發憤作《廢醫論》」，則不免想當然：俞樾長子俞紹萊病卒於光緒七年（一八八一），而《廢醫論》光緒五年（一八七九）已刻入《俞樓雜纂》；其母九十三歲高齡去世，「醫者切脈，猶曰無慮。未卒前二日，諸病皆愈」（《先妣姚太夫人行述》），醫者無咎。太炎一九二〇年作《仲氏世醫記》云「先師德清俞君，恨俗醫不知古，下藥輒增人病，發憤作《廢醫論》」，乃較平允。《廢醫論》之作，固然不排除愛妻爲醫所誤的因素，但「憤然而議廢醫」原因明確：「夫醫之所以知病者脈也，脈則久失其傳；醫之所以治病者藥也，藥則又不可恃。脈虛、藥虛，斯醫亦虛矣。」俞樾自陳「廢醫論」是「有益的偏見」：「雖有激之談，然此論行則人之保其天年者多矣」（《〈春在堂全書〉録要》），「此雖兄之偏見，然有益於世間實不淺也」（《致陳豪書》）。因爲有些偏激，「廢醫存藥」立論亦不够堅實。《醫藥説》云藥丸傳世必經數百乃至上千年，因驗而靈；但行醫只是某些醫生謀生的手段，求得「一輿之值、一飯之資而已」。此言自然偏激。醫生固有良莠，藥丸何嘗没有真僞？庸醫害人，假藥亦會致命。中醫中藥都是我國傳統文化的重要組成部分，應該發揚光大。但於醫生要切實培養，於中藥要嚴格管理，人命關天，不可輕忽。

《賓萌外集》同治五年（一八六六）由曾國藩幕府、江蘇候補道杜文瀾出資刻印。集凡四卷五十六篇，以書序、壽序、書信爲主，另有賦、記、論、傳、碑、啓、墓誌銘、誄、祭文、呈，都是駢文。駢文承騷、賦餘緒，盛行於六朝，唐、宋以後漸趨式微，但綿延不絶，至今尚有寫作者。駢文是一種唯美的文學樣式，要求辭藻華美，聲律和諧，屬對工切，隸事精當。歷代雖不乏名篇佳什，但形式上的要求過於苛嚴，難免限制了作者表情達意的自由；艱澀的語彙、繁複的用典，也影響了讀者閲讀的順暢和愉悦，它的没落是歷史的必然。

俞樾是大學問家，精通經史子集，熟稔前事舊典；他深研音韻聲律，對寫詩作文的諧韻合律，更如庖丁解牛，得心應手。他當然喜歡駢文，寫作駢文。他贊美駢文「意味深厚，文詞典雅，故可貴也」；對唐宋以後駢文的没落深感惋惜，認爲「於古人修詞之道或反失之矣」。但他的文學觀不保守，能與時俱進，散文平易的風格即是一例；對小説、戲曲的喜愛和研究，更是明證。他説「余自幼喜爲四六文（即駢文）」（《自序》），「余三十歲前好爲駢四儷六之文，今《賓萌外集》四卷，皆其時所作也」（《朱鏡香〈竹南精舍駢儷文〉序》）。雖然《自序》中謙稱《賓萌外集》「氣體卑下」「鄙薄無足觀」，但晚年爲朱鏡香作序却感慨已經寫不出當年《賓萌外集》「妃青儷白、侔色揣稱」的作品，對朱氏駢文「搜逑索偶之工，翦月裁雲之妙」的贊美，未嘗不是《賓萌外集》的顧影自憐。讀者若喜愛華美的詞藻、鏗鏘的聲調，則閲讀本集之文會得到美妙的享受；對照《賓萌集》散文的樸實平易，更覺俞樾兩副筆墨，才大似海。

本書點校，以鳳凰出版社影印光緒末增訂重刊《春在堂全書》本爲底本，采納蔡啓盛《〈春在堂全書〉校勘記》的正確成果；改正文字訛誤并出校；異體字、古字、俗字原則上不改；因避諱而改字或缺筆的「寧」「玄」「弘」等回改，不出校。

本次重印，有所修訂。

滕振國

# 賓萌集

# 賓萌集序

蔭甫同年鋭意著述，蔣香泉中丞爲浙藩時，曾刻其《群經平議》三十五卷行諸世，而《諸子平議》亦次第授梓。余私念君所著述如良金美玉，有目者皆識之，數年後君篋中書必盡爲人刊刻。余與君同歲成進士，又重之以婚姻，獨不稍任剞劂之役，無乃當仁而讓，爲君子所笑乎？因謀刻其詩文集。而適從浙臬遷粵藩，悤促以去，未果也。今歲書來，并寄示《春在堂詩編》六卷，則知君詩集已爲楊石泉方伯所刻矣，憬然有高辛先我之懼，乃移書請刻君文集。君之文曰《賓萌集》，蓋用《吕覽·高義篇》「比於賓萌」之義。集凡五卷，曰《論篇》，曰《説篇》，曰《釋篇》，曰《議篇》，曰《雜篇》，蓋從《晏子春秋·諫篇》《問篇》《雜篇》之例。余受而讀之，其論切當而不浮，其説精微而不腐，其釋詳明而不煩，其議正大而不詭，其雜文亦有法度不苟作。信如君言「今之集即古之子」，而讀君集者猶讀子也。彼襲周秦諸子之貌以爲古者，不足以語此矣。刻既竟，輒書所見於卷端。君尚有《外集》四卷，皆駢儷之文，已爲杜小舫觀察所刻，故兹不及焉。

同治九年孟春，寶應王凱泰。

# 賓萌集目録

論篇一
説篇二
釋篇三
議篇四
雜篇五

或曰：「子之集分五篇，篇各一卷，唐宋以來諸家文集有若是者乎？」曰：「無有也。」「然則子若是，何也？」曰：「子亦知文集之所自始乎？蓋始於諸子也。古之君子既殁，而其徒譔次其行事與其文詞以傳於後，若《管子》《晏子》是也。此即文集之權輿，故荀子書有《賦篇》焉。後世人各有集，而不知其原出於諸子，於是集日以多而文日以卑矣。吾用《晏子春秋・諫篇》《問篇》《雜篇》之例，分《賓萌集》爲五篇，以類相從。蓋吾文雖不逮乎古，而今之集即古之子，則吾猶及知之也。」因書于目録之後，以告觀者焉。

# 賓萌集一



## 丹朱、商均論

孟子曰：「丹子朱不肖，商均亦不肖。啓賢，能敬承繼禹之道。」嗚呼！啓則賢矣，而丹朱、商均豈必皆不肖哉？武王數紂之辠，後世猶疑之，而況丹朱、商均乎？當堯之時而有舜，當舜之時而有禹，此丹朱、商均所以不有天下也。益之德不及舜，而功不及禹，則天下不歸益而歸啓。使堯不得舜，舜不得禹，天下固丹朱、商均之天下也。繼世而有天下者，天之所廢，必若桀、紂。丹朱、商均而有天下，其視舜、禹固有間矣，而視太甲、成王宜無媿焉。然而曰不肖者何也？曰：仲尼之子不能復爲仲尼，堯、舜之子亦不能復爲堯、舜；以堯、舜爲之父，而責其子以必肖，此亦難矣。故丹朱、商均謂之不肖可也，謂之不賢不可也。且夫以天子之子，安然而處人臣之位，不賢而能若是乎？後世之君以百戰而得天下，天下既定，中外無復異志，而爭敚之禍常起於門内。丹朱、商均處禪讓之際，拱手而去，没齒而無怨言，所謂「知命」者歟？堯、舜以天下與人而無所難者，以其子能安之也；舜、禹受人之天下而無所嫌者，以二子之無言也。昔武王克商，使武庚不反，則遂定矣。武庚反而天下從之，幾至於亂。及微子事周，然後復定。嗚呼！天下之心可知矣。夫使天下晏然戴舜、禹以爲君者誰乎？丹朱、商均也。聖人以萬全爲計，非丹朱、商均之賢，則堯、舜不敢與，舜、禹不敢受。然則以天下讓，民無得而稱者，丹朱、商均之謂歟？

## 鄭殺申侯論

異哉！鄭之殺申侯也。當是時，鄭無人焉。夫鄭之從楚，天王命之，宰周公主之，非鄭之私計也。爲鄭謀者，宜告於齊曰：鄭雖從楚，非有貳心，以王命之故。君若以王命來，惟命是聽。夫齊桓方挾天子以令天下，其敢因區區之鄭而犯不韙之名乎？鄭之君臣聞有齊師，則不知所以爲計，而姑殺申侯以説焉。不知齊欲得鄭耳，雖朝刑一士，莫殺一大夫，齊師猶在城下也。魯僖公時，齊伐魯，魯使展喜犒師，對以先王之命，齊不敢伐而還。使鄭人而知此，則何以殺申侯爲哉？且夫小國，既無文德，又無武功，而惟知殺人以媚人，其不至乎亡者幸也。魯殺公子買卜以説于楚，衛殺大夫孔達以説于晉，皆非計也。夫無辠而殺大夫且不可，況爲敵國殺之乎？彼敵國何饜之有？殺其臣不足，則有出其君以説之，如衛成公者；出其君不足，則且有弒其君以説之，如齊莊公、悼公者，是尚足以爲國乎？

漢景帝用袁盎之言，殺鼂錯以謝七國，而七國不爲罷兵。唐昭宗時，李茂貞犯京師，殺兩樞密使以謝之；猶不足，又殺杜讓能，茂貞乃罷，而唐亦旋亡矣。宋韓侂胄謀恢復，金兵南下，問首謀。方信孺使于金，争之曰：「縛送首謀，自古無之。」金人不可，宋卒殺侂胄，以首畀金。夫侂胄之罪誠可誅矣，而至於函首謝敵，其國尚可爲乎？昔樊於期亡秦之燕，太傅鞠武欲使入匈奴，太子丹不可。於是樊於期感其義，至爲之死。其後燕王喜用代王嘉計，殺太子丹以説於秦，而燕卒亡。故夫殺人以媚人，無策之甚者也。

## 晉文公論

唐叔之始封也，箕子曰：「其後必大。」至晉文公而遂霸諸侯，其言信矣。楚成王曰：「吾聞姬姓唐叔之後，其後衰者也。」而晉爲三家所滅，乃先諸侯而亡，何哉？烏乎！晉之所以霸者，其所以亡也。孔子曰：「晉文公譎而不正，齊桓公正而不譎。」今觀晉文與其臣所以取威定霸者，皆陰謀也。有陰謀者必有陰禍，晉祚所以不永歟？

自古以陰謀勝人者莫如越句踐，句踐雖能滅吴，而數十年之後，子孫竟亡於楚。故知天下之事，得之光明，乃可以久；得之曖昧，終必失之。漢高祖取天下於秦、項之亂，其事近正，故傳四百餘年，絶而復續。既篡於魏，而昭烈建號於一隅，又數十年，傳二世而後滅。宋太祖之代周，難言之矣。故南渡之後，不能爲光武之中興。而益王之立於福州，衛王之立於碙州，亦不足以比蜀漢。烏乎！天道神明不於此而可見乎？陳平曰：「吾多陰謀，是道家之所忌。吾世即廢，終不能復起，以吾多陰禍也。」其後曾孫何坐法國除，竟不得續封。晉文之臣所與深謀者，胥臣、郤穀、狐毛、狐偃、欒貞子之徒，不久而子孫降於皁隸，豈非晉之君臣皆有陰禍哉？雖然，孔子稱齊桓公「正而不譎」，而齊亡乃先於晉，何也？太史公曰：「西伯昌與吕尚陰謀以傾商政，其事多兵權奇計，後世言兵及周之陰權皆宗太公爲本謀。」由是言之，太公以陰謀興，宜其祚之不永也。

## 蹇叔論

有進説於其君者而君不聽，則亦已矣。必嘵嘵然語於衆曰：「君之爲此也，吾知其不可也，吾言於君而君不用也。」則似幸其有失以中其言。不幸而其言果中，則人主將有所甚愧。且夫愧而能悔者，賢主也，豈可望之中主以下者哉？是故古之大臣，入以語其君，出不以告其子，使異日者君無所愧於我。君無所愧於我，則今日棄之，明日收之，略不芥蔕於其胸。昔秦穆公使孟明襲鄭，蹇叔以爲不可。及秦師既敗，穆公益用孟明而不及蹇叔，豈蹇叔已死歟？烏乎！蹇叔年雖高，有少年之氣，才識有餘而不能藏，雖不死猶不用也。《書》曰：「爾有嘉謀嘉猷，入告爾后于内，爾乃順之于外，曰：斯謀斯猷，惟我后之德。」古君臣之間豈好爲此戔戔小讓哉？懼傷君心也。今夫朋友之過，猶必忠告而善道之，而況君臣之間乎？蹇叔一言不用，則悻悻之氣不能自默，既哭其師，又訣其子，必使通國皆知而後已。秦師一敗，崤函以西無不稱蹇叔之智，而笑秦穆之愚。秦穆何如主，而肯屈於其臣乎？一戰不勝則再戰，再戰不勝則三戰。不責孟明以僨事之罪，乃不欲自任失人之咎而使蹇叔受知言之名也。夫王官之役，晉人厭兵，自不出耳，非孟明之能勝晉也。以兩敗易一勝，兩戰之敗不以爲辠，一戰之勝遂以爲功，此秦穆之所以自解於國人也。其後晉以一旅拒桃林之塞，而秦遂不能東征諸侯，倖一時之功，貽數世之禍，秦穆君臣不足惜，然而激而成之者何人哉？向使蹇叔諫而不用，則杜門不出，深自諱匿，穆公始雖不用，終必能悔，悔而復用，成功名於天下，甚未晚也。惜乎蹇叔才識有餘而不能藏也。

## 晏平仲論

晏平仲一狐裘三十年，澣衣濯冠以朝，豚肩不掩豆以祭，其所居湫溢囂塵而亦安之。故太史公曰：「晏平仲以節儉力行重于齊。」烏乎！晏子非徒儉者也。古之君子敝車羸馬，菲衣惡食，其自奉有嗇於廝養者，豈徒儉哉？蓋處亂世之道也。今夫君子，誠不以衆人之匈匈而易其行，然以一身而處乎匈匈之中，則亦危矣。彼君子何恃以處此？曰：君子之於亂世也，天下雖忌之嫉之，欲得而殺之，而至觀其食無兼膳，衣無完衣，出無一宿之糧，入無一日之積，則雖其深怒積怨者不能不自媿不如，而甚者至於太息泣下也。何也？天下之小人未始無是非之心也，雖惡其剛直之節，而不能不服其廉潔之行。是故處亂世，犯衆怒，而莫或傷之也。孔子曰：「危邦不入，亂邦不居。」後君子不幸而處此，如之何而可歟？曰：菜羹疏食而能飽，蓽門圭竇而能安，親僮僕之役而能不以爲勞，聞妻子飢寒愁苦之聲而能不以爲恥，則無往而不可。世之人所以貶其道、屈其守者，豈有他哉？飢寒之弗能忍，而勞辱之弗能堪也。當晏子時，齊多故矣，而卒有以自全。故曰：晏子非徒儉者也。

# 先縠論

邲之戰，晉大夫見於軍者十有八人，獨先縠堪其職耳。晉師之出也，聞鄭既及楚平，桓子欲還，先縠欲戰。戰而敗，則先縠爲無謀。雖然，晉之彊匹於楚，晉之救鄭聞於諸侯。昔孫良夫、石稷、甯相、向禽侵齊，與齊師遇，石子欲還。夫以區區之衛，當齊屢勝之鋒，其勢不敵，而孫子曰：「以師伐人，遇其師而還，將謂君何？」卒與齊戰。然則以衛避齊且不可，況以晉避楚而可哉？且諸侯所以望晉而歸之者，以晉庇我也。今小國有急，晉師遷延不出竟，豈獨失鄭，諸侯其誰不懾焉？是故鄢陵之役，范文子不欲戰者，其所憂有在也。若論其常，則先縠之言，萬世法也。雖然，如必敗何？曰：敗猶可也，而不戰不可也。天下之大勢，不在一戰之勝負。使先縠不以中軍佐濟，而從桓子之謀而歸，則可以無邲之敗。然自此諸侯益離，楚益無忌，天下之勢必且折而入於楚。晉平公時，楚滅陳、蔡，晉爲合諸侯而不能救，遂以失霸。吾惜其時之無先縠也。

或又咎先縠不從郤獻子之言而設備。夫秦穆之伐晉也，濟河焚舟；項籍之救趙也，沉舟破釜，安有如晉人之設覆於敖、具舟於河者乎？設覆所以拒追者，具舟所以濟逃者，此非戰備，乃逃備也。邲之戰，非將不具、兵不衆，患在人人未戰而期於必敗。曹劌之論戰也，曰：「夫戰，勇氣也。」今成師以出，未折一矢，未絶一弦，而能逆知其必敗而爲之備，三軍之氣不戰而自挫矣，何以戰乎？夫備豫不虞，軍之善政也；不備不虞，燕人所以敗於制也。是役也，楚亦嘗爲備矣，前茅慮無，左轅右追蓐〔一〕，未聞其設覆而具舟也。然則晉將何以待楚？曰：城濮以來，楚之不競久矣〔二〕。觀其告唐惠侯曰：「不穀不德，以遇大敵。然楚不克，君之羞也，敢藉君靈以濟楚師。」是晉固畏楚，楚亦畏晉。誠如先縠之意，敖、鄗既遇，鼓而進之，車馳卒奔，以乘楚軍，則楚師雖衆，可以一鼓走也。烏乎！先縠晉之良，不幸與庸人共事，不能成其功，且不能保其身。而或謂先縠召赤狄伐晉，宜其死。夫事固不可知。鄢陵之役，欒武子怨郤至之不從己也，乃使楚公子筏告晉侯曰：「郤至實召寡君。」夫以欒武子之賢稱於諸侯，而猶爲此，吾安知先縠之召狄，不亦猶郤至之召楚哉？

〔一〕左轅右追蓐，《左傳》作「右轅左追蓐」。

〔二〕競，原訛作「兢」，據蔡啓盛《校勘記》改。

# 季札論

天下事其始不斷，其後不勝悔。君子於事之始來，審之以禮，決之以義，而守之以勇。故雖事起倉猝之中，變生智慮之外，而終無累於其身。且夫簞食豆羹之細，一不慎，終身悔，況家國之際乎？

鄭人欲立子良，子良曰：「以賢則去疾不足，以順則公子堅長。」楚平王卒，令尹子常欲立子西。子西曰：「是亂國而禍君王也，必殺令尹。」夫此二子者，雖有剛柔之異，而其勇一也，故皆至於没齒而無悔。吴壽夢之死也，諸子以季札爲賢，弟兄代立，以求致國乎札。然札終不果立，而僚光争國，乃至相弒。烏乎！季子賢者也，吾惜其始之不斷也，猶幸其善於自處，致國闔閭，歸老延陵，死而有知，尚可見壽夢於地下。然爲季子計，終不若當壽夢之未死，逃之諸侯，以絶諸兄致國之意，則父子兄弟之間所全實多。古之人有行之者，太伯是也。當壽夢之時，札不能自引去，至僚弒之後，乃曰：「吾受爾國，是與爾爲篡也；爾弒爾兄，吾又殺爾，是父子兄弟相殺無已時也。」去之延陵，終身不入吴國。札所以處此者固得矣，而豈知移此舉於壽夢未死之日尤爲萬全哉？故曰：其始不斷，其後不勝悔。季子賢者也，吾惜其始之不斷也。

## 滕文公論

烏乎！滕文公豈能用孟子哉？其用孟子也，無聊之思而已矣。滕與齊梁異，齊梁之國大而其勢彊，欲其一旦舉國而委之匹夫，如湯之於伊尹、文王之於太公望，豈可得哉？滕則不然，截長補短，僅可五十里，介於齊楚，岌岌不可終日。蘇秦、張儀之徒所不至，而孟子獨來。文公自度用孟子亦亡，不用孟子亦亡，是以用孟子而不疑也。今夫文公之爲世子也，知馳馬試劍而已。其後知父兄百官之不我足也，而欲得天下賢者以自强，是以過宋而見孟子，非知孟子賢也，高其名也。夫果高其名也，則亦與馳馬試劍，同爲戰國公子之常態而已矣。彼許行者，自楚之滕，尚有數十人與之俱，則其在楚可知也。文公過宋，既見孟子，其之楚也，必見許行。孟子言堯舜，而許行言神農，且以爲賢於孟子矣。孟子曰：「世子疑吾言乎？夫道一而已矣。」此有爲而言之，非虚言也。烏乎！吾安知許行之來非文公召之也哉？不然，許行與其徒捆屨織席足以自給[一]，彼何慕乎區區五十里之滕而來爲之氓也[二]？孟氏之徒，不能知其事之本末，故於文公來見，書其「將之楚」，又書其「自楚反」；而許行之來，亦自楚而之滕，此欲使後之學者有以得其故也。或乃以滕之無成爲孟子病，吾故備論之，以見文公非能用孟子。使文公而爲齊、梁大國之君，則亦齊宣、梁惠而已矣。

## 盆成括論

烏乎！有才之難也。孟子，才之大者也；盆成括，才之小者也。齊人於孟子則不能用，於盆成括則始用之而終殺之。其用之也，君子不以爲倖；其殺之也，君子不以爲冤。何者？其才果足以用，果足以殺也。夫才小者，始未有不用，終未有不殺。鄧析用於鄭，殺於鄭；文種用於越，殺於越；吳起用於楚，殺於楚；李斯用於秦，殺於秦。豈始皆幸後皆不幸哉？其才使然也。賈誼、鼂錯，皆漢之才臣，而誼之才大，錯之才小，故誼廢棄而錯爲戮。夫誼之才宜乎不

[一] 屨，原訛作「屢」，據《孟子》改。
[二] 五，原訛作「七」，據蔡啓盛《校勘記》改。

用，錯之才宜乎不免也。牛馬用於人，殺於人。鳥有鳳，獸有麟，超然遠禍矣，而不爲天下用。才小者，牛馬也；才大者，麟鳳也。今夫木長者可爲楹，短者可爲桷，圓者可爲輪，直者可爲軸，然皆不免於斧斤。千尋之木，萬夫不能舉，百牛不能載，則亦腐棄山中矣，是故有才之難也。小才，天下之所忌；大才，天下之所棄。夫欲有濟於世而無禍於身，豈易言哉？《易》曰：「上不在天，下不在田，无咎。」古君子處於亂世，與爲所忌，寧爲所棄也。

## 陳仲子論

醫者之用藥也，將以補其氣之不足，養其體之不充，則非品之正、性之良者莫敢用也。至欲去其膏肓之疾而治其瘤癧癰疽之毒〔一〕，則雖可以殺人如烏喙、蝮蝎之屬，亦將用之而無所擇，夫非不知其能爲人患也。然而人之疾有非此無以治者，則雖其毒足以殺人，而亦醫者之所不廢。

今夫天下大矣，其異乎吾道者固宜有之。而世之君子必以爲非吾族也而攻之，而絶之，則

〔一〕盲，原訛作「盲」，據文意改。

亦未得醫者用烏喙、蝮蝎之意矣。陳仲子之廉，至於辟兄離母，無親戚、君臣、上下，是其爲皐固不勝誅，而吾顧有取者。何哉？君子有萬世之計，有一時之計。爲萬世計期於無弊，爲一時計期於勝弊。當是時，四公子之屬方以富貴聲勢傾天下士，而范雎、蔡澤、張儀、蘇秦之徒亦各挾其材辯，取卿相之位及金玉錦繡而已矣。夫上與下而惟利之知，則天下之亂未有艾也。天生陳仲子於此時，或者其有意乎？是故陳仲子而得遇孔子，則宜未至於見絶也。昔管仲之器，孔子固嘗小之，而又曰：「九合諸侯，不以兵車，管仲之力也。如其仁，如其仁！」夫小其器而亟稱其仁，何哉？孔子見天下之相尋於干戈而不得一日息也，以爲有如管仲者，則兵革之禍可以少衰，蓋深惜定、哀之閒莫能爲管仲也。然而孔子之意，豈欲後之君子不爲伊尹、太公而爲管仲哉？亦以爲一時之計而已矣。吾故曰：陳仲子而遇孔子，則宜未至於見絶也。烏乎！君子有世道之責者，當知一時之計異於萬世之計，毋曰烏喙、蝮蝎可以殺人而不可以已疾也，天下其可得而治歟？

## 伯魯論

趙簡子二子，長曰伯魯，次曰無恤，不知所立，乃書訓戒之辭於二簡，以授二子。三年而問之，伯魯不能舉其辭，并失簡；無恤誦之甚悉，求其簡，出之袖中：乃立無恤。夫伯魯之所爲，雖常人父子之閒無所覬覦有不至此者，況世禄之家乎？且伯魯愚妄如是，則簡子固當知之，必決之於此而後定，何哉？

烏乎！古人之事未可以言語求矣。孟子曰：「以意逆志，是爲得之。」當是時，晉日以衰，而三家者日以盛。晉之必爲韓、魏、趙也，勢也。彼伯魯者，殆不義夫有晉而逃之者歟？是故伯魯之志，太伯之志也。太伯知周之必代商，伯魯知趙之必代晉也。然則以千乘之國讓，世無得而稱者，其伯魯之謂歟？三代以下，能爲伯魯者，陳思王也。武帝欲立植爲太子，而植不自修飾，飲酒無節，以失其父之歡，遂不得立，此必有不義其父之所爲者矣。吾觀《周易》蠱之爲卦，皆以父子爲言。至上九處卦之窮，則其爻曰：「不事王侯，高尚其志。」太伯、伯魯、曹植之徒，其有得於此義也夫！

## 屈原論

屈原賢者也，然而未若柳下惠焉。柳下惠不羞汙君，不卑小官；遺佚而不怨，阨窮而不憫。或曰：「子未可以去乎？」曰：「直道而事人，焉往而不三黜？枉道而事人，何必去父母之邦？」烏乎！此不足以見己重而物輕也哉？雖與之天下，吾不以之榮；雖奪之天下，吾不以之辱，而豈臧文仲之徒所能爲之榮辱哉？彼屈原者，一爲上官大夫、令尹子蘭所讒，則幽愁顛頷，繼之以死，何其小也！太史公曰：「屈原之作《離騷》，蓋自怨生焉。」今讀其詞，乃如婦人女子失意於人所爲者。君子不怨天，不尤人，知我者其天乎，又何怨？原之言曰：「新沐者必彈冠，新浴者必振衣，不能以身之察察，受物之汶汶。」夫君子無入而不自得焉：「不曰堅乎，磨而不磷；不曰白乎，涅而不緇。」世人皆醉，而我亦從之醉，則不可；若夫人自醉，我自醒，不亦可乎，而何死乎？且夫黄鐘之大，固不與瓦釜争鳴；千鈞之任，亦豈與蟬翼較其輕重哉？原之死，吾惜之。人固有一死，或重於太山，或輕於鴻毛。彼上官大夫、令尹子蘭何人哉？而原爲之死也！賈誼弔屈原，惜其不能去而死於楚。然而滔滔者天下皆楚也，原無往而不死也。故必如柳下惠，而後可以不死也。

## 申韓論

自太史公有申、韓原於道德之説，而宋蘇氏論之曰：「不殺人不足爲仁，則殺人不足爲不仁。刀鋸斧鉞，何施而不可？」斯言也，如獄吏治獄，鍛鍊周内而已，烏足以服老、莊之徒哉？

然則老、莊之爲申、韓，其故何也？曰：聖人之治天下，必本於仁義。仁者天下之所以生，義者天下之所以成。仁義之道行，而天下之性，剛柔皆得其中，婦人女子皆有難犯之容，介胄、匹夫皆有可親之色。何者？所以感之者得其平也。老、莊之學，一死生，齊物我，舉天下之大而歸之空虛。充其意，君臣父子之名可以不立，禮樂刑政可以不設，善可以無賞，惡可以無罰，天下之治亂可以不知，相與以無事爲安而已矣。

嗟夫！後世之天下能遂如大庭、庸成之世乎？不能也。有國家者不幸而用其説，法敝而不知修，事廢而不知舉，天下靡然不可爲矣。大風之起也，行乎空中而已，一遇崇山峻領遏之而使回，則走巨石，摧叢柯，扶摇乎數十里之外，未盡其怒也；水之注而東也，渾渾浩浩而已，一遇危磯險陝折之而使回，則潰隄防，毁城郭，奔騰乎數百里之外，未盡其怒也。天下之勢無異於此。老、莊之説用於天下，則所以感之者豈得其平哉？智久不用，人有餘智；勇久不用，人有餘勇。鬱之也深，蓄之也固，其發之也愈烈，而申、韓之徒出其閒矣。吾觀漢初，曹參用蓋公言，清静無爲。文、景因之，而閭閻富溢，無復限制。武、宣之世，乃復尚嚴。夫文、景之後，不能不爲武、宣，則知老、莊之後，不能不爲申、韓也。史公之論，其以此發歟？彼蘇氏者，固未得其恉也。

# 秦始皇帝論上

世以變古罪始皇，不知變者也。三皇異世，不相襲禮；五帝殊時，不相沿樂。是以董子曰：「繼治世者其道同，繼亂世者其道異。」秦人繼大亂之後，其道固不能無異矣。麻冕禮也，而今也純，儉，則孔子從衆。《易》曰：「化而裁之謂之變，推而行之謂之通。」又曰：「變而通之以盡利。」又曰：「物窮則變，變則通，通則久。」然則變也者，聖人所以通天下之窮也。

古之治天下者，至於周而窮矣。孔子曰：「周監於二代，郁郁乎文哉！吾從周。」蓋言周之爲治，兼二代之所有，而增二代之所無，雖有聖人，無以加之也。夫無以加之，則窮之道也。故自平王東遷，而諸侯竝爭，天下大亂。及戰國，而知者騁其謀，勇者奮其力，以先王之道爲迂闊，三代禮樂，掃地無遺。及秦有天下，遂乃燔燒《詩》《書》，投棄俎豆，刱造百度，自成一代之治。秦滅漢興，不能反古。叔孫通之徒雜采秦儀而用之，於是上自朝廷，下至鄉黨，皆秦之流風遺俗，而成周之文固已不可見矣。然則周、秦之際，古今之交也，雖欲無變，不可得也。古者天下之地，天子不得而私焉；天下之田，農夫不得而私焉。秦廢封建，而盡以天下之地歸天子；廢井田，而盡以天下之田予農夫，於古人之意失之遠矣。然而其事簡易，至今未有以易之也。此皆古今之變，而秦不與焉。是故秦之所以二世而亡者，非變古之罪。以變古罪始皇，不知變者也。

## 秦始皇帝論中

荀卿子曰：「欲觀聖王之跡，則於其粲然者矣，後王是也。彼後王者，天下之君也。舍後王而道上古，是猶舍己之君而事人之君也。」其後李斯相秦，用荀卿之説，廢先王之制而壹用秦法。後之論者因以爲李斯罪，而并罪荀卿子。烏乎！此不知變者之説也。

夫周、秦之際，天固將大有變易，以開萬世之治。當其時，學士大夫皆見及之，豈獨荀卿與其徒一二人之私言哉？吾讀吕不韋之書，有曰：「上胡不法先王之治，非不賢也，爲其不可得而法。」又曰：「治國無法則亂，守法而弗變則悖，悖亂不可以持國。世易時移，變法宜矣。譬之若良醫，病萬變，藥亦萬變。病變而藥不變，嚮之壽民，今爲殤子矣。夫不敢議法者衆庶也，以死守法者有司也，因時變法者賢主也。」吕氏之書所采皆當時士大夫之説，然則因時變法固當日之通論矣。秦雖不用李斯，而吕氏之徒固在也，以其説施於天下，則亦李斯也，豈必荀卿子哉？

當戰國時，守先王之道而欲用之當世者，莫如孟子。孟子之道不行，則天之意固可知矣。彼荀卿、吕不韋之徒，不可謂不知天者也。周之衰也，天下之國無大於秦、楚，繼周而有天下者，非秦即楚耳。荀卿子在楚，吕不韋在秦，其地之相去至遠，而其言若合符節，則使秦人不得天下而楚得之，其變改古制猶夫秦也。而後之儒者乃以變古爲始皇罪，遂於數千年後欲胥先王之道而復之，而卒不可復，吾恐其適爲秦人笑也。

## 秦始皇帝論下

昔周公制謚法，使大行受大名，細行受細名。行出於己，名生於人。秦始皇帝以爲如此則是臣子得議其君父也，於是廢謚法，而自稱始皇帝，其子稱二世皇帝，自二世三世以至萬世，傳之無窮。後之論者，莫不以周公之制爲是，而非始皇帝。夫謚法非古也，堯、舜、禹皆名耳，未有謚也。自周而興之，自秦而廢之，何必周之是而秦之非哉？周以前，蓋有以十干爲號者。然而以十干爲號，則前後有時而相襲。故成湯曰乙，紂之父亦曰乙，讀《易》者疑焉；湯之孫曰甲，武丁之子亦曰甲，讀《尚書》者疑焉。秦以世爲號，則雖質而不至於無别，視古人十干之號或反勝之矣。

漢世諸事皆仍秦舊，而獨復謚法。然太史公於《高帝紀》曰「上尊號爲高皇帝」，於《文帝紀》曰「上尊號爲孝文皇帝」。稱尊號而不稱謚，蓋亦避秦人臣子議君父之嫌也，則何如仍用秦法而以世紀哉？後世浮文日盛，而謚號益緐。唐德宗時，顔真卿言：「玄宗末，姦臣竊命，列聖之謚有加至十一字者。謚號太廣，有踰古制，請皆從初謚，以省文尚質，正名敦本。」而議者以陵廟玉册、木主皆已刊勒，不可輕改，竟不果行。夫使後世而亦如秦人之以世爲號，又安有此紛紛者哉？是故秦人之制雖異於古，未可盡以爲非也。孔子曰：「唐、虞禪，夏后、殷、周繼，其義一也。」夫「禪」之與「繼」至不一矣，而孔子以爲一者，惟其宜而已矣。故曰：以變古罪始皇，不知變者也。

## 項羽論

語曰：「得士者彊。」楚、漢之際，豪傑竝争，智謀之士所在多有，而吾竊怪項氏之無人也。項王入關，不務安輯秦民，而收寶貨、婦女以東，遂使秦人怨入骨髓，而沛公得以還定三秦，此楚之所以敗也。然沛公初至關中，見秦宫室幃帳，欲留居之，此其志與項王何異？使非張良、樊噲交諫，則項王所爲，沛公先之矣。吾於此歎項氏之無人也。彼范增號爲智士，而所見曾不及樊噲，何哉？或曰項王暴虐，非可諫者。是不然。項王圍外黃，三日而降，將盡坑之。外黃令舍人兒年十三，說項王曰：「外黃畏彭越，故且降，以待大王。今又坑之，百姓安所歸心？」項王竟從其言。然則項王非不可諫，而爲楚之臣者，曾一孺子之不如矣。或又曰項王雖得人，不能用，以韓信之才、陳平之智，卒使去而歸漢，其他可知矣。是又不然。韓信去楚歸漢，微滕公則已坐法斬，而滕公言於漢王，亦不過以爲治粟都尉。及蕭何薦之，乃爲大將。漢無蕭何，高祖安知有韓信哉？陳平得用於漢，由魏無知；其後爲灌嬰之徒所讒，平欲求去，賴魏無知卒保全之。然則信與平之不用於楚，非項王之罪，彼范增、鍾離眛之徒安在哉？以陳平、韓信在其軍中而不知也。夫二子在楚，楚無知者，是可知楚之無人矣。烏乎！此楚之所以敗也。

## 范增論

范增非智士也。留侯始將以少年百餘人往從景駒，道遇高祖，遂事之而不去。更始之立也，豪傑多薦鄧禹，而禹不從，及光武安集河北，禹乃杖策追及之於鄴。夫智者之審於所從也如此。韓信數以策干羽，羽不用，始逃楚歸漢；陳平爲楚將，以罪懼誅，乃杖劍而投高祖。此二子者不可謂不智，吾猶惜其始之不審所從也。是故范增非智士也。

君子之事其君也，苟其君未至如桀、紂之無道，則無不可以善其終。白圭仕魏，或惡之於魏文侯，文侯不聽；蘇秦仕燕，或譖之於燕王，燕王按劍而怒。夫蘇秦之徒猶能使其君信之而不疑，況君子乎？古之君子將依其人以成功名，必有以深結乎其人者。是故蕭何守關中，用鮑生之言，而高祖悦；寇恂守河内，從董崇之計，而光武喜。然則處艱難之際，使其君信而不疑者，必有道矣。陳平既歸高祖，而灌嬰之屬交譖之。夫陳平楚之亡卒，而灌、絳皆高帝故人，然平能使帝益厚己而不惑於諸將之多言。安有身爲謀主者十餘年，而猶爲敵人所閒者哉？是故范增非智士也。

## 韓信論

世多惜淮陰之死，吾謂淮陰不死，劉氏不安。然則信必反乎？曰：然。信之不用蒯通之説也，以爲漢不奪我齊也。奪之齊而王之楚，信已不平，況又奪之齊而侯之淮陰哉〔一〕？是故漢不殺信，亡劉氏者必信也。然則舍人弟告變信乎？曰：否。高祖在漢未有變，彭越、英布之徒

〔一〕齊，疑當爲「楚」。

適以爲笑耳。信雖鞅鞅，羞與絳、灌伍，豈肯如彭越、英布輩冒昧舉事，俯首受戮哉？世之論者乃謂信失齊後，雖欲反，無能爲。是何不思信始遇高帝時何如也？且夫提三尺劍起布衣而爲天子者，非高帝乎？天下無變，擁數十城而王，何能爲？天下有變，徒手奮呼，取天下而有餘，信特患不得其時耳。苟得其時，王齊可，王楚可，即爲淮陰侯亦無不可，豈必齊？今夫高帝崩而吕氏亂作，此信之時也。劉、吕之際，天下岌岌矣，以禄、産諸庸才，奉吕后一女主，而陳平、周勃諸大臣謀之，然且數年而後定。韓信梟雄之姿，世無高帝則不能制，而欲以平、勃之徒當之，此群羊咋虎也。故其時亦幸而韓信已誅，使信尚在，以誅諸吕爲名號召天下，天下素震於信之威名，可傳檄而定。既去吕氏，則操、莽之業豈足道哉？論者乃責漢於信寡恩。烏乎！蝮蛇螫手，壯士斷腕。蕭何識信於亡卒之中，薦爲大將，而鐘室之謀，何亦與焉，豈非有不得已者歟？夫漢始患無信，而項氏非所憂；繼患有信，而吕氏非所憂。故自淮陰侯之死，而高帝可以老矣。

## 馬援論

馬援事光武，爲中興名將，而不能善其終。世以爲惜，吾謂其有以取之也。夫馬援之去隗囂而歸光武，猶陳平、韓信之去項羽而歸高祖也。然而隗囂之遇馬援何如哉？其使洛陽而歸，囂至與同卧起。而援一言事漢，則遂遣其愛子入質而不辭，此乃所謂以國士遇之者，非如陳平、韓信之在楚而項羽不用也。當是時，天下反覆，盜名字者不可勝數。援事光武，豈患無立功之地哉？而援自歸洛陽，無日不以蜀爲圖。光武之征隗囂，諸將猶豫，而援固請之。異哉！君子交絶，不出惡聲，乃爲戎首乎？魯哀公時，吴將伐魯，問於叔孫輒，輒以告公山不狃。不狃曰：「君子違，不適讎國。且人之行也，不以所惡廢鄉。今子以小惡而欲覆宗國，不亦難乎？」叔孫病之。夫不狃固小人，而能爲是言，彼馬援者曾不狃之不如矣。昔趙惠文王與樂毅謀伐燕，毅泣曰：「臣昔事昭王，猶今事大王也。若復得罪在他國，終身不敢謀趙之奴隸，況子孫乎？」趙王乃止。烏乎！仁人君子之用心固如是也。馬援功名之士，急於立功，雖獲所歸，終不免於負隗氏。然則其後以梁松之謗藁葬城西，非不幸矣。

## 魏文帝論

昔東漢之衰，豪傑竝起而争天下，孫與劉區區於一隅之地，其形勢、其兵力皆不足以敵曹氏，而終魏之世不能一。烏乎！天下有急之而適以緩之者，魏之謂歟？蓋魏之不能一天下，由丕之急以篡漢也。當操之時，劉氏之不絶，一綫耳。然而先主已得益州，其勢已足自立。而孫權藉父兄之業，盡有東南之壤，亦非可旦夕取者。夫不能取蜀與吴，則雖篡漢而天下猶未一也。魏武之不篡漢，豈其力不足以取之哉？今夫以魏篡漢，譬如捕已斷之蛇，逐已斃之鹿，其勢必得。然而漢在，則可用以制吴、蜀，挾天子以令天下，固曹氏之所以得志也。曹丕庸才，不足以知其父之意而遽取之。其明年，先主稱帝於蜀；又明年，孫權自王於江東，自此三國竝立者五十餘年。烏乎！魏而無漢，則亦與吴、蜀等耳，其形勢、其兵力又非有以大過之也，宜其不足以一之也。昔項梁立義帝，諸侯服從。項羽弑之，高祖遂以此起兵，而羽卒敗死。曹氏之不能一天下，與項氏無異，其不亡也亦幸而已矣。夫諸侯未定，義帝未可弑也；吴、蜀未平，漢未可篡也。吾是以笑羽之愚，歎操之智，而又咎曹丕之庸才，不足以知其父也。

## 錢徽論

唐禮部侍郎錢徽掌貢舉，西川節度使段文昌、翰林學士李紳以書屬所善進士。榜出，所屬皆不與。文昌因言於上曰：「今歲禮部所取士，皆以關節得之。」上乃命覆試而貶徽。或勸徽奏二人屬書，上必悟。徽曰：「苟無媿心，得喪一致，奈何奏人私書？」遂焚之。時人以此賢徽。烏乎！賢者之於天下也，人望之如雷霆、如神明，有爲不善者，惴惴乎惟恐其聞之也。夫使聞之且不敢，而況敢以非禮之事干之乎？徽以大臣掌貢舉，文昌與紳乃敢以書屬其所善者，二子不足責，吾獨怪徽之爲人何使人不忌如此也。徽知文昌之譖，而終不肯發其私書，其所爲固類長者，然而不知大臣之體。徽當日者受其書而即奏之，使知朝廷之有人，而大臣之不可干以非禮，則豈獨無文昌之譖，亦所以尊朝廷也。淮南王將反，而獨憚汲黯，以爲守節死義，難惑以非。使朝廷之上而皆如錢徽，天下豈不殆哉！當其時，叛臣悍將擁兵負固而懷異志者，天下皆是也。設有遺之以書而使爲弑逆之事者，亦將曰此人之私書也，而受之而焚之歟？鄭子公與子家謀弑靈公，子家不可，將反譖之，懼而從焉。《春秋》書之曰：「鄭公子歸生弑其君夷。」使子家聞子公之謀，即以告於公而誅之，其爲功大矣，何反譖之足憂？後之君子喜忠厚之名而無不可犯之節，幸則爲錢徽，不幸則爲公子歸生矣，可不戒乎？

## 劉蕡論

唐太和二年，劉蕡對策，極言宦官之禍。考官馮宿讀而歎之，卒不敢取。蕡由是不得仕於朝，終於柳州司户。烏乎！蕡之言直矣。然吾有爲蕡惜者，以爲蕡直於言而拙於用。夫宦官之爲唐患，非一世矣。蕡之言曰：「揭國權以歸相，持兵柄以歸將。」此豈易言哉？以裴度之元勳而居相位之重，未嘗一言及是。至於數日之間三易其主，宰相不預聞，而度亦安之。其遺表以儲嗣未定爲憂，不以宦官爲言。夫裴度所不言者而蕡言之，交淺而言深，力近而圖遠，其有濟乎？陳平將去吕氏，則日縱酒，無一言。狄梁公將去武氏，則姑周旋其際，使信而不疑。王曾之除丁謂，楊一清之除劉瑾，徐階之除嚴嵩，其外皆不見異同之迹，徐竢其可圖而爲之圖，故一發而有以制其死命。夫憤憤一擊以倖其或勝者，未有能濟者也。孫子曰：「善守者藏於九地之下。」豈惟用兵，事莫不然。昔范雎之入秦，其意蓋在穰侯。而其初見秦王，乃無一言，强之再三，則言攻齊之非計。夫使范雎一見而即及穰侯，秦王固未必能用，而其言或泄於左右，則雎危矣。烏乎！劉蕡之見乃不及此，將去宦官之禍，而先使其身不能一日安於朝廷之上，而尚何爲哉？故曰直於言而拙於用也，此吾所以爲蕡惜也。

## 鄒元標論

烏乎！有明中葉以後，士大夫議論愈多，而國事愈壞，蓋自争江陵奪情始矣。夫吴、趙諸賢，其陳義甚高，其立説甚正，固不得以爲非也。雖然，若鄒元標之疏，是亦不可以已乎？君子之建言也，非以爲名也，冀其君之我聽也。若知君之必不我聽而猶以爲言，則悻悻小丈夫也。當是時，編修吴中行、檢討趙用賢、員外艾穆、主事沈思孝既以此廷杖矣，而鄒君者亦既見之矣。吾道之不行，吾言之不用，夫亦不待智者而知之矣。君臣之間，以義合者也。彼鄒君者，將謂諸賢之去無損吾君臣之義歟，留，可也；若謂三綱淪矣、九法斁矣，吾不忍立於其朝矣，去，可也。乃視諸賢杖畢，復以疏進，進必不用之言，以徼必不免之辠。嗚呼！可謂豪傑之士，而於君子之庸行或未有合也。且其爲此疏果何爲也哉？争奪情歟？必不可得而争矣；明大義於天下歟？言之者已非一人矣。然則此疏果何爲也哉？無乃近乎好名者之所爲歟？且夫古之君子誠有殺身以成仁者矣，然而江陵奪情，江陵之辠也。殺吾之身以成人之仁，亦已過矣，況殺吾之身而不足以成人之仁，何不愛其身之甚歟？吾故爲此論。後之君子或不幸而遇此，當有味乎吾言也。

## 明代争國本諸臣論

有明一代，士大夫喜名譽，好議論，乃宋以來之積習也。其争大禮、争國本，稍有依違，即爲公論所不容。以今論之，大禮之議互有得失，而其争國本者亦未爲得也。夫光宗生於萬曆十年，福王生於十四年，相去纔四歲。是時神宗春秋尚富，國賴長君之説固無取也。且《春秋》之義，立嫡以長，立庶以貴。神宗孝端王皇后無子，則光宗與福王皆庶也，非所以論長幼也，論貴賤可矣。光宗母王氏乃慈寧宫宫人，神宗私幸而有身，萬曆十年始封恭妃。是年光宗生，其亦微矣。福王母鄭氏始入宫即爲貴妃，福王生又進封皇貴妃。然則以《春秋》之義而論，光宗猶魯之隱公也，福王猶魯之桓公也。公羊子曰：「隱長則何以不宜立？立嫡以長不以賢，立子以貴不以長。桓何以貴？母貴也。」又曰：「其爲尊卑也微，國人莫知。」夫隱、桓之母尊卑至微，而隱猶不宜立，有明諸臣其未讀《春秋》者矣。且神宗執祖訓立嫡不立庶之説，謂皇后尚少，倘後有出，是二儲也。其議甚正，而王如堅、朱維京乃云：「后若有出，所册元子自宜避位，何嫌何疑？」夫所以立太子者，爲國本也，國本不可數易也。如諸臣之言，則是立之之時先存廢之之意。狐埋狐搰，事同兒戲，豈所以重國本乎？若謂福王得立，則鄭氏擅政，將不可制。夫如是，必立無母之人而後可也，且必如元魏子貴母死之例而後可也。天下未來之禍，豈勝防哉？光宗即位，其母先死，無母后之亂矣；而李選侍者恣睢其間，至於宫府交鬨而後已。熹宗即位，李選侍無權矣，而奉聖夫人客氏乃挾阿母之恩，與魏忠賢表裏相煽，荼毒天下，馴致亂亡。使争國本者將逆杜未來之禍，則吾謂天啓之亂，諸臣爲之也，而諸臣又豈受之乎？是故諸臣之争，皆争所不必争。而其甚者，因神宗有立嫡之説，遂疑后病已殆，帝且立妃爲后。然孝端至四十八年始崩，崩而鄭貴妃竟不進位。爲人臣子而逆探君父所未有之邪志，罪莫甚焉。且使孝端竟殁於太子未立之前，鄭貴妃果進位爲后，則亦聽其以福王爲太子可矣。諸臣獨未聞殷太史之事乎？乃必乘后之猶在，先擁光宗而立之，使夫福王者必無可立之道，吾不知其何心也。至於妖書之獄、梃擊之案，盈廷喧鬨，意主攻擊。古之君子處人骨肉之間，豈如是歟？

嗟乎！明人之學，未有自得者也。小而詩文之體，規規摹擬；大而乘朝車、議國事，亦徒泥夫古人之見，而不知所以裁之。其争大禮、争國本，皆宋人之緒論也。然而宋之英宗，受命於仁宗而爲之子；明之世宗，未嘗受命於孝宗而爲之子，則大禮之議固已襲宋人而失之矣。若夫宋人之争國本，其君無子也。明神宗既有子矣，自臣子觀之，均之吾君之子，而又皆非嫡也。諸臣不知《春秋》之義，區區以長幼之説争之，何其陋也！《記》曰：「天下無道，則辭有枝葉。」其明人之謂歟？

# 説篇　賓萌集二

## 治説上

治天下者，先審所求而已矣。獵者得獸，漁者得魚，其所得者皆其所求也。治天下者豈異是歟？求王而王，求霸而霸，所求在是，所得在是，故所求不可不審也。蓋嘗論之，古之治天下者，求其無亂。天下既已安矣，既已治矣，以爲未也，懼其猶可以危，猶可以亂焉，日夜求而去之，有一之存，則皇皇焉以爲大憂。後之治天下者，求其無事，異日之天下治歟亂歟、安歟危歟，吾不得而知焉。飢饉之未臻，盜賊之未作，諸侯之未叛，夷狄之未侵，及吾之世猶可以無事則已矣。古之治天下者若農夫之治田，有害吾田者則務去之，而後即安；後之治天下者若其在逆旅之中，苟不至乎覆壓，斯已矣，雖塵囂湫隘而亦安之。嗚呼！此非古今治亂之故歟？

天下何時可以云無亂，天下何時不可以云無事？故治天下而惟無事之求，其不至乎亂者未之有也。吾讀書，至《公劉》、太王之詩，而歎其於流離遷徙之餘有子孫萬世之慮也。《公劉》之詩曰：「既溥既長，既景迺岡。相其陰陽，觀其流泉，其軍三單。度其隰原，徹田爲糧。度其夕陽，豳居允荒。」太王之詩曰：「乃召司空，乃召司徒，俾立室家。其繩則直，縮板以載，作廟翼翼。」又曰：「迺立皋門，皋門有伉。迺立應門，應門將將。迺立冢土，戎醜攸行。」且夫詩人之詞，固但言其略，而使人推之以知其詳也。故其歌文王也，不言其它，而《靈臺》《靈沼》之作則侈言之；其歌宣王也，不言其它，而《斯干》者其考室之詩也，《無羊》者其考牧之詩也，《車攻》《吉日》者皆其田獵之詩也。豈詩人之意舍其大而言其小者哉？將使人以此而推之也。公劉、太王之事見於《詩》者寡矣，然即其詩觀之，其規制之宏遠、經理之微密如此，則其施之於政事者可得而見也。夫公劉、太王豈逆知其子孫之將王而爲之剏造百度，以成一代之制歟？要在乎不可亂也。周由方百里起而有天下，成、康之世刑錯而不用，可謂極盛矣。而昭王南征，遂有膠舟之難，是亦天下一大變也。爲周嗣王者發師以逆昭王之喪，而問其罪，雖罪無所歸，然所在之國，六師隊之，豈不足以張王室而讋諸侯之心哉？周之君臣竟置不問，天下遂有以窺周之不足忌。故雖以穆天子之彊，而徐且南面稱王。宣王發憤中興，而王師之敗於戎狄者屢矣。平王東遷，周益不競，然其始王命猶行於諸侯也。繻葛一戰，王夷師熸，周竟不復以一矢加鄭。於是天下愈不忌周，禮樂征伐自諸侯出，霸者興而周遂衰矣。嗚呼！夏、商之亡也，吾無怪焉；桀、紂之無道，固有以取之也。周之子孫，則豈有如桀、紂之無道者歟？不過因循苟且，以無事爲安，日復一日，天下之權因而去之而不自知也。然則有天下而惟求其無事，信不可也。

今夫漢之文帝、宋之仁宗，豈非三代下所謂賢君哉？當文帝時，諸侯彊盛，賈誼固嘗以爲言，而文帝不能用。至景帝之世，鼂錯謀削七國，竟發大難，而漢幾亡。宋仁宗時，吏治因循，百事廢弛。文彦博嘗以琴瑟不調、必更張之爲言，而仁宗不能用。至神宗之世，王安石爲相，改易法度，天下騷然，卒以亡宋。夫使文帝能用賈誼之謀，則鼂錯之策不行；仁宗能用文彦博之言，則王安石之説不作。是故二君之治天下，亦惟求其無事而已。夫以漢文帝、宋仁宗之賢而惟無事之求，此後世之天下所以多亂而少治也。澶淵之役，寇準欲使契丹稱臣，若少持之，議且定矣。而仁宗厭兵〔一〕，不能盡用其謀，遽許之和而還。由是契丹益驕，終爲子孫之患。其後高宗南渡，偏安於杭。韓、岳之流皆中興名將，而高宗晏然無恢復之志。及至孝宗，雖欲有爲，而舊臣宿將皆盡，所恃惟一張浚。苻離一敗，不可復振，俯首而就和議。乃歎高宗時可以

〔一〕 仁宗，當爲「真宗」。

有爲而不爲，是可惜也。且夫人主上承祖宗之重，下爲萬世之計，而曰吾姑求其無事，如何可哉？《易》曰「其亡其亡」，求無亂者歟？《書》曰「今日耽樂」，求無事者歟？吾故曰：治天下先審所求，若治天下而惟無事之求，其不至乎亂者，未之有也。

## 治說下

天下之物，同類者相濟也，異類者相制也。物之白者投之黑則黑矣，物之黑者投之白而白矣。若白雪之白與白玉之白，白玉之白與白羽之白，則安能以相變？故天下之物未有同類而相制者也。今夫醫之用藥，必察其品之孰爲温孰爲涼，又察人之疾之孰爲熱孰爲寒，有熱疾者投之以涼，有寒疾者投之以温，故隨其所用而無弗效焉。若熱而益之熱，寒而益之寒，其不至於殺人者幾希。是故良醫不反其性不足以治疾，聖人不反其道不足以制人。昔項羽既破秦兵於鉅鹿，遂鼓行而西入關，殺秦王子嬰，燒秦宫室，分建諸侯王，而王漢高帝於漢中。當是時，羽挾百戰百勝之鋒，諸侯相顧，莫敢枝梧。高帝雖有良、平之善謀，韓、彭之善戰，不能與之争。於是逡巡引去，俯首而入漢中，燒絶棧道，示天下不復出。然而數年之間，天下卒歸於漢。蓋高帝之能勝項羽者，以柔制剛也。及漢之衰，三國竝立，諸葛亮以王佐之才，善用其民，既定南鑾之地，整師而出，北伐中原，其勢不可當。然以轉餉之艱，利在速戰。司馬宣王知之，與之相持而不與之決戰，受其巾幗之辱而亦安之。人謂司馬懿畏蜀如虎，而亮固已坐困矣。蓋司馬宣王所以能勝諸葛亮者，以鈍制利也。夫剛與利，天下至美之名也；柔與鈍，天下至不美之名也。使漢高帝、司馬宣王恥其名之不美，而欲以己之剛勝人之剛，以己之利勝人之利，則終歸於敗而已。故夫名無論美惡，取足以相制而止。柔與剛反，則柔雖不美之名，而制剛者必柔也；鈍與利反，則鈍雖不美之名，而制利者必鈍也。吾故曰：凡異類者相制也。

方今天下，所與吾爲難者誰歟？其人無多也，其地至遠也。以大小之形言之，我大而彼小也；以主客之勢言之，我主而彼客也。徒以其人心計之巧、技術之工，遂足抗衡乎中國而與我爲難。於是吾士大夫相與謀曰：「吾安得亦如其人心計之巧、技術之工乎？」日夜思所以及之，甚者奉其人以爲師。嗟乎！彼以巧勝我，而我亦欲以巧勝彼，則非吾向者之説矣，況學人之巧以求勝人之巧歟？秦青，天下之善謳者也。有從之學謳者，三年，自以爲盡其妙矣，將辭而歸。秦青曰：「子今將歸，吾爲子謳。」於是抗聲而謳，聲振梁欐。學謳者大驚，終身不言歸。甘蠅，古之善射者也。有從之學射者，三年，自以爲天下莫己若矣，乃謀殺甘蠅。弙弓而射之，甘蠅張口而承之，嘻曰：「子從我三年，未教子囓鏃也。」學射者大驚，播弓矢而謝之。是故學於人者，未有能盡其人之技者也，而望以勝其人乎？羿之盡其技以授逢蒙也，不知其將殺己也。今明告之曰吾將以爾爲羿，而求其盡術以予我，必不可得之數也。是故學人以求勝人，大惑之道也。

然則勝之將奈何？曰：吾固言之矣。兩剛不能以相制，制剛者柔也；兩利不能以相制，制利者鈍也。然則兩巧不能以相制，制巧者拙也。今使朝廷之上，屏棄繁文，删除縟節，凡鋪張粉飾以爲耳目之觀者悉置不用，罷不急之官，廢無實之事；賞必副其功，罰必當其罪；内與外不相遁，上與下不相蒙。然後封疆之吏誠於察吏安民，而不文飾於章奏；郡縣之官誠於興利除害，而不諉諉於簿書；將帥之臣誠於殺敵致果，而不以冒濫爲功；學校之師誠於敦品勵行，而不以速化爲教。然後士信而民敦，工樸而商慤；然後田野闢而衣食足，廉恥重而禮讓行。若是者皆拙之效也。彼挾其心計之巧、技術之工以眩吾之耳目，而吾不爲之動，則彼固索然而返矣。即或決命於疆場，彼之利器足以傷我者，不過數百人耳、數十人耳。吾賞罰信必，號令嚴明，千百爲輩，如牆而進，彼奈我何？故曰：惟拙可以制巧，以大拙制大巧，必勝之術也。吾願世之士大夫但求其可以相制，而無恥乎名之不美，以莅中國而撫四夷，其諸猶運之掌歟？

# 性説上

孟子曰人之性善，荀子曰人之性惡。夫性之善惡，孔子所不言，則二子之説未有以決其是非也。然而吾之論性，不從孟而從荀。孟子曰：「孩提之童，無不知愛其親；及其長也，無不知敬其兄。」烏乎！孩提之童豈誠知愛其親歟？其母乳之，其父燠休之，故赤子之愛其親者，私其所昵也。順是以至於長大，於是有同異之見，於是有憎愛之私，而獄訟由此興，兵戎由此起，適足以明性之不善而已矣，安見其爲善哉？今使鄰之人與之糗餌，其兄敓而返之，則且瞋目而視其兄。然則孟子之説非也。孟子曰：「人無有不善，水無有不下。今夫水，搏而躍之，可使過顙；激而行之，可使在山。是豈水之性哉？其勢則然也。人之可使爲不善，其性亦猶是也。」嗚呼！使天下之人而皆聖人賢人，即其不肖者亦不失爲君子，而爲不善者千百之一也，則孟子之言信也。今天下之人爲善者少，而爲不善者多，何其性之善變乎？夫水之搏而過顙也，俄而復其故矣；水之激而在山也，不崇朝而復其故矣。其性不如是而彊之如是，固未有能久者也。人之爲不善，若將終身焉。然則孟子之説非也。且人之有善惡，猶人之有壽夭也。人之壽至七十者稀矣，八十九十者或僅有之，至百年者往往而絶焉。故一邑之中有百年者，則且以爲異矣。夫所謂聖人賢人者，或數百年或數十年而始一人焉。一邑之人之衆，而百年者一人，固已謂之異。千百年之人之衆，而聖人賢人者一人，豈得謂之同乎？孟子曰：「堯舜與人同耳。」嗚呼！何其言之易也！若夫人皆可以爲堯舜，則有之矣。今夫吾壽固不可得而知也，然而善養生者慎寒暑、節飲食、損嗜欲，亦自足以卻病而益壽，是故百年可以養而至也。堯舜可以學而至也，此非直孟子言之，雖荀子亦言之，故曰「涂之人可以爲禹」。然而荀子取必於學者也，孟子取必於性者也。從孟子之説，將使天下恃性而廢學，而釋氏之教得行其閒矣。《書》曰：「節性惟日其邁。」《記》曰：「率性之爲道。」孟子之説，其率性者歟？荀子之説，其節性者歟？夫有君師之責者，使人知率性不如使人知節性也。故吾之論性，不從孟而從荀。

## 性説下

荀子曰：「古者聖人以人之性惡，以爲偏險而不正，悖亂而不治，故爲之立君上之勢以臨之，明禮義以化之，起法正以治之，重刑罰以禁之，使天下皆出於治、合於善也。是聖人之治而禮義之化也。」嗚呼！其言盡之矣。民之初生，固若禽獸。然聖人者作，懼其人之禽焉獸焉，於是教之，使知有父子之親，夫婦之别，尊卑、上下、長幼之分。而民始皆芒然無所措手足，於是制之爲禮，若曰能如吾禮足矣。而民又不能皆然，於是制之爲刑。夫使人之性而固善也者，聖人何爲屑屑焉若是？或乃曰：聖人之教人，以人性之本善也。若人性不善，則教無所施。今將執禽獸而使知有父子之親，夫婦之别，尊卑、上下、長幼之分，得乎哉？吾則曰：此非性之異也，才之異也。禽獸無人之才，故不能爲善，而亦不能大爲惡。人則不然，其耳之聰、目之明、手足之便利、心思之巧變，可以無所不爲，故能役萬物而爲之君，配天地而參焉。若是者皆其才爲之也。

故方其未有聖人也，天下之人率其性之不善，而又佐之以才，蓋其爲惡，有什伯於禽獸者矣。聖人曰：是能爲惡，亦將能爲善，非如禽獸之冥頑不靈，無所施吾教也。於是以其所能教人之不能，以其所知教人之不知，而人之才果足以及之。故孟子曰「人皆可以爲堯舜」，荀子曰「涂之人可以爲禹」。夫其所以可者，才也，非性也。且夫人有人之聖，物亦有物之聖。《記》曰：「有羽之蟲三百六十，而鳳皇爲之長；有毛之蟲三百六十，而麒麟爲之長；有甲之蟲三百六十，而神龜爲之長；有鱗之蟲三百六十，而蛟龍爲之長；倮之蟲三百六十，而聖人爲之長。」然則鳳皇、麒麟、神龜、蛟龍之數者，亦物之聖者也。人之聖者能以其所能教人之不能，以其所知教人之不知。而物之聖者不能焉，此非其性之不足，而其才之不足也。是故性也者，人與物所同也；才也者，人與物所異也。吾之論性，不從孟而從荀。然性既惡矣，人且曰吾禽獸耳，何善之能爲？故吾屈性而申才，使人知性之不足恃，然故不學者懼矣；使人知性不足恃而才足恃，然故學者勸矣。

## 封建、郡縣説

自秦廢封建，以郡縣治之，遂爲萬世不易之法。論者以爲如冬裘、夏葛之各適其時耳。吾謂封建必以郡縣之法行之，郡縣必以封建之法輔之，兩者竝用，然後無弊。古者天子畿内其地千里，千里之中有六卿六遂之制，即郡縣之法也。其外以八州之地爲一千六百八十國，五國則有長，十國則有帥，三十國則有正，二百一十國則有伯，凡八伯、五十六正、一百六十八帥、三百三十六長，分而屬於天子之老二人，曰二伯。此其大小相制，内外相維，亦即郡縣之法也。自齊桓、晉文興，而諸侯以力相勝，其地大，其國彊，則遂爲之長。天下之諸侯聚而聽命乎盟主，而屬長連帥之制蕩然無存，自此天下之勢楸而無紀，至秦而同歸於盡。吾故曰：封建必以郡縣之法行之，然後無弊。

雖然，郡縣之世亦豈可以廢封建乎哉？世以罷侯置守爲始皇辠，夫罷侯置守未失也，其失在乎專用郡縣，而不復存封建之制。方秦初并天下，李斯言置諸侯不便，丞相綰等言燕齊地遠，宜置王，而始皇曰廷尉議是。夫使始皇取綰與斯之議而兼用之，内地置守、尉、監，而遠地置王，則夫陳勝者安能起隴畝之中而亂天下哉？且亦何畏乎匈奴而竭天下之力以築長城也哉？是故郡縣亦必以封建之法輔之而後無弊也。嗚呼！宋之已事可以觀矣。宋太祖既有天下，以爲中國之患莫大乎藩鎮，於是罷節度使，而以文臣領郡，爲彊幹弱枝之計。然而河東之折氏、靈武之李氏，則猶許其世襲如故也。其後議者以世襲不便，移李氏於陝西，而靈武之失不旋踵矣。然則内地郡縣而邊地封建，固有天下者之長計也。世之論者，自唐以前皆是封建而非郡縣，自唐以後皆右郡縣而左封建，胥一偏之見而已矣。

# 公私説

古之聖人先公乎，先私乎？曰：先私也。夫古之人有曰公而忘私者矣，今謂聖人先私而後公，豈有説乎？曰：吾以聖人之制字知之矣。夫「厶」者，古之公私字也。韓非子曰：「倉頡作字，自營爲厶，背厶爲公。」然則古者固先有「厶」字，而後有「公」字矣。夫自後世言之，則公者美名，而私者姦衺不正之號也。若夫聖人制字之意，或者其不然乎？夫自者對人而言之者也。自爲營帀以安其身，所謂「自營爲厶」也。於是推以及人，使人人得以自營，是即公矣。以其爲人謀而非自爲謀，故曰「背厶爲公」。然則公者生於私者也，先私後公，固其理也。《中庸》曰：「誠者所以成己也，所以成物也。」先成己而後成物，此即先私後公之旨也。《堯典》曰：「克明俊德，以親九族。九族既睦，平章百姓。百姓昭明，協和萬邦。黎民於變時雝。」先九族而後及於萬邦、黎民，此即先私後公之旨也。古人之辭，言公必及私。其在《詩》曰：「雨吾公田，遂及我私。」又曰：「言私其豵，獻豜于公。」《聘禮》有公幣，又有私幣，私固聖人之所不禁也。至僞古文《尚書》乃有「以公滅私，民其允懷」之説，非古誼矣。夫無私，則公於何有？使天下之人而盡滅其私，則人之類滅久矣。《禮運》曰：「大道之行也，不獨親其親，不獨子其子。」此非聖人之言也。孟子曰：「人人親其親，長其長，而天下平。」此則聖人之言也。是故推私以及公者，聖人也。有私無公，則爲楊子之爲我；有公無私，則爲墨子之兼愛。兼愛非聖人也，爲我亦非聖人也。然而孟子曰：「逃墨必歸於楊，逃楊必歸於儒。」是爲我猶近於儒也。後之君子執以公滅私之説，而欲示天下以無私，不知其適爲墨氏之徒矣。孟子曰「天之生物也，使之一本」，而以墨者、夷子爲二本，故曰「親親而仁民，仁民而愛物」，然則先私後公可知矣。昔周公立七十一國，而姬姓者五十有三，天下不以周公爲非者，聖人固先私而後公也。先私而後公，非聖人之德之不廣也，理固然也。一家安而後一國安，一國安而後天下安也。是以周之宗盟，異姓爲後。春秋之誼，内其國而外諸夏，内諸夏而外四夷，孰非先私而後公也哉？嗚呼！吾斯言也，自漢以來儒者未有及此者也，其爲世所詬病必矣。然而後之君子得吾説而深思之，其諸可以治天下歟？

## 禮理説

禮出於理乎？理出於禮乎？曰：禮雖先王未之有，可以義起也，是禮固出於理也。然而聖人治天下，則以禮而不以理。以禮不以理，無弊之道也。且如君臣無獄，父子無獄，若是者何也？禮所不得争也。禮所不得争，故以無獄絶之也。使不以禮而以理，則固有是非曲直在矣。君臣、父子而論是非曲直，大亂之道也。是故聖人治天下以禮，不得已而以理。何也？天下之人而皆從吾禮，則固善矣。不幸而有不合乎禮且大悖乎禮者，不得不以理曉之，此古治獄之官所以名之曰理也。禮者，治之於未訟之先；理者，治之於既訟之後也。然而遇君臣、父子之獄，則仍不言理而言禮，舍禮而言理，是使天下多訟也。且禮者天下無一人不可以遵行，而理則能明之者尟矣。孔子曰：「麻冕，禮也。今也純，儉。吾從衆。」此在聖人則可耳，使胥天下之人而使之斟酌乎理以定從違，則必有得而有失矣。幸而從純之儉，可也；不幸而從拜下之泰，將奈何？固不如一概繩之以禮爲無弊也。夫天理之説，已見於《樂記》，非宋儒剏爲之。然聖人治天下以禮不以理。理也者，不得已而用之於治獄。舍禮言理，是治獄也，治天下非治獄也。以治獄者治天下，而人倫之變滋矣。今夫婦人從一而終，周公著其文於《易》，理固如此也。及其制禮也，則有同母異父昆弟之服，是又許之再嫁矣。然後知聖人之於人，繩之以禮，不繩之以理也，故中材以下皆可勉而及也。後之君子以理繩人，則天下無全人矣。嗚呼！是司空城旦書也。

## 《周書》「明醜」説

吾讀《周書・度訓篇》曰：「罰多則困，賞多則乏。乏困無醜，教乃不立，是故明王明醜以長子孫。」《命訓篇》曰〔一〕：「夫民生而醜不明，無以明之，能無醜乎？若有醜而競行不醜，則度至於極。」又曰：「天道三，人道三。天有命、有禍、有福，人有醜、有紼絻、有斧鉞。以人之醜當

〔一〕命，原訛作「度」，據《逸周書》改。

天之命，以紼綄當天之福，以斧鉞當天之禍。」《常訓篇》曰：「明王自血氣耳目之習，以明之醜。醜明乃樂義，樂義乃至上。」此三篇者皆文王之書，而其書皆言醜，且與紼綄、斧鉞竝列而爲三。嗚呼！古之聖人所爲移風易俗、使民日遷善遠罪而不自知者，其莫大於醜乎？蓋聞上古之時，無所謂五刑也，畫衣冠異章服以醜之而已矣。故曰：「以幪巾當墨，以草纓當劓，以菲履當刖，以艾鞸當宮，以布衣無領當大辟。」夫如此者，其於人非有毫髮之損也，然而人之受之者不啻刀鋸之在其身。是何也？曰醜也。至於後世，刑不可得而廢矣。然而人之耳目形色猶古也，其血氣心知亦猶古也，亦安在不可以醜之哉？是故聖人之立教也，曰不用吾教者不與之齒。夫不與之齒，亦於其人無毫髮之損也，然而是人也行乎國中而居乎宗族鄉黨，曏之時有與我等夷者焉，今不與我齒矣；有卑幼於我者焉，今不與我齒矣。此其醜豈直撻之於市而已哉！今夫紼綄也、斧鉞也，實焉者也，醜則虛焉者也。實之爲用有窮，而虛之爲用無窮，故醜者聖人治天下之大權也。今之世，孝子、順孫、義夫、節婦有聞於朝而旌其閭者矣，至於干名犯義、傷風敗俗者，未聞別異其衣服居處，禁不與齊民齒也。是民知爲善者之榮，而不知爲不善者之醜也。此刑罰之所以日繁，而姦宄之所以不息歟？昔孔子射於矍相之圃，使子路出延射曰：「賁軍之將、亡國之大夫與爲人後者不入。」是亦醜之之意也。後世若蔡興宗之於王道隆、江斅之於紀僭真，其有𤅷相之遺風乎？是故紼絻也、斧鉞也，朝廷之事也，不在其位不得議也。至於醜，則士大夫與有責矣。

## 《左氏春秋傳》以成敗論人説

天道有時而變，聖人必言其常，所以杜人僥幸之心，而使善者有所慕，惡者有所懼也。今夫以孔子之聖而逐於魯，戹於宋，菜色於陳、蔡。晉之六卿、魯之三家，其材不足爲孔氏之僕隸，而執國之大柄。然而孔子作《春秋》，微其文，約其詞，於當時諸侯大夫之罪未嘗斥言之也。夫使當時諸侯大夫之罪而皆箸於後世，則人將以天道爲疑。天道不信於天下，而天下之亂從此起矣。左氏因《春秋》而作《傳》，蓋深得聖人之意者也。是故於齊之陳氏，晉之韓、魏、趙氏，皆箸其所以興；小而江、黄，大而陳、蔡諸國，皆箸其所以亡。其興也，以爲是固足以得之也；其亡也，以爲是固足以失之也。世之讀其書者，因以成敗論人爲左氏病。嗚呼！使左氏不以成敗論人而務得其實，則可免於後世之譏，然其爲天下禍且愈以烈。夫人知國之可以無罪滅也，則大國日以肆，小國日以偷；夫人知爲人臣者苟得其權即可以取其國而代之也，則國之彊臣，人人以操、莽爲可爲，而亂臣賊子接踵於世矣。何者？以天道爲不足信，其弊固必至於此也。左氏之後，稱良史者莫如太史公。太史公之書，不以成敗論人者也，故其爲《伯夷傳》，於顔子之夭、盗跖之善終，反復太息，三致意焉。夫若此者，皆聖人所未言也。豈聖人所見固不及此歟？存而不論，論而不議，正聖人之善存天道也。自太史公始言之，而後世嘵嘵無已時矣。今夫項羽殘暴，不得天下固宜，而垓下之敗，自謂天亡我，至今悲之；李廣無功，其不得侯又何足道？而至今以爲數奇。雖大儒如韓退之，猶感田横義高，能得死士，過其墓而弔焉，凡此皆太史公啓之也。南宫适問於孔子曰：「羿善射，奡盪舟，俱不得其死然。禹、稷躬稼而有天下。」夫子不荅。南宫适出，子曰：「君子哉若人！尚德哉若人！」左氏之書有尚德之意，其聖人之徒歟？

## 《論語》正名説

《論語》載孔子之言曰：「必也正名乎？」馬融以爲正百事之名，其説是也。蓋萬物之名皆不可以不正。昔黄帝正名百物。《記》曰：「名者，人治之大者也。」《傳》曰：「名以出義，義以制禮。」自古聖人未有不以此爲先者。吾觀王莽之世，一郡之名或至五易而還復其故，吏民不能記，每下詔書輒繫其故名。當時天下莫不苦其煩擾，而後之作史者且書之以爲笑，然後知孔子之言非迂也。國之將亡，於名號之間必多更易。漢末改司空爲御史大夫，改部刺史爲州牧，又改并州郡，復古九州，而漢亡。宋政和中以古制改易官名，又改公主爲帝姬，又上昊天、后土徽號，而宋亡。是故孔子之言萬世法也，後之儒者乃徒以祖禰爲説。夫正則無不正，不必以一事争也。聖人所存者神，所過者化，豈屑屑焉如宋人之議濮園、明人之争大禮哉？

# 孔門四科説

昔《論語》列顔、閔諸人而分之爲四科，蓋非孔子之意也。孔子曰「有德者必有言」，然則德行、言語可分乎？又曰「爲政以德」，然則德行、政事可分乎？又曰「德之不修，學之不講，是吾憂也」，然則德行、文學可分乎？且顔淵居德行之首，而曰「夫子博我以文」，是豈不足於文學？其次爲閔子騫，而夫子曰「夫人不言，言必有中」，是豈不足於言語？終之以仲弓，而夫子曰「雍也可使南面」，是豈不足於政事？是故四科非孔子之意也。自孔氏之門有四科之目，而後世又妄有軒輊於其間，遂爲古今學術之一變。《周禮》曰「太宰以九兩繫邦國，三曰師，四曰儒」，分師、儒而二之，蓋即德行與文學之異也。此非周公之制也。鄭康成曰：「師，諸侯師氏，有德行以教民者。儒[一]，諸侯保氏，有六藝以教民者。」古師、保之職豈以是分乎？考之周初，周公爲師，而召公爲保，豈周公不長於六藝而召公不優於德行乎？相沿以至後世，而儒林與文苑分矣，道學與儒林又分矣。後之學者喜其名之尊而託焉，彼固謂吾於聖門得列於德行之科矣，而不知與齊、梁之士彫琢字句以爲文學者蓋無以異焉。何也？其無實一也。夫人各有能不能，孔氏之徒各有所長，固無足怪。然分爲四科，而以德行冠之，使後世空疎不學之徒得而託焉，則於學術之盛衰、人材之升降所繫甚大。是不可以不辯，故曰：四科非孔子之意也。

## 蜀漢非正統説

以正統予蜀者，朱子之失也。自陳壽《三國志》之後，皆以魏爲正統。習鑿齒生東晉之時，刱爲帝蜀之説，而温公《通鑑》仍以魏爲正統，固知其説之不足據矣。至朱子作《綱目》，乃始黜魏而帝蜀。嗚呼！正統者，天下之公，非可以私意予敚其間。當是時，中原之地已盡入於魏，安見夫天下之統不在中原之魏而反在區區一州之蜀歟？先主於漢，無論其昭穆無考，不得以

[一] 儒，原訛作「保」，據《周禮注疏》卷二改。

光武比。即使其果爲漢裔，而漢自桓、靈失道，自絶於天，天命不常，豈一姓所得而私哉？先主崎嶇畢世，不能争尺寸於中原；孔明繼之，亦無所濟，天之棄漢已可知矣。而作史者乃欲於千百年後追而予之，不亦誣乎？且夫漢有天下四百餘年，當時臣子或不忍其遽亡，而冀幸其少延於蜀。此固仁人誼士之用心，而亦君子之所許也。是故晉既亡矣，而韓延之之徒不忘晉；唐既亡矣，而孫郃、韓偓之徒不忘唐，君子未始不哀其遇而悲其志。然而此一二人之私也，由百世之後，等百世之王，奈何徇一二人之私而廢天下之公乎？天下重器，王者大統，天實主之，亦豈儒者所能斂彼以與此乎？故曰：以正統予蜀者，朱子之失也。

或曰：《春秋·莊公十七年》「齊人殲于遂」〔一〕，穀梁子曰：「無遂則何以言遂？其猶存遂也。」《昭公九年》「陳火」，公羊子曰：「存陳也。」然則聖人之重絶人國固如此，今子之説無乃非《春秋》之義乎？曰：陳滅於楚，不久而復。此可以例西漢之中絶，而不可以例東漢之亡。是故王莽與朱温均之篡也，漢能復興，則王莽不得成其爲新；唐不復興，則朱温得成其爲梁。使昭烈而能爲光武，以之黜魏可也。若夫據一州之地而欲竊天下之統，君子不許也。且《春秋》

〔一〕莊，原訛作「僖」，據《春秋左傳》改。

之存遂，非存遂也。當是時，遂既亡矣。而遂之遺民不忍其亡，殲齊之戍者以報故主之怨。雖不足以復國，亦仁者所哀矜焉。是故《春秋》書之，以勸後世之爲人臣子者。《綱目》於宋元嘉四年書「晉處士陶潛卒」，吾以爲得《春秋》存遂之意，而豈所以論天下之統乎？故曰：以正統予蜀者，朱子之失也。

## 十二支説

古者用干而不用支：郊之辛也，社之甲也。外事用剛日，則甲丙之屬也；内事用柔日，則乙丁之屬也。《易》有先甲後甲、先庚後庚，《春秋》有上辛、季辛，《禮》有上丁、仲丁，皆干也。《月令》言「其日甲乙」「其日丙丁」「其日戊己」「其日庚辛」「其日壬癸」，而不及十二支。然則古人不以十二支配五行明矣。其不以十二支配五行，何也？曰：十二支無土也。世以辰爲春季之土，未爲夏季之土，戌爲秋季之土，丑爲冬季之土。夫土，位乎中央者也。今寄王四時而各居其末，則爲四時之餘氣矣。且土寄王四時各十八日，故合之爲七十二日。五行各七十二日，所以無偏勝也。若以辰未戌丑之月爲土，則不止於七十二日；若各以其月之十八日爲土所寄王之日，則辰未戌丑不得爲純乎土，是二者皆未合也。且土王則水死，丑爲土所寄王，而於時則冬也，水德方盛，而謂其遽死乎？

蓋嘗論之，十干屬乎天，天者太虚無物，而自天以下之物，其象皆見於天。有木則有木星，有火則有火星，有土則有土星，有金則有金星，有水則有水星，故以十干配五行，於理於數無不合也。若十二支屬乎地，地則塊然皆土而已矣。是故十二支皆土也，合之爲土，而分之則寅卯辰爲木，巳午未爲火，申酉戌爲金，亥子丑爲水。木也、火也、金也、水也，皆附於土者也。是故十二支皆土，十二支無土也。古人用干而不用支，以此也。然則土寄王於四時如何？曰：土寄王於四時，非寄王於四季，其寄王也仍以干而不以支，《禮》所謂「中央土，其日戊己」是也。蓋孟、仲、季三月以九十日爲率，九十日之中，戊日九、己日九其大較也。古之王者以此爲土所寄王之日，於是衣黄衣，服黄玉，居太廟太室，以應中央土，四時皆然。禮家無所繫之，乃繫之夏秋之交。夏秋之交，四時之中也，合四時計之，得七十二日，爲土所寄王之日，而五行各得七十二日矣。後人讀《禮》不審，而疑土寄王於夏季，因推之於春於秋於冬，各以其季月爲土所寄王。然則所謂「其日戊己」者何爲也哉？蓋土無正位，非戊己之日則無所寄，故特箸之曰「其日戊己」。彼木、火、金、水各王一時，固不繫乎日也。而亦書其日者，以配中央土之文耳。夫土寄王於戊己之日，經有明文。世儒不知其義，而以辰未戌丑之月當之，其失已甚。故自土寄王之義明，而十二支無土之説益信。

## 鬼説

生而不知樂其生，死而不知畏其死者，草木是也。禽獸則不然，其生也樂之，其死也畏之。樂其生而不知所以養生，畏其死而不知所以避死者，禽獸是也。人則不然，凡可以養生者無不爲，凡可以避死者亦無不爲。由是言之，禽獸靈於草木者也，人靈於禽獸者也。是故草木生而無知，禽獸生而有知、死而無知，人生而有知、死而有餘知。夫死而有餘知，所謂鬼也。是故萬物無鬼而人有鬼。人之生有盡時，人之死而爲鬼亦有盡時，或一二年而泯矣，或十數年或數十年而泯矣。世無百年之人，則亦無百年之鬼也。且書傳言鬼神者，往往出於衰亂之世。是何也？衰亂之世，人之不得遂其生者多矣，或死於水火，或死於盜賊，或死於疫癘。此皆未盡其所受以生之氣而忽然以死者也。今有人氣血彊盛，無纖芥之疾，而適遇盜賊之變，聲未絶而胑已斷，此斯須之間豈能泯焉澌滅，若蟣蝨之糜於爪甲、蚊虻之碎於指掌哉？其有鬼也必矣。若夫治平之世，人人得終其天年，至於死而所受之生氣已盡，又何鬼之有？即有鬼，亦不能著靈怪、爲禍福矣。是故治世之鬼少，亂世之鬼多；治世之鬼弱，亂世之鬼彊。

# 神説

有鬼焉，因而有神。今夫人之生也，不能無争奪、賊害焉，則必擇人之賢且才者以治之；其死也，其遂能如尊盧、赫胥之世乎？亦不能無争奪、賊害焉，則必擇鬼之賢且才者以治之。既擇鬼之賢且才者以治之，則必爲之名以異之，於是命之曰魋。《説文解字》曰：「魋，鬼之神者也。」是其物也。至於神，則天神也。後人因魋神同音，借神以爲魋，而天神與人鬼之魋始無別矣。今人或死而復蘇，見所謂神者，率皆人間官長也。然則生而爲官長者，死或即爲神矣。世無百年之人，則亦無百年之鬼；無百年之鬼，則亦無百年之神。然而神或久而不泯，何也？蓋其生也得氣獨厚，異乎常人；故其死也餘氣亦厚，異乎常鬼。以人言之，若古稱彭祖、後世稱李八百是也；以神言之，若前代所奉城陽景王、蔣子文，近代所奉關壯繆是也。以世有久而不死之人，知亦有久而不泯之神也；以人之不死者卒無不死，知神之不泯者終無不泯也，是以城陽景王、蔣子文今世無聞焉。自夏以上，祀柱爲稷；自商以來，祀棄爲稷，蓋柱之神泯矣。此聖人知鬼神之情狀也。且世俗立一神祠，必有靈鬼附之，非必即其所奉之神也。何以知之？如城隍者地祇之類，非人鬼也，而世人或見城隍神者服本朝之衣，冠本朝之冠，豈非有靈鬼以附之乎？然則若城陽景王、蔣子文之流著靈異，爲禍福，或亦此類矣。夫天不加高也，地不加厚也，人則日益多也。人多則鬼多，鬼多則神多，不惟治鬼也，且以治人，胥天下而聽之神。嗚呼！神哉！神哉！

## 經義雜説

唐、虞以前，不知凡幾千百年矣，而禮樂猶未興，制度猶未備。然則聖人之於天下何苟且因循如是邪？及讀《易·屯》《蒙》之後繼之以《需》，乃釋然，曰：聖人固有所待也。使天下之人橧巢營窟猶足以爲居處，茹毛飲血猶足以爲飲食，則聖人不亟亟焉舍其舊而謀其新。魯兩生曰：「天下初定，死者未葬，傷者未起，又欲起禮樂，吾不忍爲也。」兩生者其有得乎《需》之義者邪？

《大畜》，《乾》在内，得天者也，可以有爲。而外卦爲《艮》，是可以有爲而不得有爲也，豈非時爲之乎？故曰「大畜，時也」。《无妄》，《乾》在外，天已去之矣，不可以有爲。而内卦爲《震》，是不可以有爲而欲有爲也，災必逮夫身矣，故曰「无妄，災也」。君子之於《大畜》也，修德以待時；君子之於《无妄》也，守正以免災。

人情於安樂之中，惟恐其不能久；而於患難之中，惟恐其久。聖人於《豫》之六三曰「遲有悔」，戒人之溺也；於《困》之九五曰「徐有説」〔一〕，欲人之安也。《豐》上六曰「三歲不覿」，《困》初六亦曰「三歲不覿」，豐之極，困之始矣。困而不求出，又非生於憂患之道也，故《困》九二曰「征凶」；困而即求出，非行乎患難之道也，故《困》上六曰「征吉」。

夫洪水之患，自生民始矣。蓋自有天地而即有水，女媧氏之世已有水患，而栗陸氏亦嘗疏導泉原，伏羲氏六佐陽侯主江海，少昊氏四子修與熙相繼爲水正。蓋世有汎濫衝突之憂，亦世有防禦修理之事。當堯之時，天下大治，固已水患漸去，而水利漸興，其云「洚水警余」，正孟子所謂「猶未平」耳，非自堯始也。世以堯、湯水旱竝言，未得其實。

吾讀《書》，而知夏后氏之德之遠也。武王孟津之會，諸侯不期而會者八百國，商先王之遺澤微矣。至湯之伐桀，雖亳之民有不樂焉，故曰：「爾尚輔予一人，致天之罰。予其大賚女！爾無不信，朕不食言。爾不從誓言，予則奴戮女，罔有攸赦。」嗚呼！誘之以利，脅之以威，豈如

〔一〕五，原訛作「三」，據《周易正義》改。

周人之歌舞以從事乎？桀奔南巢，巢之人遂奉以爲君。桀死之後，疑又奉其子孫。是故武王克商，以旅巢之命命巢伯。謂之旅者，其亦以先代之後而賓之邪？蓋禹有大功於天下，而享國又不如商之久，故桀雖無道，而人不忍其亡，《仲虺之誥》所以作也。若曰釋其君之慙云爾，則仲虺之愛其君亦陋矣。

《微子》之篇曰：「凡有辜罪，乃罔恒獲。」又云：「今殷民乃攘竊神祇之犧牷牲用以容，將食無災。」法令之不行乃至於此，雖欲不亡，得乎？論者謂殷道尚嚴，而不知其亡也，乃失之寬。是何也？嚴極則反寬矣。昔漢武帝作「沈命法」，群盜起不發覺，發覺而捕弗滿品者，二千石以下至小吏主者皆死。其小吏畏誅，雖有盜不敢發，恐不能得，坐課累府，府亦使其不言。故盜賊寖多，上下相爲匿，以文辭避法焉。老子曰：「天網恢恢，踈而不失。」天下事固有以密而反失之者，殷之末造或亦類此歟？

世之攻古文《尚書》者，皆知《泰誓》之僞矣。然其中有大謬於聖人者，或未之知也。夫牧野之事，武王之不幸也。此何如事而必以累文王哉？今乃曰吾文考固將爲之，吾受命於文考者也。此非武王之言也。且夫文王豈有意於取商哉？非特文王，雖武王亦豈必欲取商哉？向使周師未出，而紂先自斃，武王必不因其喪而伐之也；紂死而所立者賢，武王北面而事之，必不以失天下爲惜也。「時哉弗可失」，斯言也何不仁之甚哉！范蠡勸句踐勿與吳平，張良勸高祖追擊項羽，羊祜、杜預之徒勸晉武早定江南，皆此意也。武王爲天下除暴亂，非争天下也，何爲而言此？此亦非武王之言也。孟子曰：「王者之不作，未有疏於此時者也；民之憔悴於虐政，未有甚於此時者也。雖有知慧，不如乘勢；雖有鎡基，不如待時。」孟子此言特以勸當時之君，使知王政之可行而已矣。若以武王言之，則是幸紂之將亡而取之惟恐不及，雖以爲無利天下之心，吾不信也。夫吳公子光之刺王僚也，曰「此時也，弗可失」；蒯徹之説淮陰侯反漢也，曰「時乎時乎，不再來」。斯言也，豈宜出之武王之口哉！然則《泰誓》之僞即此可見，若徒推求於字句之間，抑末矣。

《洪範》五福，曰壽、曰富、曰康寧、曰考終命，此其爲福，人所知也；曰攸好德，此其爲福，人所不知也。夫好德而謂之福，何也？曰：此乃福之自己求者也，其外四者則皆不可必也。謂壽可必乎？顔淵夭矣；謂富可必乎？夷齊餓矣；謂康寧可必乎？孔子厄於陳、蔡矣；謂考終命可必乎？龍逢、比干不得其死矣。而德則所得於己者也。「飯蔬食、飲水，曲肱而枕之，樂亦在其中矣」，何必富？「朝聞道夕死可矣」，何必壽？「素富貴，行乎富貴。素貧賤，行乎貧賤。素夷狄，行乎夷狄。素患難，行乎患難，君子無入而不自得焉」，何必康寧？「生亦我所欲也，義亦我所欲也。二者不可得兼，舍生而取義者也」，何必考終命？是故「君子坦蕩蕩」，惟有德也；「小人長戚戚」，惟無德也。夫終身坦然，無戚戚之意，福莫大於此矣。此「攸好德」所以列於五福也。

「厥或告曰：群飲。女勿佚，盡執拘以歸于周，予其殺。又惟殷之迪諸臣惟工，乃湎于酒，勿庸殺之，姑惟教之。」夫人相與飲酒而輒殺之，商鞅、韓非之所不爲，而成王、周公爲之乎？至於「殷之迪諸臣惟工」，始既從君於昏，又不知自悛，而仍湎于酒，此宜法之所不宥，而反曰「勿庸殺之，姑惟教之」，輕重失宜，孰甚於此？吾意此必傳之者倒其文也：「厥或告曰：群飲。勿庸殺之，姑惟教之。又惟殷之迪諸臣惟工，乃湎于酒，女勿佚，盡執拘以歸于周，予其殺。」蓋一眚災，一怙終也。其下云「弗蠲乃事，時同于殺」，正承「予其殺」而言。若如今所傳，則「勿庸殺之」之後乃有「時同于殺」之文，而文義不倫矣。

穆王之作《吕刑》也，五刑之疑而皆使之贖，殆周之弊政歟？曰：非也。人之罪固有可疑者，不使之贖，何以處之？或曰：罪疑惟輕，古之制也。而亦有不可者。今使疑於大辟，則降而宫；疑於宫、疑於剕，則降而剕而劓而墨。是人也一犯疑似之迹而終身不得爲完人，仁者之所不忍也。或又謂《堯典》「流宥五刑」，固所以處夫入於五刑而情可疑者。然人情重去其鄉，固有願罰而不願流者矣。穆王此書豈非仁者之用心歟？孔子所以有取也。若其詞之哀矜惻怛，猶末也。

《春秋》始隱公元年，終哀公十四年，魯史豈止此哉？孔子非史官，不必備也。《詩》始《關雎》，終《殷武》，《詩》豈止此哉？孔子非樂官，不必備也。其後禮廢樂缺，而《詩》亦亡。惟此三百十一篇，孔氏門人世守之，以不至泯滅。司馬子長生於漢世，見《詩》之存者止此也，於是有孔子删《詩》之説。吾謂孔子於《詩》録其善者，而未嘗删其不善者。但可云《詩》三百篇因夫子所録而存，不可云《詩》三千篇因夫子所删而亡。

甚矣夫《詩》之不易解也！且如「習習谷風」一篇，婦人見棄於夫而作。然此婦所以見棄之故，誰知之哉？今欲釋其詩，豈獨當知其見棄之故，且必周知其平日家庭瑣屑之事，而後詩中之意可知也。此不惟今人不知，雖孔子當日未必知也。然則詩中之意獨此婦與其夫知之耳。夫《禮》雖亡缺，其存者固可考。《易》之所言者理數也，猶可推測而知。《春秋》之事具於三傳，知其事即可求其旨矣。詩人之意，吾何從而測之哉？甚矣夫《詩》之不易解也！

《野有死麕》之詩曰：「無感我帨兮，無使尨也吠。」《將仲子兮》之詩曰：「無踰我里，無折我樹杞。」二詩語意正同，皆所謂「發乎情、止乎禮義」者也。朱文公於《將仲子兮》即不用《序》

說，亦何至以爲「淫奔之詩」哉？使此詩幸而得列於二南，朱子亦必曰「其凛然不可犯之意可見」矣。

《山樞》之詩曰：「宛其死矣，他人入室。」夫其身雖死，其子孫固在也，豈其衣裳鐘鼓遽屬之他人哉？然則「他人」者正指其子孫而言。古聖人於鐘鼎銘詞，莫不曰「子子孫孫永寶用」。今乃以「他人」外之，其意達矣。自後莊、列之徒出，以天地爲逆旅，以形骸爲外物，況於子孫乎？然而其旨則已見於三百篇矣。

「惡惡如《巷伯》」，蓋取其惡惡之中而不失忠厚之意也。詩中再言「彼譖人者，誰適與謀」，若曰「彼之譖人，不知何人爲之謀」，非其本心也，所以寬之者至矣。

《瓠葉》之詩，乃傷世亂民貧，不能如禮也。國之將興，財力充裕，吾於《魚麗》諸篇見之；及其亡也，物力雕敝，萬事苟簡而已，吾於《瓠葉》一篇見之。

《桑柔》之詩有「滅我立王」之語，或疑爲共和之詩，吾以爲東遷時之詩也。其時諸侯奉太子宜臼爲王，而虢公別立王子余臣於攜。作此詩者，其攜王之臣歟？宜臼以母廢奔申，居申七年，而申侯以犬戎入。然則「滅我立王」即指驪山之變，「降此蟊賊」謂犬戎也，「誰生厲階」斥宜臼也，「維此惠君」美攜王也，「考慎其相」謂虢公也，「維彼不順」「自有肺腸」言宜臼知有母而不知有父，真非人心也。詩中多以「彼」「此」爲言，「此」者攜王，「彼」者宜臼也。王子朝之告諸侯也，曰：「攜王奸命，諸侯替之，而建王嗣。」以攜王爲奸命，此乃臣子之辭，非正論也。當日犬戎之禍，宜臼縱不與謀，亦當從《春秋》趙盾、許止之例，無所逃罪矣。虢公之立余臣，蓋仗義之舉，未可以成敗論也。孔子録此詩於「雅」，其旨微矣。

禮之不近人情者，非其至者也。吾觀《曲禮》一篇，無非戒人之不近人情耳。「竝坐不横肱」，「共飯不澤手」，「毋踐屨，毋踖席」，「户開亦開，户闔亦闔。有後入者，闔而弗遂」，「將上堂，聲必揚」，「君子欠申，侍坐者請出矣〔一〕」，如此之類，其於人情委曲周到。學者能留意於此，馴而至於動容、周旋中禮不難矣。若其繁文曲節，古今不能通行者，皆禮之末也，非其至者也。

夫禮，雖先王未之有，可以義起焉。是故後人之所爲，有足補古人所未及者，未可是古而非今也。古者大夫、士無不有廟，至後世廟廢而墓祭興焉。夫舉親之遺體而委之野，乃歸焉而隆其堂，闃焉而深其室，曰「吾親之神在是」，無乃舍其所可知而求其所不可知乎？知鬼神之情狀者，莫如聖人。孔子之論鬼神也，曰：「骨肉斃於下，陰爲野土。其氣發揚於上，爲昭明，焄

〔一〕侍，原訛作「待」，據蔡啓盛《校勘記》改。

蒿凄愴。」由是言之，墓祭雖非古，孔子復生，亦所不廢也。古者祭必有尸，至後世尸廢而圖像興焉。夫祭之立尸，孫而以祖奉之，人而以鬼事之，近於戲矣。自《楚辭》有「像設君室」之文，而後世子孫之於祖父，無不圖其像而藏焉。唐制於別殿安置祖宗御容，每日具服朝謁。雖於古禮無徵，然子孫而不覩祖父之像，則何以云「如見所祭」乎？是二者皆足補古人所未及也。

《儀禮》十七篇，而射居二焉。「春合諸學，秋合諸射」，先王之世所以士兼文武也。《記》曰：「射者男子之事也，因而飾之以禮樂焉。」蓋聖人以弧矢威天下，故欲人人習之，而以禮樂爲之飾。「民可使由之，不可使知之」，此類是也。若夫樵夫笑危冠之飾，輿臺恥短後之服，此則後人高論，而非先王之教矣。明初取士之制，中式者復以五事試之，而首以騎射。厥後此制廢，而專以括帖取士，於造就人材之道或猶未盡乎？

《周官》之書，非周公所作也。意周室既衰之後，有志之士感王者之不作，禮樂崩壞，刑政紊亂，乃因周制而損益之，以成此書，亦欲成一代之制，爲後世之法，故與周制頗有不合。即天地春夏秋冬六官之名，亦非周制也。《孟子》論周禮不及此書，豈大儒如孟子未之見乎？固知非周公之書矣。

《禮》云：「勞毋袒，暑毋褰裳。」此可知袒之爲不敬。《孟子》「袒裼裸裎」，亦是極言其不敬耳。而《内則》又云「非有敬事，不敢袒裼」，遂有以袒裼爲敬者。吾謂袒裼自是大不敬之事，而有時不得已用之至敬之地。祭禮「君肉袒親割」。夫親割非肉袒不可也，束帶佩玉而割〔一〕，其可乎？若非親割，必不敢袒。此即「非有敬事，不敢袒裼」之謂也。

子卯之忌，在漢世有三説。鄭司農注《春秋》，以爲五行子卯自刑，此一説也；鄭康成注《禮》、何休注《公羊傳》，並云桀以乙卯亡、紂以甲子亡，又一説也；《翼奉傳》曰子爲貪狼，卯爲陰賊，又一説也。夫紂以甲子亡，有《尚書》可證。至桀以乙卯亡，經無明文。賈、孔之疏皆據《商頌》「昆吾夏桀」一語，謂夏桀與昆吾同日誅。而《左傳·昭十八年》：「二月乙卯，周毛得殺毛伯過。萇弘曰：『是昆吾稔之日也。』」遂謂桀亦以乙卯亡。然則萇弘何不云「桀亡之日」而云「昆吾稔」乎？《吕氏春秋·簡選篇》曰：「殷湯良車七十乘，必死六千人，以戊子戰於郕，遂禽推移、大犧，登自鳴條，入巢門，遂有夏。」是桀之亡以戊子，非以乙卯也。古事茫昧，不可推知。而桀以乙卯亡之説終無依據。且經文但言子卯，無言甲子、乙卯者。鄭司農之注、翼少君之説，或未可廢乎？

〔一〕束，原訛作「東」，據蔡啓盛《校勘記》改。

《春秋》詳略之間各有其義。《隱十一年》「滕侯、薛侯來朝」，《桓十七年》「郳人、牟人、葛人來朝」，「侯」則皆侯也，「人」則皆人也，故一書「來朝」。《桓七年》「穀伯綏來朝，鄧侯吾離來朝」，一則伯也，一則侯也，故兩書「來朝」。詳略之間，所謂「游、夏不能贊一辭」者歟？《春秋》詞簡而意明，如鄭忽、突之爭國也。《春秋》於忽書「鄭世子」，於突書「鄭伯」，聖人之意若曰，當有鄭國者忽也，終有鄭國者突也，而鄭事定矣。子儀、子亹之事不見於經，蓋有所不足書也。

鄫季姬之事，傳者異辭。吾意季姬必已許鄫子而未嫁者也。公怒鄫子之不朝而中絶其婚，季姬不肯改適，故爲防之遇而使來朝。於是鄫子感季姬之義，卒朝於魯。僖公嘉季姬之節，卒歸之鄫。夫未嫁之女而與夫遇，非禮也。雖然，權也。《春秋》詳書其事，蓋善之也。如謂僖公愛女，聽其擇配，固非人情；即謂歸寧見止，是惡壻而執女，亦非人情。且季姬於何年始歸鄫，不見於經，何也？《春秋》所書，魯女既嫁，則繫以國。季姬已歸鄫，而不書鄫，又何也？

齊桓夫人三，皆無子，而庶子之中獨公子無虧長，則無虧之立，正也。宋襄欲圖諸侯，而知諸侯之未能忘齊桓，是故納孝公。蓋孝公立，則德宋必甚，必不與宋争諸侯矣。左氏謂桓公與管仲屬孝公於宋襄公，此宋襄所以欺諸侯也。《春秋》書「師救齊」，「狄救齊」。穀梁子曰：「善救齊也。」救之者是，則伐齊而納孝公者非矣。

《春秋》亡國之君不再見於經。有宗廟焉，有社稷焉，而不能守，而又不能死，是固不足復見之於經矣。且既去國，則一匹夫耳，不得復謂之某公也。是故《桓五年》書「州公如曹」，其明年來魯，則不復書「州公」。或以爲省文。聖人作《春秋》爲萬世法，豈省此兩字哉！

《僖二十四年》「天王出居于鄭」，書「出」。而《昭二十二年》「王猛居于皇」，《二十三年》「天王居于狄泉」，不書「出」。蓋皇與狄泉皆周地，而襄王居鄭則出乎王畿之外矣，故書「出」也。必謂天子無出，書「出」則爲貶者，非也。王朝之臣亦然。自王朝而出奔，自宜書「出」。《襄十三年》「王子瑕奔晉」，《昭二十六年》「王子朝奔楚」，皆不書「出」者，二子爲亂。《春秋》蓋絶之於周，若曰非周之臣子也。《成十二年》「周公出奔晉」〔一〕，周公懟王，固有罪矣，而未至如二子之甚，故書「出」。必謂自周無出，書「出」則爲貶者，亦非也。

「晉納捷菑于邾」，經不曰「弗果納」，而曰「弗克納」，則知聖人之意美邾也，非美晉也。春

〔一〕出，原脱，據《春秋左傳》補。

秋之世，小國畏大國如虎，有出其君以説者，衛成公是也；有弑其君以説者，齊莊公、悼公是也。況貜且未成爲君，晉欲納捷菑，則貜且雖長，若之何乃能拒而弗受？邾雖小國，有人焉。《春秋》書「弗克納」，其予邾人也深矣。

伯姬歸宋，三國媵之。蓋前此魯女適諸侯皆小國，如紀，如鄫，如杞，如郯，大國固不屑來媵，即魯亦未必聞於諸侯。獨伯姬歸宋，宋大國也，諸侯所以來媵耳。謂因伯姬之賢而録之，非也。

通都大邑得以名通，則不繫以國，如楚丘不書衛，下陽不書虢是也。若小邑不得以名通，則但書其國而不書其地，如盟于宋、會于曹，必有所在之地。然其地小，名亦不箸，若書之史策，將使後世不知其所在，故以國書之。後儒説《春秋》，謂不地者即于其都也。盟會猶或有之，若戰于其都，恐無是理也。

汶陽之田非魯故地也。《成二年》書「取汶陽田」，《八年》書「晉侯使韓穿來言汶陽之田，歸之於齊」。夫魯得之于齊曰「取」，齊得之于魯曰「歸」，則汶陽之爲齊田明矣。蓋鞍之役，晉人使齊人割以謝魯耳。觀魯、衛之言曰「子得其國寶，我亦得地」，寶乃齊所以賂晉，則地亦齊所以賂魯、衛矣，賓媚人所謂「先君之敝器、土地不敢愛」也。

楚不書「葬」，魯不往會也。若謂以稱王之故，則楚自稱「王」，《春秋》自書「公」。猶楚之公子，自楚言之則曰「王子」，自《春秋》書之則曰「公子」，奚不可乎？雖然，康王之喪，襄公在楚而亦不書，何也？蓋諸侯而親送葬，非禮也。是故晉景公之葬，公在晉則不書「葬晉景公」；楚康王之葬，公在楚則不書「葬楚康王」。

《春秋》於諸侯之卒，或名或不名，訃辭異也。古者葬而虞，虞而卒哭，卒哭而諱。凡以名訃者，卒哭之前來訃也；不以名訃者，卒哭之後來訃也。訃有遲速，何也？春秋之世，不能盡與古合。且如五月而葬，禮也，而經之所書或過或不及。葬且有遲速，況訃乎？夫卒哭之後來訃，則已葬矣，魯不及往會矣。故《隱八年》「宿男卒」，《莊三十一年》「薛伯卒」，《僖二十三年》「杞子卒」，《宣九年》「滕子卒」，皆不名，而皆不書「葬」，則以卒哭後來訃可知也。諸國皆弱小，或其孤不敢以先君之葬煩大國之往會，故遲至卒哭後始訃歟？獨秦不然，秦景公、哀公、惠公，魯皆往會其葬，而其卒不名。豈秦俗尊君，未卒哭而先諱歟？

# 釋篇　賓萌集三

## 釋盤古

「盤古」者，元氣之名也。「盤古」猶「盤互」也。《漢書・谷永傳》：「百官盤互。」師古注曰：「盤互，盤結而交互也。」亦作「磐互」，《劉向傳》「宗族磐互」是也。「古」與「互」同部字，《史記・封禪書》「秋涸凍」，《索隱》引小顏曰：「涸讀與沍同。」涸從固聲，即從古聲，而與沍同讀，此「盤互」所以爲「盤古」也。《太玄・中》首曰「昆侖旁薄，幽」，「昆侖」即「渾沌」也，「旁薄」即「盤互」也，旁、盤雙聲，薄、互疊韻耳。古書乃有「盤古氏」之稱，此猶《莊子・天地篇》所稱「渾沌氏」，皆寓言也。《三五厤記》曰：「天地混沌如雞子，盤古生其中。天日高一丈，地日厚一丈，盤古日長一丈。如此萬八千歲，天數極高，地數極深，盤古極長。」此見元氣在天地之中，上極天，下際地，無間隙也。《述異記》曰：「昔盤古氏之死也，頭爲四岳，目爲日月，脂膏爲江海，毛髮爲草木。」又引秦、漢閒俗説：「盤古氏頭爲東岳，腹爲中岳，左臂爲南岳，右臂爲北岳，足爲西岳。」又引先儒説：「泣爲江河，氣爲風，聲爲雷，目瞳爲電。」又引古説：「喜爲晴，怒爲陰。」此見天地之中形形色色皆元氣之所生也。《莊子・應帝王篇》曰：「南海之帝爲儵，北海之帝爲忽，中央之帝爲渾沌。」假爲之名，豈實有其人歟？夫中央之帝曰渾沌，太古之帝爲盤互，一而已矣。因假「古」爲「互」，其義不顯，莫知其爲託名。胡五峰《皇王大紀》遂首列盤古氏，陋矣。

## 釋姜嫄

周、魯皆特立姜嫄廟，疑於有妣而無祖。李氏惇著《群經識小》，謂姜嫄之名特著而其夫失傳，蓋由合不以正，若楚令尹子文之母者，故諱之。是説也誣古人甚矣。然則姜嫄何以特立廟？曰：姜嫄者，帝嚳之妾也，非帝嚳之正妃也。而實生后稷，爲周人之所自出。以其爲周人之所自出，故不可以無廟；以其妾也，故不敢以配帝嚳，於是别立廟以祀之，所謂禮以義起也。昔魏文帝納袁熙妻甄氏，實生明帝。明帝即位，追尊爲文昭皇后。於是三公奏曰：「周人始祖后稷，又特立廟以祀姜嫄。今文昭皇后之於萬嗣，聖德之化，豈有量哉？而無寢廟以承享祀，非所以報顯德、昭孝敬也。稽之古制，宜依周禮，先妣別立寢廟。」至景初元年，有司議定七廟，又奏曰：「武宣皇后、文德皇后各配無窮之祚。至於文昭皇后膺天靈符，誕育明聖，功濟生民，德盈宇宙，開諸後嗣，乃道化之所興也。寢廟特祀，亦姜嫄之閟宮也，宜世世享祀，永箸不毁之典。」夫以魏人之尊甄后，皆以姜嫄爲比，然則姜嫄爲帝嚳之妾明矣。當時文帝之廟自有文德皇后郭氏爲之配，甄后不得與焉。而明帝實甄后所生，因別立廟以祀之，正周人祀姜嫄之義也。魏人去古未遠，疑必有所依據。史公以姜嫄爲帝嚳正妃，轉非其實矣。

## 釋太公望

《史記·齊太公世家》曰：「周西伯遇太公於渭之陽，與語大悦，曰：『自吾先君太公曰當有聖人適周。子真是矣，吾太公望子久矣。』故號之曰太公望。」樾謂此説非也。太公者，死而其子孫尊之之稱也。夏、殷無謚，周始有之。而當時諸侯往往無謚，是故魯之始封曰魯公伯禽；衛之始封曰康叔、曰康伯，晉之始封曰唐叔虞、曰晉侯燮，蔡之始封曰蔡仲胡、曰蔡伯荒，曹之始封曰曹叔振鐸、曰太伯脾、曰仲君平，杞之始封曰東樓公、曰西樓公、曰題公、曰謀娶公，宋之始封曰微子、曰微仲、曰宋公稽：皆無謚也。齊之有謚，自哀侯始，哀侯以前曰丁公伋，曰乙公得，曰癸公兹母，凡三公無謚。而太公者始封之君，又有大功，故尊之曰「太公」云爾。周之王業始乎古公亶父，既有天下，則追王之，曰太王。齊之太公，猶周之太王也。吴自太伯適吴，遂以有國，至武王追封爲吴伯，謂之太伯。齊之太公，猶吴之太伯也。《左傳》曰：「武王邑姜方震太叔。」然則唐叔虞亦有太叔之稱矣。齊之太公，猶晉之太叔也。非獨此也，太王之妃曰太姜，文王之母曰太任，妃曰太姒；武王元女配陳胡公，曰太姬。蓋「太」爲尊稱，故尊而無謚者皆曰「太」焉。秦始皇帝尊其父莊襄王爲太上皇。漢高祖因之，其死也即立太上皇廟，而無謚，蓋古人之遺意焉。「太公」之稱，猶之乎太上皇也。其後田氏代有齊國，實始於田和，而謂之太公和。以後證前，益知「太公」爲始祖之尊稱矣。是故太公望猶太公和也，「望」與「和」皆名也。太公望蓋名望而字尚父，古人名字相配，尚者上也，故名望字尚也。《詩》曰「維師尚父」，猶曰程伯休父。毛公生六國時，沿傳聞之誤而爲之説，曰「可尚可父」，此與《史記》「太公望子」之説，皆齊東野人之語也。

## 釋荆楚

「楚」之見於《春秋》也，始於莊公之十年，其稱曰「荆」，至僖公之元年乃始以「楚」稱。公羊子曰：「荊者何？州名也。州不若國。」樾謂其説非也。夫荊與楚一而已矣。《説文》曰：「荊，楚木也。」又曰：「楚，叢木。一曰荊也。」然則荊、楚本無異義。孔穎達《左傳正義》曰：「荊、楚一木二名，故以爲國號，亦得二名。」斯得其義矣。《春秋》先書「荊」，後書「楚」，蓋本國史原文。猶齊之陳氏，在《左傳》則爲陳，在《戰國策》則爲田。後人明知陳、田爲一姓，而凡所稱引，本之《左傳》者從而謂之陳，本之《國策》者從而謂之田。以非義理所繫，不必易其文也。陳與田其音近，荊與楚其義同，楚之爲荊，猶田之爲陳耳。孔子因國史修《春秋》，在僖公以前國史之文皆曰「荊」無曰「楚」者，則孔子亦「荊」之而已矣；在僖公以後國史之文皆曰「楚」無曰「荊」者，則孔子亦「楚」之而已矣。故以或書「荊」或書「荊人」或書「楚子」，謂孔子有進退予敚之微意，可也；若以書「荊」書「楚」爲有異義，則鑿矣。且推公羊子之意，將謂魯史原文皆曰「楚」，而孔子改之曰「荊」乎？然則以「楚」爲「荊」，乃吾夫子之特筆，宜止見於《春秋》，而在他書必無曰「荊」者矣。乃《國語》者，當時列國紀載之書也。《晉語》曰「晉伐鄭，荊救之」，又曰「畢陽實送州犂於荊」，《鄭語》曰「夫荊子熊嚴」，是「荊」「楚」爲當時之通稱，而非夫子之特筆明矣。《詩》曰：「奮伐荊楚。」蓋「荊」「楚」之名猶殷、商也，合言之曰「荊楚」，而分言之則或爲「荊」或爲「楚」，猶合言之曰殷商，而分言之則或爲殷或爲商也。孔子定四代之書，自帝告至於微子，謂之《商書》，而書序所稱則皆曰殷。今以書「荆」、書「楚」之異文而説《春秋》者，即以爲孔子之特筆。然則孔子爲《商書》作序，何以言殷乎？夫商者，殷之本號也。自殷之號盛行，而人之恒言或言殷而不言商，孔子曰「予殷人也」，又曰「殷因於夏禮」，又曰「殷禮吾能言之」。是故定四代之書而謂之《商書》者，所以存其本號也。至於作序，則遂謂之殷矣。荆者，楚之本號也。自楚之號盛行，而人之恒言亦或言楚而不言荆。其見於僖公以前者猶其本號也，自僖以後則天下稱之皆曰楚矣。國史書之亦皆曰楚矣，夫子何必不謂之楚乎？是故荆之與楚，乃古今之異言，因其荆而荆之，因其楚而楚之，乃臨文之常例。後人因荆、楚異文曲爲之説，斯亦儒者之蔽也。顧氏炎武曰：「五經中文字不同，有一經之中而自不同者。如『桑葚』見於衛詩，而魯則爲『黮』；『鬯弓』見於鄭詩，而秦則爲『韔』。左氏一書，其録楚也，『薳氏』或爲『蔿氏』，『箴尹』或爲『鍼尹』。」然則荆、楚異文，亦若是而已矣。

## 釋《春秋》絶筆獲麟

吾觀《詩》，聖人於變風之末繫以思治之詩，以示亂之可治，變之可正。又觀《易》，聖人於《屯》之上六、《否》之上九皆曰「何可長也」。嗚呼！聖人憂天下深而望天下切如此哉！天下方治也，而聖人之心則已憂其亂；天下方亂也，而聖人之心則已望其治。是故《春秋》絶筆於「獲麟」，思治也。今夫春秋二百四十年，弑君三十六，亡國五十二，生民之禍未有烈於春秋者也。而麟仁獸也，王者之瑞也。春秋之世何爲乎來哉？夫子曰：「天下其庶幾治矣，天下其庶幾有王者出矣。」夫天下之亂，起於春秋，極於戰國，蔓延於秦、漢之際，至文、景而始定。方定、哀之間，正如江河之趨於下，其勢未有艾也。然而麟之出必俟聖人，必俟聖人在乎位。後世非有聖人，非有聖人在乎位，則麟何爲乎來？有來，告者曰「有麕而角者」，而夫子喜可知也，書曰「西狩獲麟」，而《春秋》以此終焉。蓋平日河圖、鳳鳥之思，至此一快，而欲以黜陟予奪之權歸之後王也。論者乃以麟出非時，謂之不祥，豈其然乎？吾以《詩》《易》例《春秋》，殆得聖人之意者矣。若夫「反袂拭面」，稱「吾道窮」，則公羊子之誣也。

## 釋孔子弟子三千人

《孔子世家》有弟子三千人之説，而愚未敢信也。孔子弟子見於《論語》《家語》及《史記列傳》《文翁石室圖》者，纔七十餘人。蘇子由《古史》合諸書所有而并録之，亦止七十九人耳，安得有三千人歟？其不足據一也。諸子之書多託於孔氏，而《漢書·藝文志》所載，如芊子、世子、公孫尼子之徒，皆七十子之弟子，而三千人無聞焉，其不足據二也。漢武帝始置五經博士，僅置弟子五十人。其後稍增，至成帝時乃有三千人，在西京之世已爲極盛矣。唐制國學生七十二員，太學生一百四十員，四門學生一百三十員。夫以天子之尊，而所養士不過此數。孔子一人乃聚三千人而爲之師，其不足據三也。且夫孔子之門非必以多爲貴也。侈三千之數而指不知誰何之人以爲孔子之弟子，吾未見其尊孔子也。太史公叙述周、秦閒事，於數之多者必曰「三千」。魏公子無忌傳曰「客三千人」，春申君、孟嘗君及吕不韋傳亦曰「客三千人」，平原君傳曰「敢死之士三千人」。夫此數公者，其賓客固多矣，非必皆三千人也。然則謂孔子弟子三千人者，亦此類也。

## 釋楚漢五諸侯

項王將五諸侯滅秦，漢王部五諸侯伐楚。楚、漢之興，皆以五諸侯，非偶然也。《高紀》「五諸侯」，説各不同。徐廣曰：「塞、翟、魏、殷、河南也。」應劭曰〔一〕：「雍、翟、塞、殷、韓也。」韋昭

〔一〕劭，原訛作「邵」，據《史記》改。

曰：「塞、翟、殷、韓、魏也。」師古注《漢書》曰：「常山、河南、韓、魏、殷也。」今按《月表》，雍王章邯都廢丘，爲漢所圍，凡十一月，始終不降而死，未嘗從漢也。應劭之説非矣。常山王張耳爲陳餘所逐，走歸漢。據《功臣表》，張耳棄國，與大臣歸漢，則與陳平、韓信之來固當不同。然亦不過如九江王英布與隨何間行而至者等耳，未必以兵從也。師古之説亦非矣。徐廣、韋昭二説未知孰是。然《月表》明言韓王信「從漢伐楚」，信本傳亦云「漢復立以爲韓王，竟從擊破項羽」，則韓王必在五諸侯之數。韋昭之説疑其得之矣。《淮陰侯傳》乃云：「漢二年，出關，合齊、趙共擊楚。」按：是時田榮擊殺齊王市自立，項王擊之，榮敗死。榮弟横收齊散兵得數萬人，反擊項羽。羽聞漢王東伐楚，即令諸將擊齊，而自以精兵還擊漢於彭城。然則齊方爲楚所擊，無緣得從漢。故諸家説五諸侯均不數齊，《淮陰侯傳》誤耳。至《項羽紀》「五諸侯」，注以爲齊、趙、韓、魏、燕。按：魏王豹親從入關，齊、燕、趙三王皆不從。齊則田都，趙則張耳，燕則臧荼也。韓王成，據《月表》則云「從項羽略入關」，而《韓王信傳》云：「項籍之封諸王皆就國。韓王成以不從無功，不遣就國，更以爲列侯。」《項王本紀》亦云：「韓王成無軍功，不使之國，與俱至彭城，廢以爲侯，已又殺之。」然則韓王成不從入關明甚。《羽本紀》云：「鄱君吴芮率百越佐諸侯，又從入關，故立芮爲衡山王。」然則五諸侯當數鄱君，不當數韓王成也。

# 釋公主

古無「公主」之稱。然婦人之稱「主」，則春秋時已有之矣，《魯語》曰「以歜之家而主猶績」是也。蓋「主」本大夫之稱，故其妻亦得稱之。後世因以人君之女謂之「君主」，《史記・六國年表》秦靈公八年「初以君主妻河」是也。「君主」之稱，殆始於人君之女而適大夫者乎？《左氏傳》有曰「君姬氏」者，稱主而繫於君，與稱某氏而繫於君，其誼一也。後世又因人君稱公而謂之「公主」，《吴起傳》「公叔爲相，尚魏公主」是也。至秦有天下，稱皇帝，而其男尚稱「公子」，《始皇本紀》「公子將閭」「公子高」是也；故其女亦仍稱「公主」，《李斯傳》「十公主矺死於杜」是也。漢承秦舊，亦曰「公主」，而王之女謂之「王主」，《漢書・成帝紀》「建始元年〔一〕，賜王太后、公主、王主黄金」是也。夫以王之女而謂之「王主」，則知古所謂「公主」者，以其爲公之女也。後儒不達此誼，以爲天子之女使公主婚，故曰「公主」，失之矣。

〔一〕　元，原訛作「二」，據《漢書》改。

# 釋佛寺

古者郊焉而天神格，廟焉而人鬼享，如此而已矣。秦起西戎，襄公作西畤，文公作鄜畤，於是有「畤」之名。然史稱「雍旁故有吴陽武畤」，則「畤」之起也久矣，蓋西戎之俗也。嗣後宣公作密畤祭青帝，靈公作吴陽上畤祭黄帝、下畤祭赤帝，獻公作畦畤祭白帝，漢興，高帝作北畤祭黑帝，是謂「雍五畤」。至釋氏自西戎入中國，名其所居曰「寺」，即「畤」之省也。蓋佛徒所奉金人，本爲祭天而設。《漢書·霍去病傳》破匈奴，「獲休屠祭天金人」，師古曰：「今佛像是也。」然則原佛寺之始，與雍五畤之祭五帝者正同。世謂攝摩騰、竺法蘭始至中國，居鴻臚寺，因以爲名。而至今仍之，猶未得其誼也。《説文》：「寺，廷也，有法度者也。」今官制有大理寺、鴻臚寺、太常寺、光禄寺之名。而浮屠氏所居亦冒此名，可乎？宜正其名曰「畤」，以還西戎之本俗，然後與中國所謂「寺」者不相亂矣。

# 釋相

儀徵阮文達《揅經室集》有《釋相》一篇，其大旨以爲：自周秦以來，凡宰輔之臣皆名曰「相」。乃《説文》「相」在《目部》，曷嘗有佐助之義？此必假借字，其本字當爲「襄」。此説非也。「襄」字《説文》在《衣部》，其説解曰「漢令：解衣耕謂之襄」，亦曷嘗有佐助之義？乃以耕必有耦附會之，斯曲説矣。《皋陶謨》曰：「思日贊贊襄哉！」馬融訓「襄」爲因，鄭康成訓「襄」爲揚。是贊襄之襄，非謂佐助也。而謂即「輔相」之「相」，其於古訓更戾矣。然則「輔相」之「相」當爲何字？曰：「相」即其本字也。蓋其始起於瞽之有相，《説文》：「相，省視也。」瞽者無目，不能省視，故必有人代爲省視，而扶助之、導引之，即謂之相。其後因以爲輔政者之稱，如云「舜相堯」「禹相舜」「益相禹」「伊尹相湯」「周公相武王」，皆是也。冉有、季路爲季氏臣，孔子引周任之言以責之曰：「危而不持，顛而不扶，則將焉用彼相矣？」又曰：「今由與求也，相夫子。」是輔相之「相」與瞽者之「相」固同字同義矣。然古者未以「相」爲官名，凡輔助者通稱爲「相」，故儐介亦稱「相」。《周官》司儀之職曰「每門止一相」，鄭注曰：「相，謂主君儐者及賓之介也。」太僕之官亦稱「相」，《尚書・顧命》曰「相被冕服」，鄭注曰：「相者，正服位之臣，謂太僕也。」至秦有相國、丞相之官，而「相」之名始尊，後世遂不知其始起於瞽之有相矣。苟知輔相之「相」與瞽者之「相」同字同誼，則與《説文》「相」字之誼正合，又何疑而以爲非本字乎？

## 釋主

《説文·丶部》：「丶，有所絶止，丶而識之也。」此字今經典不見，皆以「主」爲之。「主」之本義「鐙中火主也」，與「丶」字音同義異。作書者以「丶」不成字，故叚「主」爲「丶」。凡經典「主」字皆「丶」字也，其義皆從「有所絶止」而引申之，今俗字作「住」者是其義也。《説文》無「住」字，然「䮅」篆曰「讀如住」，則此字亦古矣。蓋凡物有所絶止謂之「丶」，其字既皆作「主」，故人有所絶止又加「人」作「住」耳。經典無「住」字，則仍以「主」爲之，如云「主顔讎由」「主司城貞子」，猶俗云住於某所也，因而有「主、客」之稱。《老子》曰「吾不敢爲主而爲客」，「主、客」對文由來久矣。又因而有「臣、主」之稱，《晉語》載欒氏之臣辛俞曰：「三世仕家君之〔一〕；再世以下主之。」蓋再世以下恩義尚殺，君臣之分未定，故仍從所止之稱而曰「主」。其後因以爲「大

〔一〕仕，《國語·晉語八》作「事」。

夫」之稱，《左傳》載醫和與趙孟言稱「主」是也。相沿既久，而「君」與「主」遂爲通稱。《管子》書已有《七臣七主》之篇，《老子》書亦有「萬乘之主」之文，於是「主」之名遂尊，而於字之本義亦稍遠矣。

「主」又訓「守」，《廣雅·釋詁》曰：「主，守也。」蓋古人適異國，必有所常主，《昭三年左傳》曰「豐氏故主韓氏」是也。以其有常主，故有主守之義，因又訓專、訓親。師古注《漢書·淳于長傳》曰：「主猶專也。」鄭康成注《論語》「主忠信」曰：「主，親也。」蓋亦以其有常主，故引申之爲專一，爲親密也。至於祭之有主，其義亦出於此。神之所依，猶人之所住也，故亦曰「主」焉。而《說文》乃又有「宔」字，其說解曰：「宗廟宔祏。」此後出字也。廟主字从宀作「宔」，何異鐙主字从火作「炷」乎？苟知經典「主」字皆「丶」字「有所絶止」一義所引申，則無不可通矣。

## 釋欽

《爾雅·釋詁》曰：「欽，敬也。」《說文·欠部》：「欽，欠皃。」於訓敬之義絶遠。孫氏星衍《尚書注疏》於《多方篇》「乃惟有夏之民叨懫日欽，劓割夏邑」、《立政篇》「帝欽罰之」竝云「欽與廞通」，而引《爾雅》「廞，興也」之文爲說。愚謂《尚書》所有「欽」字皆「廞」之叚字也。《說文·广部》：「廞，陳輿服於廷也。」《禮》曰：「大人之器威敬。」古者有大事則陳輿服於廷，如《顧命》所記是也。絫朝之禮器，先王之法物，森然具在，以此思敬，敬可知矣，故「廞」有敬義也。《周書・謚法篇》曰，「威儀悉備曰欽。」《尚書・堯典》釋文引馬注曰：「威儀表備謂之欽。」然則古人所謂「欽」者皆謂其威儀之盛，正從陳輿服之義而引申之。後世儒者但以主一無適爲敬，則不足以知此矣。《詩・常武篇》「既敬既戒」，鄭箋曰：「敬之言警也。」《禮記・文王世子篇》「所以警衆也」，鄭注曰：「警猶起也。」《爾雅・釋詁》曰：「廞，興也。」「廞」之爲興，猶「警」之爲起矣。虞、夏、商《書》所有「欽」字，其義皆爲敬。《周書・多方》《立政篇》兩「欽」字則當訓爲興，而要皆「廞」字之義所引申。作「欽」者，叚字也。段氏玉裁謂人氣不足則欠，故有欿然如不足之義。斯乃曲説。或又疑爲「頜」之叚字：「頜，低頭也。」有敬慎之意。然許君引《左傳》「迎於門者，頜之而已」，其義正與敬反，安得以爲欽敬之本字乎？

# 釋左右

《説文・左部》：「左，手相左助也。从𠂇工。」《又部》：「右〔一〕，手口相助也。从又从口。」愚謂許君説此二字竝未得也。左右對文，其義亦當相配，左从工而右从口則不倫矣。今按：左字从工，乃从巨而省。古人製字有從省之例，如會字从曾乃增之省，聖字从壬乃廷之省，制字从未乃味之省，辟字、辭字从辛乃辠之省，竝其例也。《工部》曰：「巨，規巨也。从工，象手持之形。」《工部》所隸之字三，「巨」也、「巧」也、「式」也。巧从工，乃工巧之工。式从工，則从巨而省。《爾雅・釋詁》：「矩，法也。」故「式」篆説解亦曰「法也」。不然則式字从工何意乎？左之从工與式同意，竝從巨省。巨者所以爲方之器，故从巨省猶从方也。右字从口，不从手口之口，如石字，《説文》作□，而世傳秦刻石文作□，蓋二形相似，其殽亂者多矣。《説文・口部》：「口，回也，象回帀之形。」古之製字者既象回帀之形，則其形必圓，隸體始變而方之耳。凡匒圍字、圍繞字竝當如此作。今借圍守之圍爲之，非其本字也。右字从口，正从其象回帀之形，故

〔一〕右，原訛作「又」，據《説文解字》改。

从口猶从圓也。夫天下之形，方圓盡之矣。𠂇執方，又執圓，古人製字之意正如此。《傳》曰：「天道圓，地道方；君道圓，臣道方。」古之聖人所以裁成天地之道、輔相天地之宜以左右民者，不外乎此矣。是故「左」「右」二字之義，其所包甚大也。今「右」字既誤从手口之口，而「左」字又不得其所以从工之意，則二字皆失其義矣。

# 賓萌集四　議篇

## 文廟祀典議

咸豐六年，樾在河南學政任，奏請援蘧瑗之例，以鄭公孫僑從祀文廟兩廡；又請以孔子兄孟皮配享崇聖祠。詔下禮部議，皆如所請。樾旋以人言去職，跧伏草野；又經兵亂，流離奔走，靡有定居。然念文廟祀典尚有宜增益者。樾故官學政，俎豆之事固所職也。茲雖放棄，敢默而息乎？謹私議之如左：

一曰：今所傳《毛詩故訓傳》者，大毛公亨所爲也。謹按：陸德明《經典釋文·序録》曰：「毛詩者，出自毛公。徐整云：『子夏授高行子，高行子授薛蒼子，薛蒼子授帛妙子，帛妙子授河間人大毛公。』一云：『子夏傳曾申，申傳魏人李克，克傳魯人孟仲子，孟仲子傳根牟子，根牟子傳趙人孫卿子，孫卿子傳魯人大毛公。』」是大毛公之《詩》，其原出於子夏。鄭康成本之而爲箋，孔穎達因之而爲正義。至今學者誦習，謂之《毛詩》。齋、魯、韓三家之《詩》皆不傳，而《毛詩》獨行。昔唐貞觀二十一年，「詔以左丘明、卜子夏等二十二人，代用其書，垂於國胄。自今有事大學，竝令配亨」。若大毛公之《故訓傳》，非所謂「代用其書」者歟？徐堅《初學記》載大毛公之名曰亨，是較高行子之徒傳其氏而不傳其名者，其迹之顯晦有殊矣。乃文廟從祀有小毛公萇，而無大毛公亨。《禮》曰：「三王之祭川也，先河而後海。或原也，或委也，此之謂務本。」今祭小毛公而不及大毛公，無乃飲其委而忘其原歟？非先河後海之誼也。是宜增入者一。

一曰：義理存乎訓詁，訓詁存乎文字。無文字是無詁訓也，無詁訓是無義理也。然則文字所繫顧不重歟？漢太尉南閤祭酒許慎生東漢中葉，去古稍遠。俗儒或詭更正文，以耀於世。慎學於賈逵，從受古學，著《說文解字》十四篇、五百四十部、九千三百五十三文；敘篆文，合以古籀，使學者得以考見六書之原，因文字而通訓詁，因訓詁而明義理，厥功甚巨。其稱《易》孟氏、《書》孔氏、《詩》毛氏、《禮》、《周官》、《春秋》左氏、《論語》、《孝經》，皆古文也。凡古文書說楸失無傳者，賴其書猶存什一。鄭康成注《禮》，嘗徵引及之。鄭之於許，年代未遠，而其書已爲鄭所剌取。慎又著《孝經孔氏說》及《五經異義》，是其貫通經學，著述非一，而《說文解字》一書尤爲言小學者所宗。士生今日，而欲因文見道，舍是奚由哉！伏念我朝同文之治超踰前代，家有許氏之書，人習《説文》之學，而春秋有事文廟，慎不得與配享之列，無乃闕歟？是宜增入者二。

## 孔忠移祀崇聖祠議

謹按《家語》，孔忠字子蔑，孔子兄子，蓋即孟皮之子也。今從祀大成殿東廡，其位在狄黑之下、公西蒧之上。《説苑》載孔子弟子有孔蔑者，與宓子賤同仕。孔蔑即孔忠也，其賢固不若子賤。然既爲孔子兄子，則子思子之從伯叔父也。子思爲四配之一，祭於殿上，而孔忠祭於廡，揆之倫理，有未順焉。伏思顔路、曾皙竝孔子弟子，宜從祀大成殿兩廡，而今入崇聖祠者，避其子顔子、曾子也。孔忠於子思固非父子，然而《禮》曰「兄弟之子猶子也」，竊謂孔忠宜移祀崇聖祠，以安子思之神。樾於咸豐六年奏請以孟皮配享崇聖祠，而未見及此。因著其説，俟後之君子焉。

## 學校祀倉頡議

古者崇德報功，凡有功德於民者必在祀典。是故農則祭先嗇，蠶則祭先蠶，使民反本追遠，不忘所自始也。夫文字之興，自倉頡始矣。謹按許慎《説文解字》序曰：「黄帝之史倉頡，見鳥獸蹏迒之跡，知分理之可相別異也，初造書契。百工以乂，萬品以察，蓋取諸夬。」是易結繩而爲書契，皆倉頡之功。慎又曰：「文字者經執之本，王政之始，前人所以垂後，後人所以識古。」然則倉頡之功不在嗇與蠶之下矣。鄭康成注《周官・肆師》曰：「貉，師祭也。祭造軍法者，其神蓋蚩尤。」夫兵者凶器，聖人所不得已而用者也。然既用其法，則不得不報其功。故雖以蚩尤之凶人，而亦祀典之所不廢，況倉頡親爲黄帝史，刱造書契以利萬世者乎？竊謂天下學校，上自京師，下至郡縣，宜皆建立倉頡祠，祭孔子前一日祭以少牢，以報其刱造文字之功，亦祀典之所不容已者也。

倉頡祠既立，請定配享之位，衛恒《四體書勢》曰：「昔在黄帝，創制造物，有沮誦、倉頡者始作書契，以代結繩。」然諸書多言倉頡，少言沮誦，意沮誦其倉頡之佐歟？今定沮誦爲配享第一。周宣王時，太史籀著大篆十五篇，是大篆所自始。今定周太史籀爲配享第二。秦始皇帝既并天下，丞相李斯作《倉頡篇》，中車府令趙高作《爰歷篇》，太史令胡毋敬作《博學篇》，媘改大篆，是小篆所自始。李斯、趙高，其人均不當祀。今定秦太史令胡毋敬爲配享第三。秦下杜人程邈，得辠幽繫雲陽，增減大篆體，去其繁複。始皇善之，出爲御史，名其書曰隸書，是隸書所自始。今定秦御史程邈爲配享第四。

配享既定，請定從祀之位。自李斯作《倉頡篇》，漢初學者以《倉頡》《爰歷》《博學》合爲「三倉」。嗣漢武帝時司馬相如作《凡將篇》，元帝時黃門令史游作《急就篇》，成帝時將作大匠李長作《元尚篇》，平帝時楊雄作《訓纂篇》，至後漢班固又續作十三章，有《太甲篇》《在昔篇》，和帝時郎中賈魴又作《滂喜篇》。而後之學者因以李斯、趙高、胡毋敬所作爲上卷，楊雄所作爲中卷，賈魴所作爲下卷，亦謂之「三倉」。凡此諸書，今惟《急就篇》尚存，餘並楸佚。然有功小學，許慎《說文解字》之書蓋本於此。淵源所自，不可没也。竊謂自司馬相如至賈魴六人〔一〕，竝宜從祀倉頡祠。至許慎《說文解字》，爲言小學者所祖，俾學者因文字而通訓詁，因訓詁而通義理，厥功甚巨，當從祀文廟，故不列於此。若夫言書法者以羲、獻爲聖，言韵學者以周、沈爲宗，實則破斆字體，變亂古音，斯乃六蓺之臯人，八體之巨蠹，後之議者無傀入也。

## 考定文字議

孔子曰：「必也正名乎！」鄭康成曰：「正名，謂正書字也。古者曰名，今世曰字。」夫文字之不正，似於爲政無損，而孔子論政以此爲先，且曰「名不正則言不順，言不順則事不成」。推

〔一〕魴，原訛作「滂」，據上文改。

而極之，至於「禮樂不興，刑罰不中，而民無所措手足」。然則文字之所繫顧不重歟？嬴秦氏興，事不師古，變改籀文，以從簡易，周內史之職廢，而所謂「達書名於四方」者不可復見。漢儒許慎於是有《說文解字》之作，敘篆文，合以古籀。古聖人刱造書契之意其不盡泯滅者，賴有此書之存。而經典相承，尚沿譌體，類多苟且，不合六書。今宜考正文字，專以許氏書爲埻。

一曰正字義。夫古人制字皆有本義，經典所用每多叚借。而許君解字，必從其朔，所以明字之本義也。如逆爲送逆字，而順逆字止當作屰。降爲升降字，而降伏字止當作夅。化爲教化字，而變化字止當作匕。氣爲氣稟字，而雲氣字止當作气。樹爲樹木字，而樹立字止當作尌。漏爲漏刻字，而穿漏字止當作屚。假爲真假字，而假借字止當作叚。湮爲湮沒字，而湮塞字止當作垔。微爲隱微字，而微細字止當作𢼸。違爲違離字，而違背字止當作韋。懷爲懷思字，而懷俠字止當作褱。辯爲辯治字，而辯訟字止當作辡。垂爲邊垂字，而下垂字止當作𠂹。距爲雞距字，而距止字止當作歫。鄙者五家爲鄙也，而鄙嗇字止當作啚。災者天火曰災也，而災害字止當作𡿧。厚者山陵之厚也，而厚薄字止當作𣆪。兩者二十四銖也，而參兩字止當作㒳。温者水名也，而温良字止當作𥁕。蒙者艸名也，而蒙覆字止當作冡。郭者齊之郭氏也，而城郭字止當作𩫏。節者竹約也，而符節字止當作卪。捷者軍獲得也，而捷速字止當作疌。啓者教也，而開启字止當作启。　肇者擊也，而肇始字止當作肁。　散者雜肉也，而分散字止當作㪔。　裂者繒餘也，而分裂字止當作列。　備者慎也，而具備字止當作葡。　愛者行皃也，而慈愛字止當作㤅。　憂者和之行也，而憂愁字止當作㥑。　稱者銓也，而稱舉字止當作爯。　譟者擾也，而呼譟字止當作喿。　私者禾也，而公私字止當作厶。　遂者亡也，而遂意字止當作㒸。　腥者星見食豕〔一〕，令肉中生小息肉也，而腥臭及腥熟字止當作胜。　此皆增益之而失其本字者也。

又如旨爲甘旨字，而意旨字必當從心作恉。　𢼸爲𢼸細字，而𢼸伺字必當從見作覹。　須爲須眉字，而須待字必當從立作䇓。　咎爲災咎字，而咎怨字必當從心作慦。　卒爲隸卒字，而生卒字必當從歹作𣨛。　交爲交脛字，而交會字必當從辵作这。　芻爲芻蕘字，而芻豢字必當從牛作犓。　典爲典謨字，而典主字必當從攴作敟。　美爲甘美字，而美色字必當從女作媄。　陳者國名也，而陳列字必當從攴作敶。　强者蟲名也，而勉强字必當從力作勥。　浄者魯北城門池名也，而潔浄字必當從静作瀞。　朱者赤心之木也，而朱紫字必當從糸作絑。　衰者艸雨衣也，而衰减字必當從疒作㾓。　黨者不鮮也，而朋黨字必當從手作攩。　乂者芟艸也，而乂治字必當從辟作𨐨。

〔一〕「豕」下原衍「肉」，據《説文解字》删。

率者捕鳥畢也，而率先字必當從辵作逵。渴者盡也，而飢渴字必當從欠作瀫。蔑者目無精也，而輕蔑字必當從心作懱。尤者異也，而尤悔字必當從言作訧。臾者束縛捽拙也，而釜臾字必當從斗作斞。弭者弓無緣也，而弭止字必當從心作㥲。監者臨下也，而監視字必當從目作瞷。專者六寸薄，又紡車也，而專壹字必當從女作嫥。復者往來也，而重復字必當從勹作復。此滅渻之而失其本字者也。

又若鬱鬯字當作鬱，鬱則森鬱字矣。涼風字當作飆，涼則涼薄字矣。烈風字當作颲，烈則火烈字矣。敷播字當作譒，播則播種字矣。保守字當作宲，保則保養字矣。扶疎字當作枎，扶則扶佐字矣。期年字當作稘，期則期會字矣。偏枯字當作㾫，偏則偏頗字矣。娸異字當作祺，娸則娸姫字矣。接續字當作棲，接則交接字矣。漸進字當作嶄，漸者水名也。蒿里字當作薧，蒿者艸名也。耕芸字當作耘，或作菸，芸者艸名也。懲艾字當作忍，艾者艸名也。觚棱字當作柧，觚者酒器也。敷施字當作㢮，施者旗皃也。昭穆字當作佋，昭者日明也。柴望字當作祡，柴者小木散材也。遷移字當作迻，移者禾相倚也。兼該字當作晐，該者軍中約也。渾厚字當作惲，渾者混流聲也。合疊字當作疉，疊者謹身有所承也。煩亂字當作敽，亂者治也。範法字當作笵，範者軷也。稍地字當作鄁，稍者出物有漸也。急㬥字當作㬥，㬥者晞也。戮力字當作勠，戮者殺也。朔望字當作朢，望者出外望其還也。商賈字當作商，商者從外知内也。萼嶽字當作咢，萼者榮也。沖虚字當作盅，沖者涌摇也。披靡字當作旇，披者從旁持也。格鬬字當作挌，格者木長皃也。儌幸字當作儌，儌者循也。俟待字當作竢，俟者大也。詭譎字當作恑，詭者責也。攜貳字當作觿，攜者提也。抵觸字當作牴，抵者擠也。混同字當作掍，混者豐流也。袒裼字當作但，袒者衣縫解也。又若容爲容受，非頌皃之頌。周爲周密，非匌偏之匌。墳爲墳墓，非坋衍之坋。殘爲殘殺，非歹餘之歹。原者水泉本也，非平邍之邍。昆者同也，非罤弟之罤。梟者不孝鳥也，非県首之県。豪者豕鬣也，非勢彊之勢〔一〕。窪者清水也，非窊下之窊。序者東西牆也，非次敘之敘。暨者日頗見也，非臮與之臮。篤者馬行遲也，非篙厚之篙。蛉者蜻蛉也，非螟蠕之蠕。爪者丮也，非叉甲之叉。頒者大首也，非羹賦之羹及攽分之攽。鮮者魚名也，非新鱻之鱻及尟少之尟。此其始皆由同音叚借，而積久相沿，遂失其本字。

又若帥、帨一字也，杭、抗一字也，穅、康一字也，簋、匭一字也，吕、膂一字也，或、域一字也，昔、腊一字也，咳、孩一字也，臚、膚一字也，枹、桴一字也，冰、凝一字也，常、裳一字也，今則

〔一〕 彊，原訛作「疆」，據詞義改。

誤分之。詞爲言詞，而詞訟字當爲辭，辭受字當爲辤。讓爲責讓，而推讓字當爲攘，攘臂字當爲纕。圄爲守圄，而囹圄字當爲圉，禁圉字當爲敔。溺爲弱水，而陷溺字當爲休，便溺字當爲㞙。各有本義，元非一字，今則誤合之。如此之類，不可悉數。夫叚借爲六書之一，必欲盡改經典以從許氏之書，非通論也。然至於操筆咊墨，自爲文字，則本字具在，何不可書？必舍本字而用叚字，又豈理乎？所謂正字義者此也。

二曰正字體。許氏《說文》兼收或體，蓋其博采通人以成一家之書，用力勤矣。然每字先必列正文，次附或字，許君所重固有在也。今乃有以或體而廢正體者，如𥛱或作祊，祊行而𥛱廢矣。𤫊或作靈，靈行而𤫊廢矣。岎或作芬，芬行而岎廢矣。藼或作萱，萱行而藼廢矣。莕或作荇，荇行而莕廢矣。薻或作藻，藻行而薻廢矣。𨑓或作征，征行而𨑓廢矣。逎或作遒，遒行而逎廢矣。𧗳或作衒，衒行而𧗳廢矣。䶵或作篪，篪行而䶵廢矣。詾或作訩，訩行而詾廢矣。對或作對，對行而對廢矣。鬴或作釜，釜行而鬴廢矣。䰞或作餌，餌行而䰞廢矣。鬻或作煮，煮行而鬻廢矣。厷或作肱，肱行而厷廢矣。蒦或作彠，彠行而蒦廢矣。雧或作集，集行而雧廢矣。𣦸或作朽，朽行而𣦸廢矣。肊或作臆，臆行而肊廢矣。胑或作肢，肢行而胑廢矣。𦟝或作膟，膟行而𦟝廢矣。觵或作觥，觥行而觵廢矣。𪏰或作秬，秬行而𪏰廢矣。餴或作饙，饙行而餴廢矣。㐭或作廩，廩行而向廢矣。䳏或作擎，擎行而䳏廢矣。櫑或作罍，罍行而櫑廢矣。𧺆或作岐，岐行而𧺆廢矣。曐或作星，星行而曐廢矣。曑或作參，參行而曑廢矣。曟或作晨，晨行而曟廢矣。𨈹或作䨥，䨥行而𨈹廢矣。躳或作躬，躬行而躳廢矣。幝或作褌，褌行而幝廢矣。俟或作娭，娭行而俟廢矣。蠃或作裸，裸行而蠃廢矣。斷或作剸，剸行而斷廢矣。氐或作砥，砥行而氐廢矣。彙或作蝟，蝟行而彙廢矣。𪊨或作麂，麂行而𪊨廢矣。㹤或作怯，怯行而㹤廢矣。悑或作怖，怖行而悑廢矣。澣或作浣，浣行而澣廢矣。䱁或作鰋，鰋行而䱁廢矣。鱷或作鯨，鯨行而鱷廢矣。聝或作馘，馘行而聝廢矣。搯或作抽，抽行而搯廢矣。繛或作綽，綽行而繛廢矣。蠙或作蚼，蚼行而蠙廢矣。蟨或作蜾，蜾行而蟨廢矣。緩或作緩，緩行而緩廢矣。蠡或作蚍，蚍行而蠡廢矣。鼅或作蛛，蛛行而鼅廢矣。畺或作疆，疆行而畺廢矣。処或作處，處行而処廢矣。䔿或作尊，尊行而䔿廢矣。鷬或作難，難行而鷬廢矣。𢍰或作羶，羶行而𢍰廢矣。雥或作焦，焦行而雥廢矣。它或作蛇，蛇行而它廢矣。䞓或作赬，赬行而䞓廢矣。䞭或作陵，陵行而䞭廢矣。夫許君既收此字，則間一用之，固無不可。乃承用既久，至以正體爲僻字，廢而不用，大非許君雅意矣。又如肩俗作肩，今用肩而廢肩。盥俗作膿，今用膿而廢盥。采俗作穗，今用穗而廢采。枝俗作豉，今用豉而廢枝。帬俗作裠，今用裠而廢帬。歗俗作嘯，今用嘯而廢歗。灘俗作灘，今用灘而廢灘。則以俗體而廢正體，尤乖許君之恉。此雖《説文》所有者，不可不正也。

若乃許氏所載九千三百五十三文，今不盡用，而所用率多俗字，不合六書。如童增作瞳，須增作鬚，頟增作額，辟增作躄，番增作蹯，景增作影，縣增作懸，淖增作潮，鉏增作鋤，幏增作幪，叉增作釵，莫增作暮，汻增作滸，筱增作篠，虚增作墟，頻增作顰，䍃增作謠，鮏增作鯹，糲增作糲，賷增作賸，飻增作餮，痁增作痼，皆俗書誤增者也。如藴省作蘁，娒省作姆，鉃省作飫，渓省作沃，媄省作妖，溶省作洳，錫省作鍚，蔆省作菱，衞省作衛，菭省作苔，䰄省作岷，樊省作焚，侵省作侵，尋省作尋，獮省作獮，翮省作䎉，誒省作唉，皆俗書誤省者也。它若髵之爲髭，饕之爲機，胆之爲蛆，餔之爲晡，鑺之爲戳，谿之爲溪，鼃之爲蛙，鬫之爲繽，鼆之爲紜，殽之爲淆，佗之爲鮀，雅之爲鴉，讋之爲嚺，抗之爲航，鉼之爲瓶，儋之爲擔，羿之爲䍿，厀之爲膝，趮之爲躁，岠之爲拒，綵之爲褓，裖之爲賑〔一〕，髕之爲臏，宊之爲疢〔二〕，校之爲般，輓之爲挽，稇之爲捆，版之爲板，媼之爲惱，瀟之爲瀟，鬮之爲鑰，則聲是而形非也。錘之爲鎚，鞵之爲鞋，齗之爲齦，鶴

〔一〕 裖，原訛作「裖」，據《説文解字》改。
〔二〕 宊，原訛作「宊」，據《説文解字》改。

之爲鴟，瞑之爲眠，鳶之爲鳶，次之爲涎，嫛之爲婆，拕之爲拖，酌之爲酗，撐之爲撐，猘之爲猘，峭之爲崢，黱之爲黛，瀓之爲澄，瞚之爲瞬，蕢之爲蕢，佝之爲徇，蹸之爲躪，汳之爲汴，濿之爲漘，捦之爲擒，棓之爲棒，鞾之爲屣，礳之爲磨，蚩之爲蟀，則形是而聲非也。至於亘之爲亙，奭之爲票，秊之爲年，昇之爲昊，竝之爲並，普之爲替，晉之爲晉，舜之爲舜，椉之爲乘，兢之爲兢，彝之爲彝，帛之爲兜，絫之爲累，壼之爲壺，屑之爲屑，灸之爲赤，歬之爲前，則似是而實非。又若黏之爲糊，陛之爲狴，雞之爲鸝，薶之爲埋，殅之爲晴，莿之爲蒯，沫之爲醋，擘之爲腕，凭之爲憑，蓋之爲耄，偻之爲膢，頫之爲俯，鬻之爲炒，塙之爲確，臍之爲瘠，則於正書絶遠，形聲俱異矣。若夫彌之爲歪，欲之爲甦，則本有形聲字，而造爲會意字。曰之爲帽，𠂤之爲堆，則本有象形字，而造爲形聲字。凡此之類，皆許君所謂「詭更正文以燿於世」者。胥史文書、市井薄記〔一〕，承襲舛譌，或無譏焉。大疋君子，高文典册，豈宜有是哉？此《説文》所無者，尤不可不正也，所謂正字體者此也。字義與字體，皆考正文字所宜先。好古之士儻有取乎是，而更廣其所未備，箸爲一書，使學者有所依據，視《佩觿》《干禄》諸書，誼例尤精矣，或於正名之道未始無補與？

〔一〕　薄，疑當爲「簿」。

# 取士議

同治元年，貴州貢生黎庶昌條陳時事，有取士之法：鄉、會試仍分三場。第一場試經義，以《詩》《書》爲一科，三禮、《大戴記》爲一科，三傳、《孝經》、《爾雅》爲一科，四書爲一科。第二場試子史論，以周、程、張、朱、陸爲一科，孫、吴武經爲一科，管、荀、老、莊爲一科，董、賈、楊、文中爲一科，《國語》、《國策》、《史記》、前後《漢書》、《三國志》爲一科，《晉書》、南北《史》、隋、唐、五代、宋、遼、金、元、明諸《史》爲一科。第三場試時務策爲一科，詩一首爲一科。縣、府、學政試分四場。第一場經義二道，第二場子史論二道，第三場時務策二道，第四場詩賦各一道。

竊謂其法太涉煩重，不可用也。且其所定各科亦有未盡得者。如以三傳、《孝經》、《爾雅》爲一科，此三者各自成學，非如三禮、《大戴》可以并而一之也，何得强爲牽合置之一科？又以管、荀、老、莊爲一科，老、莊之書與聖人異趣，雖其書亦不容廢，然著爲功令，以之取士，固不可也。管子書如《侈靡》等篇多脱文譌字，《心術》等篇皆老、莊之緒言，或後人僞託，《輕重》等篇則陰謀譎計，尤近猥鄙，亦非可以取士也。又以周、程、張、朱、陸爲一科，則即今世所行性理論而已，不過竊陳腐之言，駕空虚之説，安足以見實學乎？當今之世，誠欲罷去八股時文，别求取士之法，務宜簡易，使天下可以遵行，不必過涉繁重，轉致有空文而無實際。第一場試《論語》義二道，《孟子》《荀子》義各一道。或謂《荀子・性惡篇》與《孟子》相背，不可竝列爲經。然孔子論性，但曰「性相近」也，初無善惡之説。孟子言性善，荀子言性惡，各有所見，實則殊途而同歸，故孟子曰「人皆可以爲堯舜」，荀子曰「塗之人皆可以爲禹」。蓋荀子之意懼人之恃性而廢學，故其書首篇即爲《勸學》。孔子曰：「生而知之者上也，學而知之者次也，困而學之，又其次也。」天下之人，中下居多，然則荀子抑性而申學，正所以爲教矣。宋蘇軾謂荀子有「桀紂性也，堯舜僞也」之説，今徧考《荀子》，實無此文，原書具在，可以覆按。所言皆近切要，又多引古禮，粹然儒者之言。其《王制篇》曰：「春耕，夏耘，秋收，冬藏，四者不失時，故五穀不絶，而百姓有餘食也。汙池、淵沼、川澤謹其時禁，故魚鼈優多，而百姓有餘用也。斬伐長養，不失其時，故山林不童，而百姓有餘材也。」《大畧篇》曰：「家五畝宅，百畝田，務其業而勿奪其時，所以富之也。立大學，設庠序，修六禮，明十教，所以導之也。」《正名篇》曰：「人之所欲生甚矣，人之所惡死甚矣，然人有從生成死者，非不欲生而欲死也，不可以生而可以死也。」《王霸篇》曰：「行一不義，殺一無罪，而得天下，仁者不爲也。」皆與孟子之言不謀而合。太史公以孟、荀合傳，實爲卓見。考《孟子》一書，本亦在諸子之中，後升爲經。今若升《荀子》爲經，與《孟子》配，次《論語》之後，竝立學官，鄉、會試首場即用此一聖二賢之書出題取士，允爲千古定論。宋岳珂《桯史》云[一]：「元祐時，詔閣試制論，於九經、正史、《孟》、《荀》并注出題。」然則荀子書宋時固以出題矣。至所試之文不得仍沿八股之體，當如朱子所云「通貫經文，條舉衆説，而斷以己意」，方爲合格。第二場試經義五道，仍如今制，以《易》《詩》《書》《春秋》《禮記》出題，《大學》《中庸》歸并在《禮記》中，不必別出。試文格式與第一場同。第三場試史論三道，《史記》《漢書》《後漢書》各一道。此三史文詞古茂，體例謹嚴，爲後來諸史所不及。且兩漢人材超越唐宋，士子從事於此，他日學問、經濟亦必卓然可觀矣。三史之外，益以《文選》之學。考《舊唐書·儒學傳》曰：「江淮間爲《文選》學者，本於曹憲，而李善等繼之。」是唐時固有《文選》之學，故唐人所作詩文皆沈厚典雅，無宋元空疎之弊。今宜於第三場試史論外，更試詩一首，以《文選》出題。其所限官韻即用本篇題目中字，士子不知出處、不能押韻，則不得不熟讀《文選》矣。夫以經史爲之根柢，而又以選學佐之，科場所得必多華實竝茂之士。數十年之後，經術、吏治自將駕唐宋而上之矣。小試亦宜仿鄉、會之例，量爲簡省，然此亦非可以旦夕期也。夫以八股取士，自明

[一] 桯史，當爲「愧郯録」。

至今四百餘年，一旦舍其舊而新是謀，幾於不戒而視成矣。故苟欲行此，則宜豫定章程，布告天下，以十年之後某科鄉試爲始，廢八股時文，改從新制，庶士子得先自砥礪，以副上求。不然，則董仲舒所謂「不琢玉而求文采」，愚未見其有得也。

## 仿造浮梅檻議

明人聞子將有《西湖打船啓》一篇，極言湖居之不可無船。誠哉是言乎！然其議欲勼合十人，人出萬錢，以十萬錢造一舟，十年之後人各一舟，爲期太遼闊矣。今者百物騰貴，十萬錢恐未足成舟。即成舟亦不過如杜老所云「恰受兩三人」者耳，未足容琴尊、暢游覽也。按厲樊榭《湖船録》云：「黄貞父儀部用巨竹爲泭，浮湖中，編篷屋其上，朱闌周遭，設青幕障之，行則揭焉，支以小戟。其下用文木斵平若砥，布於泭上。中可容六七胡牀，位置几席觴豆，旁及彝鼎、罍洗、茶鐺、棊局之屬，兩黄頭剌之而行。吴江周本音名之曰浮梅檻。」此事極新奇可喜，前此未有聞，後亦無繼者。果此制可行，不較造船爲省乎？考《西湖志》，儀部有《浮梅檻記》，同時王在晉有《浮梅檻賦》，湯臨川有《浮梅檻詩》，足見其傾倒一時矣。又其子婦顧若璞有《同夫子坐浮梅檻》詩，是浮梅一檻不獨終此老之身逍遥容與而已，未始不耐久也。惜貞父自記不詳載其制。

今大略言之，似亦不宜過大，寬九尺，長倍之，或長二丈足矣。其下編筏，須用巨竹徑二寸許者，或兩層，或三層，量所載之重輕以爲厚薄。其上施版，版或即附著於筏，或於筏上施橫木以承之，使版與筏相去一二寸，以防水之上溢，此在營造時相度矣。其上立六柱，前後中各二。前柱至中柱設朱欄緑幕，幕分上下兩半，其上半支以戟，其下半捲置欄下，遇風雨則上者下垂，下者上引，兩半相合而維繫之。中柱至後柱亦設朱欄緑幕，幕上下合一，表裏兩層，仿北方車幃之式，置玻璃窗焉。蓋一筏之中，前爲游覽之所，於軒豁宜；後爲休息之所，於嚴密宜，中以簾幙隔之。所陳設宜蘇州山塘竹器，大約不過榻一、棹一、茶几二、杌子六，多則難容也。其上仍置篋篷如船式。至行筏，宜以篙，而湖中似於篙非宜。或兩人划一小舟在前以縴引之，使坐筏上者但覺其平移水面，而不知所以行，意趣更勝也。此蓋以意剏爲之，未知與貞父浮梅檻同異何如。若夫踵事而增加，隨宜而施設，固非此所能盡矣。

余嘗謂湖居有三要：一築湖樓，二造湖船，三製山轎。而浪迹半生，癡願莫遂。今年主講詁經精舍，曾以「擬聞子將打船啓」命題。作者拘於原議，不能各抒所見。近聞薛慰農觀察剏議造船，因走筆成此，備好事者採擇。昔黄儀部爲浮梅檻，蓋與其友吴德聚謀之。方今有吴君其人乎？余日望之矣。

# 雜篇　賓萌集五

## 奏定文廟祀典記

咸豐六年十有一月，河南學政臣樾言：昔孔子周流列國，同時賢大夫其克協聖心者，於衛則有伯玉，於鄭則有子産。而觀《論語》所載，則於子産尤稱道弗衰。蓋孔子在鄭嘗以兄事之，及其卒也，爲之流涕。今文廟從祀，有蘧瑗而無公孫僑，非所以遵循聖心修明祀事也。臣比因校士，再至鄭州，登東里之虚，渡溱、洧之水，緬懷遺愛，想見其人。夫附驥益顯，非必及門。衛、鄭兩賢，事同一體；瑗既從祀〔一〕，僑胡獨遺？臣愚以爲先賢鄭大夫公孫僑宜從祀文廟大成殿兩廡。又按孔子有兄曰孟皮，故《論語》稱孔子以兄子妻南容。而《史記·弟子列傳》有孔子兄子孔忠，蓋皆孟皮之子也。孟皮言行無所表見，然既爲孔子之兄，則亦祀典所不可闕者。孔

〔一〕祀，原訛作「事」，據蔡啓盛《校勘記》改。

子曰：「所求乎弟以事兄，未能也。」今以孔子爲帝王萬世之師，京師郡縣莫不崇祀，上及其祖，下逮其孫，而獨缺其兄，揆之至聖之心，或者猶有憾乎？臣愚以爲孟皮宜配享文廟崇聖祠。奏上，詔下其議於禮部，僉曰宜如臣樾言。爰定公孫僑從祀大成殿西廡，位林放上；孟皮配享崇聖祠，位西向第一。天子俞焉，於是上自國學下至郡縣學，咸奉行如詔書，禮也。其明年，樾以人言免官。自惟奉職無狀，不稱朝廷遣使者之意，惟此二事祀典存焉。且孟皮之議，實發於先臣。蓋先臣有《詠古》詩四章，其次章爲孟皮未與配享而作。奉承先志，幸無失隊。念漢世如乙瑛請置卒史，韓勑造立禮器，咸刻石勒名，垂示後世。作而不紀，後無述焉。爰著本末，以諗方來。乃爲頌曰：

英英子產，君子之風。兄事勿替，尼父所欽。宜祀於廡，以尊孔心。㚢彼蘧氏，爲聖作朋。孟皮弱足，不良能行。有開必先，實惟聖兄。所求未能，聖心悲傷。配食先代，祀事孔明。

## 春在堂記

余自幼不習小楷書，而故事殿廷考試尤以字體爲重。道光三十年，余成進士，保和殿覆試獲在第一，人皆疑焉。後知由湘鄉相公，時相公以禮部侍郎充閱卷官，得余文，極賞之，且因詩首句云「花落春仍在」，謂與小宋「將飛更作迴風舞，已落猶存半面妝」無異，他日所至，未可量也，遂以第一進呈。然余竟淪棄終身，負吾公期望。同治四年，余在金陵，寓書於公，述及前句，且曰：由今思之，蓬山乍到，風引仍回，洵符花落之讖矣。然窮愁著述已及百卷，儻有一字流傳，或亦可言春在乎？此則無賴之語，聊以解嘲。因顔所居曰「春在堂」。歲在彊圉單閼，請公書之，而記其緣起焉。

## 胡雲林先生《飛雲山授經圖》記

素王殂落，道在六經。暴嬴閏位，焚如棄如，闇曶不彰。卯金代興，彗掃頑凶，遺書始出。山厓屋壁，往往而在。老師大生，口受其文，心通其義，洙泗微言，庶幾未沫。繇唐歷宋，是式是遵。後世德薄，蔑棄古舊。《易》剏先天之學，《書》習後出之本，顛到剥摧，厥緒用微。聖朝憫憐，首崇古學。於是碩儒輩出，昭前之美。新安勝區，學者斯萃。婺源之江，休寧之戴，海内瞻仰，譬猶高山。維績溪胡氏，自明諸生東峰先生以來，咸研綜典埶，甄極毖緯，九傳而至雲林先生。齔鬌入學，耄期不亂，優游名山，傳述樸學。後生歎誦，播爲丹青。先生有令子曰培系子繼，約身劘己，克紹先軌。余與之游，因獲覽觀而私記之。讚曰：

維古經訓，重專家兮。游談不根，以儒戲兮。吁嗟先生，古之徒兮。董理六書，窮萌芽兮。說詩地理，無齟齬兮。先生雖往，德音遐兮。謂余不信，視斯圖兮。

## 胡春喬先生遺書記

績溪胡氏，自明諸生東峰先生以來，以經學世其家，代有譔述。八傳而至春喬先生，諱秉虔，字伯敬，以名進士官刑部主事。後改就本班，以知縣起家，官至甘肅丹噶爾同知。所至有治聲，詳見其孫肇昕所譔《行畧》。先生自幼嗜學，宦游京師，出彭文勤、朱文正、阮文達諸巨公之門，而吾鄉姚文僖、高郵王文簡、武進張皋聞先生皆其同年友，故其學有根柢，尤精於聲音訓詁之學。所著有《周易小識》八卷、《尚書小識》六卷、《論語小識》八卷、《卦本圖考》一卷、《尚書序録》一卷、《毛詩序録》四卷、《漢西京博士考》二卷、《甘州明季成仁録》四卷、《河州景忠録》三卷，又有《經義聞斯録》《槐南麗澤編》《月令小識》《四書釋名》《小學卮言》《對牀夜話》《惜分齋叢録》《銷夏録》，文集、詩集各如干卷，詳見其從子培翬所譔《遺書記》。嗚呼！先生之學可謂博矣。

樾於同治七年主講詁經精舍，而先生之從子曰培系子繼，以先生遺書來，凡五種，曰《卦本圖考》，曰《尚書序録》，曰《甘州成仁録》，皆原《記》所有者；曰《古韵論》三卷，曰《説文管見》三卷，皆原《記》所無者。樾受而讀之，信乎先生之學之博，而於聲音訓詁爲尤精也。夫古音自鄭氏庠以來，崑山顧氏、婺源江氏、金壇段氏、休寧戴氏、曲阜孔氏、吾鄉歸安嚴氏，各有成書。先生於其後補葺之，所論細入毫芒，塙不可易。至《説文》一書，明季如王船山、顧亭林兩先生之博極群書，而始一終亥之本竟未之見，其爲絶學久矣。國朝諸大儒始講明之。先生此書謙曰「管見」，然發明古音古義多獨得之見，此二書者卓然其可傳矣。樾幼失學，中年以後鑽孯經訓，困而學之，一無所得。讀先生書，望洋向若而已，安足以知學海之津厓哉！重違子繼之意，輒書數語於其後，歎誦之外，不知所云。

## 高氏祠堂記

昔聖人立人之道，曰仁與義。義者不敢顧其私，而仁者不敢遺其親。顧其私非義也，遺其親非仁也。若郭君日長之立高氏宗祠也，其仁與義兩得之乎？君名德炎，本姓高氏，廣東潮陽人，自幼出爲郭氏後。器宇恢祏，識量淵深，輕財上義，有古烈士風。故能遭遇盛時，自致通顯，以六部郎中加鹽運使銜，賞戴花翎，垂纓彯組，翔步郎署。一時藉藉，稱郭氏有子矣。然而落葉糞本，物之理也；飲其流，思其原，人之情也。今郭氏已顯融光大，而高氏之壠焚黄不及，君之心歉焉。爰請於朝，乞以其官封本生三代。是時天子方以孝治天下，凡士大夫篤念所生，以情陳請者，罔弗俞。乃詔封君本生曾祖父及祖若父皆通議大夫，母皆淑人。君奉璽書，感激涕泗交頤，敬布几筵，具告已遘辰遅時，致身貴顯，及聖天子加恩泉壤之至意。而又念在高氏時，故有兄德耀，不幸短命，先父母遺體更無異人，大懼高氏之不血食，乃營善地，筮吉日，剏立高氏宗祠。垣墉之，丹雘之，歸焉而隆其堂，窬焉而深其室，下至井匽，罔不潔清。掄擇高氏之賢者，使爲之後而奉其祀，若節春秋以烝以嘗，凡高氏無嗣者皆附祭焉。

祠成，求余文爲之記。客有獻疑者曰：古有爲人後之禮，無爲異姓後之禮。既異姓矣，於所生乎何有？郭君此舉，禮歟非禮歟？余應之曰：唯唯，否否，不然。《詩》不云乎「謂他人父」，則疑出後異姓者古亦有之。郭君既不敢背郭氏，又不忍忘高氏。天子哀其志，爲襃封高氏三代皆如其官。然則郭君之所爲，聖人固許之矣。抑又嘗考之《國語》晉有大夫郭偃，而《墨子》之書稱「晉文公染於舅犯、高偃」，是郭偃亦稱高偃，蓋高、郭一聲之轉耳。三代以下，小史奠世繫之職廢，而氏族混淆，遂不可考。故有一姓而實非同姓者，如王氏或出舜後爲姚姓，或出王子晉後爲姬姓是矣；有非一姓而實同姓者，如杜子美有《寄族弟唐十八使君》詩，則唐、杜同姓矣。韓退之《送何堅序》曰「何於韓同姓爲近」，則何、韓同姓矣。高之與郭或亦猶是與？君以高氏子爲郭氏後，不背郭氏，不忘高氏。君子以其不背郭氏爲義、不忘高氏爲仁，仁且義，禮也。客不能詰，逡遁告去。於是譔次其言而爲之記。

## 吴縣重建關帝廟碑

惟聖清與天剖靈符，百神率職，有司奉祀，咸秩無紊。咸豐中，以關帝靈應尤著，制詔禮官晉之中祀。於是廟制與句龍、棄、孔子侔盛比尊，牲牢舞溢，靡不登進，用昭上儀。薄海内外，是式是遵。吴縣飲馬橋故有關帝廟，權輿於明洪武十二年，國朝康熙三十六年繕完葺之，乾隆六年增建後閣，至三十八年又擴舊制，闢左右門，樹前垣焉，雕甍鏤桷，焜燿中衢。兒童走卒，厥角其下；父老謳吟，稱述靈貺。相傳順治之初，大兵南下，順刃者生，蘇刃者死。悚悚黔首駭瞿奔觸，乞命於神。總兵官土國寶入自盤門，至於橋下，恍忽有見，英姿颯爽，乘馬翰如。乃共羅拜，不僇一人。惠我無疆，斯之謂歟？

咸豐十年，粤賊之亂，燬於兵火。疆宇既復，廜貌未葺。吴縣知縣唐君翰題，明允篤信，克寬克仁，下車未期，百廢具舉，乃尋遺址，瞻顧咨嗟，懼上無以稱詔書崇極大神之義，下無以慰吴民之心，爰屬其耆老而謀焉。庀材鳩工，卜日首事。垣墉丹雘，罔不腁飾；前堂後室，悉還舊觀，材美工巧，有加於昔。若節春秋齋戒奉祀，神歆其祭，民受其福。於時德清俞樾薄游於吴，聿觀厥成，樂爲之記，因述本末，刊嘉石焉。銘曰：

赫赫明神，惟漢虎臣。皓然之氣，昭回於天。並天四海，莫不蒙恩。維吴有廟，祀事孔虔。中遭元二，越在荆榛。明府洊止，乃謀鼎新。匪曰新之，舊貫是仁。降福吴土，於萬斯年。

## 《鄒氏恩卹全録》序

咸豐之末，粤賊爲封狐雄虺，麇沸東南，而吾浙實終受其毒。自上章之歲以至重光，杭城淪陷，匪一而再，窫窳、鑿齒之徒相與磨牙而争之，衣冠塗炭，閭閻煨燼，吁其酷矣！天厭厥亂，光啓中興，王師猋騰電發，群盜殄夷，東南永綏。天子憫群黎之不康，逢此百罹，制詔有司，凡官若民死於王事或抗節不辱，咸與褒揚。於是錢唐鄒氏以積勞病故聞者四人：曰山東莘縣知縣諱淦，曰候選訓導諱志路，曰内閣中書諱在官，曰江蘇候補府照磨諱福昌；其婦人以殉難聞者五人：曰在官之妻程，曰在陸之妻陸，曰志路之妻湯，曰在寬之妻湯，曰在寅之妻張；其女子子適人者六人：曰高光陛之妻，曰吴理綜之妻，曰周桂生之妻，曰陳繼鄒之妻，曰孫國培之妻，曰徐承敬之妻； 未適人者三人，女子子之女，子二人曰高、曰陳，咸賜邺、賜旌如律令，禮也。 夫義重於身，人臣之高節； 賞延於世，國家之令典。 有美弗記，後無述焉。 莘縣君有子曰在衡，孝友淵懿，博學於文，作爲歌詩，摛其光曜，詞文旨遠，庶傳方來。 舊史氏俞樾讀而歎之，伏惟述先德，示後昆，所以勸孝也； 陳國家恩德之厚，所以勸忠也。 嘉其原本忠孝，匪直彫章縟采而已，故樂爲之序焉。

## 書張文敏劉文清所書上海曹氏志傳後

余童子時侍先朝議君，即聞言乾隆中侍御曹劍亭先生劾和珅事，云： 先生至熱河待罪，高宗純皇帝召入，諭之曰：「爾讀書人不讀《易》歟：『君不密則失臣，臣不密則失身。』」先生叩頭流涕而出。 嗚呼！ 先生之直，非純皇帝之聖，則禍且不測矣。 覩於有明楊、沈諸公，而後歎先生遭際盛時，得以行其志，所謂「主聖臣直，千載一時」者也。 曹故上海巨族，其先有諱泰曾者，爲福建莆田令，治鄭元振獄，以執法咈大府意，坐以失入，劾去之。 於侍御爲大父行。 侍御事至仁廟時大白，璽書褒美，海内咸知，而莆田君事卒不得白。 既殁之後，其所治鄭獄舊牘猶封置匧中，題曰「官可黜，案不可易」。 嗚呼！ 是亦可悲也矣。 州縣之官壓於督撫，有所屈抑，噤不得一言。朝廷雖明聖，無由知之。吾是以因侍御而重爲莆田君惜也。爲莆田君作傳者，黄山布衣宋和字介山，書之者張文敏也。銘侍御君之墓者朱文正公，書之者劉文清公也。其邑人王叔彝太守刻入《詒安堂藏帖》，曹海林學博其昆裔也，合爲一卷，出以示余，因書其後。

## 書應敏齋觀察所記張貞女事後

余同年生應敏齋觀察出所記張貞女事示余，余大書「奇貞苦節」四字於其卷首。或問余曰：「未嫁而爲夫守節，禮與？」余應之曰：《禮記・曾子問篇》曾子問曰：「取女，有吉日而女死，如之何？」孔子曰：「壻齊衰而弔，既葬而除之，夫死亦如之。」鄭注曰：「未有期三年之恩也，女服斬衰。」孔氏正義曰：「以壻服齊衰，故知女服斬衰。」夫婦人不二斬，在室爲父母，已嫁爲夫。今聞壻死，斬衰往弔，是固以夫之服服之也。惟是聖人制禮，本乎人情。使必斬衰三年，終身不嫁，則是强人以所難行。而中人以下之人，其不能仰而跂者衆矣，故爲之制：既葬而除之，除之而女得嫁於他族。斯禮也，所以全中人以下之人，而使天下可以通行也。世之儒者執此以繩天下之女子，見有未嫁夫死而爲之守者，輒以非禮詆之。嗚呼！過矣。

《士昏禮》鄭注曰：「婦人年十五許嫁，笄而禮之，因著纓，明有繫也。」是許嫁之後，此身已有所繫屬矣。故必待成昏之夕，夫親爲脱纓。今不幸夫死，此纓孰脱之乎？將遂不脱而又繫於他族乎？是一繫再繫也；將自脱之，待其許嫁他族而又著纓乎？是繫而不繫也。以是言之，設有壻死，往弔而遂不歸，奉舅姑，撫嗣子，數十年如一日者，聖人必深許之也，必不以非禮詆之也。《列女傳》曰：「衛寡夫人者，齊侯之女也。嫁於衛，至城門而衛君死。保母曰：『可以還矣。』女不聽，遂入，行三年之喪。作詩曰：『我心匪石，不可轉也。我心匪席，不可卷也。』」聖人録其詩於《邶風》，不以爲非禮明矣。且夫聖人之禮，豈獨未嫁夫死可以改嫁乎？雖已嫁夫死亦可以改嫁也。是故《禮》有同母異父昆弟之服。使執此而謂夫死改嫁禮也，可乎？不可乎？

或據《曾子問篇》：「昏禮有吉日，壻之父母死，致命女氏曰：『某之子有父母之喪，不得嗣爲兄弟，使某致命。』女氏許諾而不敢嫁，禮也。壻免喪，女之父母使人請，壻弗取而後嫁之，禮也。」是壻之父母死且得改嫁，況壻死乎？是固不然。夫《禮經》之晦久矣。此經兩曰「禮也」，具有深意。「女氏許諾而不敢嫁，禮也」，此禮之正也；「壻弗取而後嫁之，禮也」，此禮之權也。曰「壻弗取而後嫁之」，可知壻取則仍歸此壻矣。古人昏禮自納采、問名至請期而成禮，爲時初不甚久，非如後世之論昏於髫齔之年也。故遇父母之喪，待至三年之後，已爲曠日持久。聖人知久要不忘之義非可概責之中人以下也，故其制禮委曲如此，亦所以全中人以下之人，而豈謂女必改嫁乎？余所著《群經平議》曾詳言之〔二〕。世儒不達禮意，遂謂昏禮成於親迎，未親迎之前猶塗人也，改嫁不爲過。嗚呼！豈有塗人而聖人爲制斬衰之服者乎？推「不二斬」之義，女已爲壻斬衰矣。設壻未葬而已之父母死，必降而服期。乃既葬之後，又還爲父母斬衰，聖人制禮有如是浮游不定者乎？夫斬衰之服，三年之喪也。聖人既爲制斬衰之服，必欲其終三年之喪。苟不欲其終三年之喪，必不爲制斬衰之服。是故既葬而除之，聖人之不得已也。

或又曰：「《禮》：『女未廟見而死，不遷於祖，不祔於皇姑，壻不杖，不菲，不次，歸葬於女氏之黨，示未成婦也。』是未廟見且未成婦，況未成昏乎？」是又不然。婦者對舅姑而言，未廟見，故未成婦，非謂其未成乎妻也。妻之道，成於親迎，而實始於許嫁，許嫁之後已有夫矣。《傳》曰：「六禮不備，貞女不行。」此因夫在而然。若不幸而夫死，則固當奔赴矣。且其斬衰往弔也，見舅姑乎？不見舅姑乎？既往弔矣，其必見舅姑可知也；既見舅姑矣，其已成婦又可知也。是故女未廟見而死，不遷於祖，不祔於皇姑，示未成婦道也；未成昏而夫死，斬衰往弔，示

〔二〕議，原訛作「義」，據書名改。

已有妻道也。聖人制禮，或遠之，或近之，豈可執一而論乎？昔延陵季子一劍之細，不因生死易心，況女子以身許人而忍負之？

國家定制，凡未昏守志者，皆旌如例。考之《禮經》，則有斬衰之服；稽之功令，則有旌表之典。然則子於貞女何譏焉？余既以應問者，因次敘其詞而書其後。

## 舅氏平泉姚公家傳

姚公初名琨，字仲瑜，更名慶寅，又更名光晉，杭州仁和人。所居臨平鎮有泉曰安平，故自號平泉。幼穎悟，與兄東石公齊名，應童子試，皆以句股算術受知學使者儀徵阮文達公，補博士弟子員。東石公名珣，後以優行貢成均，早卒。公事嫂，撫兄子，二十餘年如一日，鄉里偁之。道光五年，公年四十有六，始舉於鄉。八應禮部試，卒不第，充國史館謄録。二十六年，《一統志》告成，部議以知縣用。公不樂吏職，改授教諭。南歸時，年已六十有八矣，遂不復遠游，主石門、長興兩邑講席者數年。至咸豐三年冬，始選授上虞縣學教諭。公既之官，訓諸生以經義，每歲科試，它廣文於新進諸生斷斷如也，惟公獨否。故虞人雖婦女、豎子無不知公之賢，每言及公，不稱其官，輒曰「姚菩薩」云。學校官故清苦，公落落不善治生，歲所入恒不給，然親戚待以舉火者猶數家。公於醫學甚精，有求治者輒應之。樾嘗侍公坐，有人貿然來，自道所苦。公即爲切脈，授以方，并告以飲食所宜，其人得方自去。樾問此何人，公笑曰不識也，其坦易類如此。少時負經世之志，喜論天下事。道光初客吴中，適歲大無。時侯官林文忠公爲江蘇按察使，公上《救荒議》及《疏濬三江水利議》，文忠甚韙之。

讀書不屑爲章句之學，議論多先儒所未發。常箸《性論》三篇，其畧曰：性者何？心之所生也，故於文心生爲性。天道不能有陽而無陰，則人心不能有善而無惡。善者乃吾性中之義理，即孟子性善之説也；惡者乃吾性中之嗜欲，即荀子性惡之説也。二者皆心之所生，同原共軌而出，故孔子曰「性相近」也。或曰：先儒論性，有義理、氣質之分，與子之説將無同？曰：非也。氣質者天之所賦，非心之所生，不得以性名也。氣有清濁，質有厚薄，得其清者靈秀而聰明，得其濁者庸愚而昏昧，得其厚者和平而寬大，得其薄者殘刻而乖張，乃稟賦之不同耳。然得其清且厚者，性中必善多而惡少；得其濁且薄者，性中必惡多而善少。善多而惡少，則惡不能奪善；惡多而善少，則善不能制惡，所謂「唯上知與下愚不移」是也。知、愚以稟賦言，非謂心生之性也。又曰：《中庸》言「天命之謂性」，是舉孔子盡性制命之説而到言之者也。夫不曰「盡性以至命」，而曰「天命之謂性」，則是性中有善無惡，不必克己復禮、扶陰抑陽而自無不善矣。孟子之學出於子思，遂發爲性善之説，非孔子論性之旨也。且此乃孟子初年之説，及讀「口之於味」一章，則已明性之有善惡，且曰：「盡其心者知其性也，知其性則知天」，是即孔子盡性至命之説，而非復子思之説矣。又曰：孟子「口之於味」數語即佛家之「六賊」、道家之「三尸」也。聖人以扶陽抑陰之理，盡克己復禮之功，使嗜欲皆合乎義禮，所謂盡性也。蓋性之生於心之陽者魂也，生於心之陰者魄也。魂善而魄惡，即太極之陰陽也。天生君子，亦生小人，聖人能使小人聽命於君子而天下治；心有善性，亦有惡性，聖人能使嗜欲皆合乎義理而吾心治。然不可謂吾心無嗜欲也，又不可謂嗜欲盡可去也。何也？血肉之軀有魂又有魄也，使有魂而無魄，則必如佛之涅槃、仙之尸解，而後三尸六賊斬滅無遺矣。然而鬼矣，無用於世矣，而謂聖人爲之乎？

公又著《大學辯正》，其畧曰：格物致知皆小學也，大學之教以正心誠意爲始。但大學所教必由小學而來，故列格物致知於誠意之先，原所自也。本非大學所教，何必釋，又何必補？宋儒不知此而支離割裂，紊亂甚矣。公所箸書惟詩十卷行於時，《瑣談》三卷、《雜著》二卷皆未寫定。樾嘗受而讀之，故録其大者著於篇。

吾母姚太恭人，公之女弟也。公於諸甥中獨甚喜樾，每讀樾文，輒歎曰「天才也」，以弟四女妻之。嘗謂樾曰：薛、歐兩《五代史》皆成於宋，不得不以相禪者遞推而上，然至李存勖則直接李唐矣。朱、梁雖上受唐禪，而下無所授，苟削去之，與宋之得統無損，以唐固不受梁禪也。何以薛、歐及《通鑑綱目》必合爲五代，附朱温盜賊於帝王之列哉？吾擬譔一書爲《十一國志》，以李克用爲首，以其用唐正朔也。其次則王建、朱温、楊行密、劉巖、王審知，以其同時開國，不相臣屬也。其次爲石敬瑭〔一〕、劉知遠，而以劉崇并入。又其次爲李昪，又其次爲郭威。凡十一國，國自爲書，如陳壽《三國志》之例。而楚與南平、吴越則别爲載記，各以其臣附之。蓋唐、宋之間楙而無紀，不得執宋人之見，以五代爲正統也。吾精力已衰，恐不能成此書，子盍爲我成之？樾唯唯，謝不敏。然謹志之，不敢忘。

公殁之前十許日，手書寄樾於吴中，曰：「老氏言『人之大患，在吾有身』，此語已涉佛氏。然《道德》一經有體有用，可以治世，非佛氏所及。孔子『十翼』，吾味之，皆老氏之旨也，豈可以異端斥之乎？上虞無可語此者，故爲爾言之。」時公固無恙也。俄而病，病中起居猶如故。一夕忽有兩鐙自中門入，家人咸見之，詰問誰何，則無人焉，鐙亦遂不見。其明日公卒，時咸豐十年三月二十六日也，年八十有一。公之未至上虞也，曾夢至一處，四面山若立壁，上有瀑布屈

〔一〕 瑭，原訛作「塘」，據《舊五代史》改。

曲下流。及至虞，游仙姑洞，宛如所夢。公笑曰：「吾前生豈山中老僧歟？」因繪圖記之。公在虞凡六年，愛其地僻而民樸，有終焉之志。故其殁也，即葬於上虞之長者山。

樾既私爲公立傳，乃妄論其後曰：孔子曰「朝聞道，夕死可矣」，言聞道之難也。若吾公者，殆所謂「聞道」者歟？公生平以信天翁自比。樾請其說，公曰：「《易》不云乎：『天之所右者順也，人之所助者信也。履信思乎順，又以尚賢也。是以自天祐之，吉無不利。』此吾之謂也。」然則公之窮理盡性以至命者，於此可見矣。公自言以出世之心行入世之事，故行年八十而神明不衰，信乎其聞道者也！

## 王封公傳

公姓王氏，諱瑶楨，字戟門，揚州寶應人。祖諱箴本，以恩貢就職直隸州州判，未仕卒，《寶應縣志·文苑》有傳。父諱曰晉，爲郡學增生，早卒。公時尚幼，哀毁骨立，見者驚歎，謂成人不及也。事母劉，以孝聞。王氏故寶應著姓，在順治時有曰有容者，以恩貢知江西泰和縣，多異政，民私謚「清惠」，即公六世祖也。其四世伯祖式丹，康熙四十二年進士，廷對第一，世稱樓村先生。伯曾祖懋竑，康熙五十七年進士，官教授，特旨授編修，入直上書房，有文集行世，四庫全書著録所稱《白田草堂集》是也。公承家學，益自刻厲，善爲功令文字。入縣學，旋補增廣生員，居鄉教授生徒，從者甚衆。門下大生往往掇巍科，躋華膴。而公竟以諸生終，其於榮利恬如也。家故貧，自奉尤儉嗇，衣履敝乃易之，一冠或十年。然性好義，樂成人之美。嘗客海陵，鄰有女子已許嫁，而壻遠出不歸，母貧不能守，鬻女爲人妾。女將行，與母抱持大哭，聞於外。公入問之曰：「若女爲妾願乎？」母垂涕洟曰：「願。」「則胡哭？」「迫於寒餓耳。」公即質行篋中衣，代償聘錢七十五千。女遂輟行，後卒歸其壻。又公葭莩戚有婦，任身而夫死，貧不能自存。公曰：「此婦或死或他適，腹中子不保，則其夫絶無後矣，宜賙之。」賙之，婦竟舉一男。又有巨族婦，夫死，貧無子。族之人莫之顧，異姓又引嫌不敢預。公資以金，擇其族之賢者後之。《詩》曰：「禮義之不愆兮，何恤人之言兮？」公之謂也。又有許嫁而夫死者，將斬衰而往，舅姑以貧不能養辭。公曰：「奈何使貞女不得行其志乎？」遂出金助之。女之族、女之夫族，以公出金，畢出金，貞女遂如夫氏以終。凡公所爲多此類，鄉里以此稱公。公曰：「孟子言『不忍人之心，人皆有之』，吾亦行吾不忍人之心而已，他何知焉？」道光十一年大水，明年饑。公戒鄉人飲，中酒起曰：「吾儕飲酒樂甚，如溝中瘠何？」乃議率錢振之，活數萬人。公長子凱泰，道光三十年進士，以編修授浙江按察使，今遷廣東布政使。次子毓敏，縣學生，入貲以同知注選籍。孫臚卿、豫卿皆有名黌舍中。識者謂天之報施善人未有艾也。公年七十二，以同治二年卒於家，妻楊，前公卒，有賢聲。

論曰：昔讀太史公書，於顏氏子之夭、盜跖之壽，反復太息，疑天道之不可問。然景惠陰德，罕樂陽施，炳烺前載，又何也？嘗以數十年來耳目所聞見證之，凡子孫炎炎隆隆、大昌其家者，其祖若父必有利澤及人者也；不則睦婣任卹，爲鄉里所推服者也。嗚呼！誰謂天道之貳差乎？樾與凱泰同年成進士，又以長女女豫卿，故得備聞公遺事，益信歐陽子之言，爲善固無不報矣。

贊曰：哲人雖往，遺澤孔攸。既厚其本，必豐其條。先德往獻，後福來疇。維彼造物，孰云不讎？王氏之興，捷於鼓枹。言告來哲，天命不慆。

## 周君雲笈外傳

周君名承謙，後更名祖誥，字雲笈，杭州仁和人。祖諱駿發，以名孝廉作令江西，有政聲。父諱肇蓮，始自城中遷於臨平鎮。君弱冠有大志，不苟言笑，每言節義事，輒張目握拳，或擊案有聲。其婦爲平泉舅氏長女，與余婦兄弟也，故余與君少相狎。嘗偕至永平庵，庵故傾圮，兩人同坐階石上，縱談當世事。君顧謂余曰：「人能不惜頭顱，然後百事可爲。」余甚壯之。道光二十年舉於鄉，試禮部者七次，卒不第。咸豐三年，大挑一等，以知縣分發江西。君志在成進士，頗不自得，已而歎曰：「是吾祖宦游之地也，敢不勉乎？」是時粵賊犯江西，省城雖已解圍，而賊蹤四出，境無安土。君子身赴豫章，襆被蕭然，與寒士不異。居一年，代理豐城縣。適鄱陽水發，幾毀隄岸。君晝夜堵禦，須髮皆白，又自出養廉銀爲部民倡。於是民争出錢，修築隄岸，不日而成，遂以安堵。及君去任，民送者數千人，餞者道相望。君在豐城纔四月耳，其德政感人已如此。已而奉檄署安義縣。安義小邑，無險可守，四面皆賊巢。或勸無往，君曰：「是何言歟？」即日具車而行。既至，命鄉自爲守，人自爲戰；善必賞，惡必罰；事無大小皆親決，不藉手胥吏；夜則徒步巡行，雨雪無間。故雖寇警疊至，而盜賊歛迹，市井晏如，父老稱江西第一好官云。六年正月，賊氛愈迫，幕客家童皆星散。君知事不可爲，以一死自矢，顔色如平時。先將獄囚及倉庫錢糧具公牘送省中，而自居危城不少動。十九日黎明，賊大至，君率鄉勇數百人出城，大呼殺賊，手刃四人。君亦身受數刃，竟力竭而死，年四十有四。賊退後，有吴姓者失其名，求得君骸骨，面如生，佩有象牙章一，其文曰「敬爾在公」，部民莫不感泣。巡撫以其事聞，詔贈知府銜，入祀昭忠祠，世襲雲騎尉。

論曰：守土之吏與城同存亡，固其分也。然自粵賊驛騷東南，蹂躪幾徧。所在官吏輒先去爲民望，及賊退又引爲己功，以收復告。嗚呼！守土者類如此，賊所至，千里無堅城，何怪哉！君在官止數十日，賊猝至，或稍避其鋒，人猶諒之，而竟死，何其壯也！君於國史宜有傳。余舊史官也，竊譔次其事實爲外傳，以諷凡守土者。每憶君永平庵中之言，則其死難時意氣之盛可以想見矣。

## 汪君樵鄰傳

汪君名翔麟，字東垣，樵鄰其自號也。安徽休寧人，其先出唐越國公汪華。君世居休寧東鄉之汪邨，爲邑著姓。五歲入塾讀書，未成童，十三經、兩《漢書》、《文選》皆卒業，補博士弟子員。鄉試屢薦，皆不中。君以家事緐冗，不獲專力舉子業，而所以期子弟者甚切。又因所居僻遠，子弟無以廣交游、通聲氣，乃移家僑寓常州。是時海内承平，江南尤爲繁華淵藪。君紊世富厚，獨恂恂，無聲伎之好。厚修脯，豐摯幣，延浙中知名士如丁庶常士元、馬孝廉晉蕃輩，課其子若弟。而予舅氏姚平泉廣文及先君子先後主其家尤久。予從先君子讀書，因得識君。君豪飲喜客，取陶詩「聞多素心人，樂與數晨夕」之義，名其所居曰「樂數軒」。每至秋日，庋菊花數百盆，張鐙置酒，召賓客觴詠其中，或漏三下猶未休。有《秋興分詠》《銷寒偶吟》諸集行於世，皆其時所作也。會母吴恭人卒，君以遺命歸新安舊里，自是興亦稍衰矣。君回徽後，復延予至家教其子，凡六年。君每日晨起，必至予室談數語始去，風雨寒暑無閒。君性喜施與，又好醫，雖不讀岐黄書，而每得良方，輒手録以歸，製如法。有求者，問所苦，投之立愈。君嘗自常州回徽，椓舟險灘下。山水驟至，夜半舟人移牂柯植高處，一失手，舟隨流下駛，行亂石閒，瞚息數十里，咸謂無全理。忽有老人自岸上投以巨緪，遂得攀援就岸，而老人已不見矣，識者謂陰德之報云。君自五十歲後絶不飲酒，然槩無病。咸豐四年十月，君年六十矣，自營生壙，徧拜祖塋，歸得寒疾。是月十六日爲君生日，猶起受家人禮，越數日竟卒。君長子芝芳，受業於先君子，與予交甚厚。次子鴻逵，爲予門下大生，早歲餼於庠，頗有聲。咸豐二年，予入都，君命逵也從行，應順天試不中，納貲得選六安州學訓導，後改官工部主事，咸豐十一年舉人。三子鴻運。諸子以予知君最深，請爲之傳，因書其大畧如此。

論曰：君孝友出於天性，與人言諄諄然，而人自敬畏之，殆古所謂「長者」歟？壽至六十，婚嫁皆畢，考終於家。君殁之明年而徽亂，休寧屢陷於賊，流離遷徙，民無所定，死亡者過半，而君已不見矣。《洪範》五福：一曰壽，二曰富，三曰康寧，四曰攸好德，五曰考終命。君以一身備之，天之報施善人豈爽也哉！

# 符烈婦傳

符烈婦姓牛氏，河南嵩縣人，父牛元吉。婦生三歲，許嫁同縣貢生符篆玉之子錫蕃。道光十二年，歸符氏，年十七。時舅姑皆在，且有祖姑，老而多病，婦奉侍甚謹。祖姑臨終，謂其姑曰：「新婦真孝婦也！」婦歸十年而錫蕃卒，無子，婦欲死之。其生母雷謂之曰：「爾尚有舅姑，且壻無嗣，奈何死乎？」婦曰：「諾。」已而嗣其夫兄之子廷揚爲子，婦親教之。或廷揚讀書稍懈，輒流涕自撻，母子常相抱而哭。咸豐二年，舅姑相繼卒，時廷揚已屢應童子試矣。婦出所蓄私貲，爲廷揚援例入成均。五年九月服闋，婦如母氏，省其生母，數日始歸。歸則與娣姒輩語家事，又諄諄訓其子若婦，語甚悉。聞者咸謂偶語及之，未之異也。十月五日夜縊而死，年四十歲，距夫亡十有三年矣。於是皆大驚歎，聞於有司，有司具其事以上。時予爲河南學政，手批其牘曰：「婦歷十三年之久，竟成初志，從容就義，可謂心堅金石者矣。」會同巡撫具題旌如例。

論曰：古所稱烈婦以身殉夫者衆矣，大都於其夫初亡之日，痛不欲生，斷脰絕粒，一瞑不視，斯固恒情之所難。然或感於情，或激於意氣，一念之閒，慷慨引決，事雖難，猶易也。若符烈婦者，距夫死十三年，爲夫奉父母，教嗣子，至父母考終，嗣子成立，而後成其初志，從容以死。嗚呼！此古烈丈夫之所難，而乃得之女子哉！

## 周孝女傳

周孝女名芝，字叔英，杭州仁和人，贈知府署安義縣知縣周君之第三女。母姚恭人，於余爲舅之子，於余婦則兄弟也。孝女始生，適余新婚，安義君來賀，且戲曰：「君已得一子婦矣。」又三年，余長子紹萊生，遂聘爲婦。性淑慎，寡言笑，不喜發人過，女功餘暇好作字，或静坐而已。内子極愛憐之，謂吾家得佳婦。咸豐六年正月，安義君死寇難，事具余所譔《安義君外傳》。女聞訃悲慟，然啓處飲食仍如故。四月十日，女晨起盥櫛，焚香於其父之位前，拜且哭。哭已，入所卧室，呼婢索茗飲。母入視之，側身卧牀中。呼之則曰「諾」，問「有恙乎」則曰「無」。諸兄弟姊妹環問之，應皆如是，疑其得暴疾。有嫗能以按摩治人疾，趣使治之。女向嫗摇手，示勿欲。召醫未至，其伯父慕陶孝廉爲切脈，脈初如常，再按之，已無脈。比醫至，氣已絶矣。然側身卧如故，體仍温和，貌益腴潤，鼻孔有物出，白而㬠，如絮。及斂，已隔宿矣，四肢猶能屈申，雙目俱閉。或啓視之，童子尚瑩然也。女嘗語諸姊曰：「人生無疾而終至不易得，獨吾能之，餘人無此福也。」將卒前一日，檢所用筆墨及其父手蹟平時所摹寫者，屏當置一篋，以授其兄，復謂諸兄弟曰：「吾父大節卓卓可傳，行狀不可不早定也。」聞者亦不爲意，迨後思之，女若前知其將死者。又嘗咄咄獨語曰：「宦遊何味？今之仕宦者宜早勸令歸休矣。」時余方視學河南，其明年即以人言罷。斯言也，豈爲余發歟？皆可異也。卒年十有八。

論曰：世傳得道尸解者鼻有玉柱下垂，女鼻孔物豈即是歟？女卒數月，其姊伯英、仲英同夕夢至一處，見安義君南面坐，女西面坐。女出一紙示兩姊，不甚可識，中數字差明白，曰「萬事如電耳」。異哉！豈女果死而不死歟？事雖不可知，然安義君秉性慷慨，又死王事，所謂「生而爲英，死而爲靈」者。女從父九原，其必不至泯然澌滅蓋可知矣。

## 誥授通議大夫賞戴花翎按察司銜貴州即補道署平越直隸州兼署開州知州贈太常寺卿世襲騎都尉戴君墓表

道光十七年，余始應鄉試，厠名副榜，榜末爲戴君商山。越二年而君舉於鄉，又五年而成進士。諸同年生咸詫曰：「吾榜成進士者尟，君列榜末，不數年掇高第以去，豈非吾榜之高才生歟？」乃始藉藉稱「戴商山、戴商山」，然而余固未之識也。同治五年，余寓吴下，有戴氏子曰儒者投刺於吾門，稱年家子而求見。進而問焉，則君之嗣子也。手一編，曰是君之家傳。嗚呼！君死矣。余跧伏久，於時事罕聞見，不知君死狀。受而讀之，乃歎曰：「若君者，豈獨吾榜之高材生歟，乃當代之魁士名人也！」

按家傳，君諱鹿芝，商山其自號也，浙江蘭溪人。道光二十四年進士，二十七年補應朝考，以知縣發貴州試用，補印江縣知縣，升朗岱同知。歷署修文縣知縣，定番州、開州、永寧州、平越州知州，代理安順府知府。咸豐二年秋九月，開州賊何二攻陷州城。君時攝開州牧，冠服死於堂皇。君才識明練，勇於任事，不畏彊圉，不避囏阻。其攝修文令也，修文民屠福生謀叛。君前令上變，大府即命君往代之。君疾馳至修文，屠氏詗者日數輩，三日夜無動静，意稍懈。君忽單騎率數役馳入屠所居寨，屠父子五人皆大驚，厥角於地，稱死罪。君笑曰：「無恐，從我歸耳。」皆傫然從行，君釋其罪而用之。後賊至，屠父子殊死戰，城竟以全焉。其攝永寧州牧也，州故苗疆，頑民結寨自固者相望。劇盗伍王臣踞石頭寨，地尤險。大軍攻之，未即下，以武功爵羈縻之，益偃蹇。君偶有事於小箐，距其寨甚近。有儋何鴉片而過者，趾數千接於道。問之，皆賊黨也，命奪而燒之。一夫鏠頭突鬢，六品冠服，騁而前，疾呼曰：「勿勿！」君詰何之，曰：「吾石頭寨伍王臣也。」君大怒，手捽之踣地，欲殺之，無刀，顧曰：「刀來，刀來！」倉卒無應者，乃反接之以入城。城中皆大驚，或勸勿殺。君怒曰：「賊來在我，終不令爾曹獨死。」遲明，出伍王臣，辜磔之，竿其首，縣之石頭寨。明日，仍有事於小箐，則伍王臣妻子、兄弟皆囚服道旁，叩頭血漉漉，求免死。君揮以肱，曰：「去去，勉爲良民，無犯吾法矣。」

於是威望益振，大吏倚之爲重，所至群盜皆屏氣，莫敢枝梧。然竟死何二之難。先是開人獲穿窬二，官桎梏之，斃一人，一踰數日不死，憐而釋之，即何二也。咸豐九年，何二踞尚大坪以叛。君時方攝平越州牧，未至，大府千里飛檄，委君兼攝開州事。君知開事急，遂改道赴開。賊知君有備，不敢窺州城，然踞巢穴如故。君以兵禍不解，民且廢耕，思如屠福生事勸之降。十年閏三月，單騎馳賊營，父老遮道留甚苦。君曰：「吾計之孰矣。彼脅從者皆吾民，未必即我害，得遷延十許日，雖殺我，耕事畢矣。」聞者皆泣下。既至，何二箕踞坐，上其手曰：「官來，吾英雄，官亦英雄。」君吐曰：「否，汝言何也！吾汝父母，若曹吾子耳。父母不忍其子死，來活汝，汝言何也！」何二意稍沮，君百端陳説利害，卒不聽。居尚大坪賊巢者七月，惟取所攜《周易》諸書讀之，見賊輒怒駡。然賊終不忍害，竟送之回城，羅拜而去，曰：「公在，吾曹敢闞城闉一步乎？」明年，君坐事去官，代者未至。賊不知，謂君行矣，率衆攻城。城無兵無餉無以守，君檄調修文舊部至。而修文距開數百里，賊斷餉道，士皆枵腹，城遂陷。君偕妻姚淑人坐堂上，賊至，淑人縊，君手劍擊賊，賊還擊之，中額顱，血湧出，遂仆，賊相戒勿殺君。君復蘇，顧其弟鹿榛曰：「吾此時心愈定亦愈清，平日讀書之效至此驗矣。吾生無愧怍，死且爲神。」言已大笑，遂卒。嗚呼！雖古所稱結纓銜須者何以過哉！

事聞，贈太常寺卿，予騎都尉世職。蓋君雖以州牧死事，然前已有旨以道員用，又加按察使銜，故從三品例賜卹，且詔原籍及死事之地皆建專祠，以時致祭，君雖死不朽矣。君舊所部民聞君死，莫不流涕；雖賊何二亦稱君爲貴州第一好官，蓋其忠誠所感發如此。然則吾儕當日藉藉稱「戴商山、戴商山」，其知君殊淺也。君於國史宜有傳，其同鄉先達唐耕石銀臺又詳述其行事，爲之家傳。應敏齋觀察取以銘其墓，薶之幽宫。凡君歷官先後、生卒年月及先世名諱具矣。而嗣子儒又乞余一言，余故舉其犖犖大者表於其阡，俾後世過墓而式者有可考焉。

## 清故徵仕郎中書科中書程君墓誌銘

嗚呼！粤賊驛騷東南，所至無完城，而不數年間禽獮草薙，剷殄無遺。非惟師武臣力也，由國家德澤深厚，士大夫尚義者無不以敵愾爲念，智者効謀，富者輸力，故舉事易而成功速也。方咸豐三年，金陵戒嚴，方伯祁公謀以木横截江流。程君故以木爲業，罄所有作筏，屯兵安礮，遮迾上游。城陷後，無以其事上聞者，君亦不自言也。後又以木製雲梯，造浮橋，助官軍克鎮江。非所謂尚義之士能爲朝廷敵愾者與？君殁後八年，其子詒孫爲吴縣訓導，奉檄監紫陽書院。適余主講席，遂以狀乞銘。余高君行誼，故樂爲之銘焉。

按狀，君姓程諱紱，字澤雲。其先世自歙縣篁墩徙居婺源，遂爲婺源人。君生有至性，居喪骨立。其仲父卒，三子皆幼，君養之教之，以至成立。素儉約，惟好書籍，勇施與。在金陵時，刱設義濟堂，死不能殮者施之棺；又於冬日設養幼局，生子不能舉者收養之。與人交，有肝膽。同鄉胡某木簞自金陵賊巢内流至京口，守簞者爲黄秋桂，髮髴然，三月未鬀。官軍獲之，將置之法。君力請免之，願以家口保。皆曰：「程君信人也，可無疑。」黄遂得免。又有鄭某木簞流至丹徒，爲水軍所得。君代贖出之，且爲運之蘇，人皆稱焉。然君行事既有犖犖大者，此固其緒餘矣。咸豐九年，金都轉安清至蘇州，勸捐供皖北軍需。凡木商之捐，以君總之。四月十六日，君晨起趨局，猶無恙也。中道痰忽坌湧，目冥眴，不知人。家人輩奔往舁歸，已不復能言，日加申遂殁，年五十八。配單氏，生丈夫子四：鍾、銘、詒孫、鐸，銘先君卒；女子子四，張鐘、孫國榮、俞桂彬、俞明忠皆女夫也。孫四：朝佐、朝伯、朝佑、朝保。某年月日，諸子葬君於某原。銘曰：

其位不必崇，其奉上則忠。其家不必豐，其施物則洪。君固不自言其功，造物者亦不使食報於其躬，吾銘其幽宮。

## 先府君行述

府君姓俞氏，浙江德清人，諱與唐詩人陸羽之字同，故字儀伯，晚年自號㶊花。世居東門外之南埭，潛德不耀。先祖南莊府君砥學礪行，乾隆五十九年應鄉試中式矣，將寫榜，監臨某公見其年已七十，曰：「是可邀恩賜。」言于主考，以它卷易之。及循例入奏，而年七十以上者止得副榜貢生。某公悔焉，人皆以爲惜。南莊府君笑曰：「留此以貽子孫，不更優乎？」事具家傳。南莊府君年五十無子，先大母戴恭人禱于藺村百子堂，而府君以生。幼穎悟，先叔祖筠巖公開塾于家，授唐人詩百餘首，輒成誦。年六歲，南莊府君館城南徐氏，遂攜以俱。徐故巨族，亭沼之勝甲一邑。府君讀書其中十年，今集中有《苕雲草堂歌》，即其地也。府君于學無所不通，而皆南莊府君所口授，無它師。嘉慶二年春，南莊府君病，秋八月病甚。府君時已聘蔡恭人，婚有日矣。至是以戴恭人之命倉猝成禮，禮成而南莊府君捐館舍。自是家益落，薄田數畝不足具饘粥，乃館于新市李氏，藉脩脯供甘旨。蔡恭人佐以鍼黹，僅乃足焉。六年，蔡恭人卒。七年，府君受知學使者文遠皋先生，補博士弟子員。十年，嵇恭人來歸，十一年卒。是歲戴恭人亦卒。府君哀毁幾不起，于是家中事悉委之金氏姑。金氏姑者，南莊府君之季女，適金氏數月而寡，家貧，恒居母氏。戴恭人之殁也，以府君託姑，亦以姑託府君，故内事皆姑主之。至十八年，吾母姚太恭人始來歸，而金氏姑卒依府君以終。

府君服既闋，益勖於學。十五年鄉試，蔣勵堂相國時撫吾浙，于落卷中見府君文，大異之，手録其名，送敷文書院肄業。學使者周蓮塘先生逮湖試優行士，見無府君名，亟縣牌於門，趣入試。雖皆不赴，然自此名益盛。二十一年舉於鄉，是科主浙試者直隸顧筠巖先生德慶、安徽李樅亭先生振庸，一時號得士焉。府君游京師，所交皆知名士。趙竹泉少司寇方爲部𨊠，延府君于家，其三子皆以摯見。筠巖先生於府君爲舉主，亦命其子執弟子禮焉。道光二年，吴小匏明府招游萬全。萬全隸宣化府〔一〕，所轄有張家口，口外即蒙古部落。邊垂景物與内地絶異，雖距京師僅五百里，而出居庸關，踰叭嗟嶺，所經如懷來、土木，皆明代屯兵列戍與也先、俺荅諸部相持之所，蓋古戰場也。府君既連不得志于有司，則以意之所鬱一發之于詩，而耳目聞見又有以副之，以故萬全所作尤沈雄博厚，爲識者所推服。七年出都，同年吴姓郊明府留之丹徒署

〔一〕化，原訛作「花」，據蔡啓盛《校勘記》改。

中，遂徧探京口諸名勝，間作廣陵游，與借庵上人爲方外交。八年冬又赴公車，九年自京師南下，客吴松。十年又自京師客河南，應康蘭皋中丞之招。河南居天下中，花事特盛，牡丹備五色，大或如斗。中丞僑寓豫之懷慶府，所居曰緱山村，茂林修竹，與南中無異。故府君集中《覃懷游草》二卷皆言其地山水之美、花木之饒，而無幽愁顑頷之音，亦可見府君所養也。明年又自豫入晉，太行山界豫、晉之間，綿延數百里，路僅一綫，昇行亂山中，九日而至晉。府君每云：「吾足迹所至，幾半天下。而北出居庸，西踰太行，則尤奇絶，爲生平冠。」十五年南還，客于毘陵。主人海陽汪樵鄰明經嗜酒好客，有《蘭陵菊社詩》行于時。每夜張燈宴客，或漏三下猶未休。府君雅不善飲，而與宴亦未嘗不歡，其和易近人類如此。二十三年，兄林舉于鄉，明年府君與俱北上，蓋試禮部者十一次矣。報罷南歸，而府君年已六十有四，遂不復遠游。是歲樾舉于鄉，府君色甚喜，以樾未習鞍馬，手爲治裝，一襆一囊必躬視之，時府君精力固未衰也。俄病噎，踰年不瘳。二十六年春大寒，病益甚，然起居猶如故。病中删定詩集爲十六卷，及門諸君以文就正者塗竄如常時。易簀前兩日，晨起坐牖下。時四方以書問疾者積寸許，皆發視，授林作覆函，又爲手書寄樾于新安。命移枕就正寢，甫就枕而神㭊，遂不復有言。比樾自新安馳歸，距府君之殁十日矣。嗚呼痛哉！

府君性純穆，寡言笑，重噤諾，雖寒士而能急人之急。客京師時，遇鄉人無以歸者，輒助之歸，己不足則代請之人，必歸之而後已。常至邑中，有拜于路者，驚問誰何，其人曰：「君不識邪？吾潘某也，微君則長安餓莩耳。」乃始憶有此事，笑而遣之。自奉儉約，衣履敝然後易。生平無嗜好，惟以圖籍自娱。所著有《印雪軒文集》二卷、《詩集》十六卷、《隨筆》四卷、《讀〈三國志〉隨筆》一卷。爲文章，藁成于腹，而後書之，不易一字。其門下士顧君駿、吴君斑皆成進士，葉君世圻、趙君景賢、鄭君訓成、汪君丙照皆舉孝廉。晚年館鄭夢白中丞家，從者益衆。姚太恭人以府君年高勸謝客，而府君意殊不倦，誘掖益力。居里中，無疾言甚色，而人自敬畏之。道光四年，自德清遷居仁和之臨平，爲林、樾讀書計也。然府君嘗曰：「吾家自元末提舉希賢公始居烏巾山下，至今四百餘年。枕山臨流，繡塍交錯，每新穀既入，盂飯壺酒，互相招延，猶見古人鄉鄰風俗之美。吾雖奔走風塵，終不忘此樂也。」以故林、樾遵府君遺意，歸葬於德清南門外金鵞山之原。府君生於乾隆四十六年閏五月六日巳時，歿於道光二十六年四月八日寅時，年六十有六。子二人：林、樾；孫五人：祖壽、祖福、祖綬、紹萊、紹瀛。

嗚呼！以吾府君之才之學，而藴其所負，不克見于時，豈非命歟？雖然，士苟有以自立，則區區之名固弗論也。矧府君之著述足以傳後，而其德足以覆翼我子孫。雖以樾之不肖，猶得蒙其餘澤，以叨竊聖世之科名，則天之所以待府君者又豈薄歟？當府君客覃懷時，著《詠古》詩四章，其次章蓋爲孟皮未與配享而發。及樾視學中州，遂奏行之。嗚呼！此特一事耳，而府君之詒我後人者可見矣。謹就耳目聞見所及，譔次其事如右。男樾述。

## 先妣姚太夫人行述

先太夫人姓姚氏，杭州仁和縣臨平鎮人。姚故臨平舊族，元劉大彬《茅山志》云：「姚俊，錢唐人，爲交阯太守。漢末棄官，入增城山修道。有冢在錢唐臨平，墳壇歷然，苗裔猶在。」今雖世系無可考，然臨平之有姚氏舊矣。太夫人祖諱之龍，字意山。故大學士孫文靖公有《十友圖》，意山公其一也。父諱樹楷，字蘭臯，母祝孺人。太夫人之始生也，其祖母傅孺人年老且瞽矣，然精於星命之學，用其術推算，笑謂祝孺人曰：「有福有壽，不知誰家一老夫人也。」生六歲，蘭臯公卒，育於舅家祝氏者十有餘年，年二十有八始歸先通奉公爲繼室。先通奉公自領鄉薦後，赴公車者十有一次，常客游於外，先兄林及樾皆太夫人自教之。四子書畢，始出就外傅。所居在德清鄉閒，苦無師，乃遷居臨平。先兄亦聘臨平孫氏，親串相依以居。太夫人治家儉，通奉公所得脩脯雖不豐，家無逋累，内政井然。至道光二十六年，通奉公捐館舍，時先兄及樾已先後舉於鄉，仍藉館穀養母。太夫人恒勉之曰：「毋詟先型，毋墮初志。」三十年，樾成進士，入詞林，奉太夫人入都，旋以不耐北地嚴寒，乞假送太夫人南返。而先兄已以實録館謄録議敘知縣分發福建，遂迎養至閩，居閩二十年。先兄由知縣起家，官至福寧府知府。方任永安縣知縣時，粵賊擾旁縣，勢甚迫切，永安戒嚴。或勸太夫人暫避，太夫人曰：「吾子官此，吾焉往歟？」率家人作女功如常。邑之搢紳有至署者，輒命入見，又自出至各廟行香，以安衆心。由是民有固志，無一外徙者，城竟獲全焉。

同治十二年，先兄卒於福寧。樾時寓吴，親往奉迎太夫人至吴下寓廬。所賃屋在馬醫巷，苦湫隘，乃買地於其西，築春在堂，營曲園。其明年，太夫人年九十矣，而是歲適在穆宗毅皇帝遏密八音期内，乃先一月於慈安皇太后萬壽之辰爲太夫人壽。自中丞以下咸集，故鄉親舊亦靡不至。太夫人雖年逾大耋，惟兩耳重聽，步履少蹇，而每看細書猶不用眼鏡。平生謹慎安詳，一器一皿無不安置妥帖，整肅之意至老不衰。光緒四年夏，暑甚，眠食皆無恙。七月之末，始有不安節。醫者切脈，猶曰無慮。未卒前二日，諸病皆愈，至其日，日加申，謂樾曰：「此時極舒適。」命進糜粥半甌。俄而驟發寒戰，急加衣被，而戰亦止。索飲，進米湯二匙、蔘湯一匙，尚將繼進，摇首微示不欲。俄頃之閒，神色遽變。痛哉！樾奉侍無狀，致耄耋遐齡不能滿百，其罪尚可逭哉！

太夫人生於乾隆五十一年八月十一日子時，歿於光緒四年八月十四日戌時，年九十有三。初以樾官封太孺人，加級封太恭人，後以兄林及樾長子紹萊官加級封太夫人。即於是歲合葬於先通奉公金鵞山之塋。至今歲而太夫人百歲矣，樾亦六十有五，衰病穨唐，不久仍當依侍膝下。因念太夫人一生事實若不及今撰次，將遂泯滅，乃牰述大略，補刻入《賓萌集》第五卷，附《先通奉公行述》之後，以示子孫云爾。男樾述。

# 補篇　賓萌集六

余舊定《賓萌集》五卷，終於《雜篇》。其後所作雜文日益多，遂别爲《春在堂雜文》，已刻至五編，而不入於《集》。至論、説諸文亦有繼作者，然寥寥數篇，不能各成一卷，乃總編附後，題曰《補篇》。

## 周平王東遷論

蘇子曰：「周之失計，未有如東遷之甚者也。」余則曰：周不遷遂無周矣，東遷非失計也。夫都洛，武王之志也。《史記》載武王之言曰：「『自洛汭延于伊汭，居易毋固，其有夏之居。我南望三塗，北望嶽鄙，顧詹有河，粤詹雒伊，毋遠天室。』營周居于雒邑而後去。」然則武王固有意於都河雒矣。因克商未久而崩，故不克定都雒之計。其後周公卒成之，《書》曰「營大邑于東國洛」，周公成武王之志也。周公雖營洛邑，而豐鎬故壤居之已久，武王不遷，周公亦不敢遷。至幽王之亂，平王崎嶇於兵火之餘，始遷都於此，舍此亦無以立國矣。嘗考古之帝王，伏羲、神農並都陳，黄帝都涿鹿，少昊都曲阜，顓頊都帝丘〔一〕，未有僻處西陲者。周自不窋失官，自竄於戎狄之閒，大王始遷岐下，肇基王迹，文、武因之，此周之所以西也。秦承周舊，漢承秦舊，唐承秦漢之舊，皆都關中。於是後世目論之士遂以爲關中之固，金城千里，真帝王之都也。亭林顧氏猶以爲奉春一策，無踰關中。然則武王定鼎，何爲不於豐鎬而於郟鄏，周公又何爲而營洛邑乎？洛陽居天下之中，漢翼奉稱其「左據成臯，右阻澠池，前嚮嵩高，後界大河」。余嘗奉使中州，經臨其地，於水見龍門砥柱之險，於山見殽、函、虎牢之勝，真天之神臯、地之奥府也。周公建東都於此，北而幽、并，西而梁益，東而青、徐，南而荆、楊，譬猶振裘而挈領矣。平王東遷，不能修德，寖微寖弱，夷於列國。此東周之所以不振，而非東遷之罪也。宋太祖既定中原，不都洛陽而都汴梁，此則因循前代之陋規，而無經營四方之遠略。中原既失，高宗南渡，僻處錢唐，

〔一〕顓頊，原訛作「頊顓」，據《歷代宅京記》卷一乙。

更無取矣。然南宋立國猶及百年，使蘇子生於南宋，必不薄視東周矣。吾故曰：平王東遷非失計也。

## 秦穆殺三良論

秦穆公以三良從死，不一其説。《史記》曰：「從死者百七十七人，秦之良臣子輿氏三人名曰奄息、仲行、鍼虎，亦在從死之中。」若然，則秦穆初不必以三良從死，而三良者不幸而與其數也。古者凡起徒役，無過家一人，况以人從死，而一家之中盡取其三子以去，有是理乎？《史記正義》引應劭之説曰：「秦穆公與群臣飲酒酣，公曰：『生共此樂，死共此哀。』於是奄息、仲行、鍼虎許諾。及公薨，皆從死。」是從死出三良之志也。鄭康成亦言「自殺以從」。若然，則三子者楚之安陵君也，惡足爲良？

愚謂三良之死，秦穆公死之也。穆公梟雄之君，而三子者，詩人詠之曰「百夫之特」「百夫之防」「百夫之禦」，意其人皆有過人之材智者。穆公自度我在則可以用三子，我死則此三子者恐非後人所能制矣。故平日以同死相要，而將死則竟殺之以殉也。《秦誓》曰「若有一个臣，斷斷兮無他技」，秦穆忌才之意即此可見，此三良所以死歟？《左傳》載君子之論，責穆公「無法以遺後嗣，而收其良以死」，洵定論矣。蘇明允論漢高祖之欲斬樊噲，謂「噲豪健，諸將所不能制，後世之患無大於此，噲死則足以死而無憂矣」。秦穆之殺三良，猶此意也。漢景帝謂周亞夫「鞅鞅非少主臣」，竟下獄死。宋檀道濟立功前朝，威名甚重，朝廷疑畏之。彭城王義康慮道濟不可復制，召入朝，收付廷尉，殺之。嗚呼！此皆秦三良也。明太祖晚年猜忌特甚，功臣如傅友德、馮勝諸人皆以無罪死。海寧朱一是書《傅潁公傳》後曰：「潁公開平後一人，高帝必欲去之者，其時帝春秋高，皇太孫幼，不能無漢景疑亞夫之心。然潁公死，而少帝之長城壞矣。」先君子詩亦曰：「安劉他日無平勃，可悔貽謀遜漢高。」此《黄鳥》之詩所以深刺穆公也。

## 越句踐論

余嘗讀《國語》《國策》《吴越春秋》《越絶書》諸書，見越主句踐與其臣范蠡、文種之徒陰謀詭計，積十餘年之力，竟滅吴而有其國，未嘗不歎句踐之爲人亦人傑也。乃孟子則曰：「惟知者爲能以小事大，故太王事獯鬻，句踐事吴。」然則孟子稱句踐之知，以其能事吴，不以其能滅吴。句踐之事吴，知也；句踐之滅吴，句踐之失計也。當春秋之季，晉已衰而秦未强，天下之所患者楚也。楚與吴世爲仇讐，日尋干戈，而其患不及越者，非楚之愛越也，有吴以爲之蔽也。

越既滅吴，而以淮上之地與楚。楚東廣地至於泗上，則越遂與楚鄰矣。故春秋後之楚與越，猶春秋時之楚與吴也。及越王無彊伐楚，爲楚威王所敗，殺無彊，盡取吴故地至浙江，而越於此散亡矣。使句踐不滅吴而助吴以拒楚，吴不滅，越亦可以不亡。嗚呼！吴越同壤之國，吴可以無越，越不可以無吴，無吴則無以蔽楚也。孟子稱句踐事吴爲知，則必以句踐滅吴爲不知矣。以後世之事言之，北宋之滅遼也，北宋之君臣自以爲得計，而不知遼亡而與女真鄰爲大不利也；南宋之滅金也，南宋之君臣自以爲得計，而不知金亡而與蒙古鄰爲大不利也，是皆越句踐也。東海之濱，蕞爾小國，不思吾中國實爲之屏蔽，而妄欲蠶食我邊疆，吾歎其失計之已甚矣。

## 自强論

昔孟子生戰國之世，其時宋、衛、中山諸小國外號爲大國者七，地醜德齊，莫能相尚。其君若臣皆日夜思所以自强，而士之游人國者亦各思富强其國，以成功名而取富貴。於是有善戰者，有連諸侯者，有闢草萊、任土地者，人各自爲説，家各自爲書，巧者知盡，材者能索，雖孟子亦不知所以加之矣。孟子於斯時游齊、梁之廷，言富國則無以加乎李悝、商鞅之徒也，言强兵則無以加乎孫臏、吴起之倫也，於是盡掃而空之，易一説曰：「盍亦反其本矣。」烏乎！此自强之上策也。夫所謂「反其本」者何也？行仁政也。誠能施仁政於民，省刑罰，薄税斂，使民親其上，死其長，仕者皆欲立於其朝，耕者皆欲耕於其野，商賈皆欲藏於其市，行旅皆欲出於其塗，鄰國之民皆仰之如父母，則雖朝秦楚、莅中國而撫四夷，豈所難哉！此言也，當時諸侯皆莫能用，卒并於秦，而秦亦旋得而旋失之。楚漢之閒，天下大亂，生民幾盡，蓋向所謂善戰者、連諸侯者、辟草萊者、任土地者，其流弊餘毒若是其甚也。漢興，乃稍求孔孟之遺書，粗用其説。自是之後，莫不依據以爲立國之本。

然漢唐以來與孟子之時固不同矣。孟子之時七國並列，故曰：「海内之地，方千里者九，齊集有其一，以一服八，何以異於鄒敵楚哉？盍亦反其本矣。」漢唐以來，天下一統，既無以一服八之難，則猶未足以見反本之要也。乃自泰西諸邦交於中國，而近又踵之以東洋，海外各國皆與我抗衡，而不能相下。禮樂刑政，中外交通，鄒衍所謂「天下有大九州，而中國其一州」者，至是而信。欲踰越而上之，亦幾幾乎有以一服八之勢矣。於是賢知之士争言自强，而又不得其術，徒見其器械之巧、技藝之精，乃從而效之，奉其人以爲師，曰：非此不足以自强也。嗟乎！彼之智巧日出而不窮，而我乃區區襲其已成之迹，竊其唾棄之餘，刻舟而求其劍，削足以合其屨，庸有濟乎？盍亦反其本矣。

竊謂當今之世，欲行仁政，莫急於吏治。國家畫數百里或百十里之地以爲州若縣，而任之一人。此與古所謂「得百里之地而君之」者何異？誠得其人，而寬以歲月，假以事權，使之興起教化，勸課農桑。數年之後，官之與民若父兄子弟然。一旦有敵國外患，鑿斯池也，築斯城也，與民守之，效死而民弗去，夫何守之不固乎？壯者以暇日修其孝弟忠信，入以事其父兄，出以事其長上，可使制梃以撻秦、楚之堅甲利兵矣，夫何戰之不克乎？此自强之上策也。今州縣吏乃若傭力者然，計一歲之利，任一歲之事。其地誠肥饒邪，上之人不欲使久擅其利，滿一歲率去之；其地誠瘠薄邪，其人又不待一歲而急急以求去。以故賢者莫能有所施設，而不肖者惟知飽其私，官與民漠不相習。一旦有急，城非不高也，池非不深也，米粟非不多也，兵甲非不堅利也，委而去之，疾視其長上之死而莫之救。然而曰吾將以自强，愚未見其可也。

痛快陳詞，如傾三峽流泉，勢不可遏。然其中有無數猿啼，聲聲是淚。世上有心人讀之，同聲一哭。「行仁政」一句總理全綱，近時人悉舍本求末，烏得不壞事？辛巳春仲，南嶽七十二峰樵者讀竟書此。

此與下兩篇皆嘗示老友彭剛直公。公手加圈點，且有跋語。每一檢閲，如見其掀髯擊節時也。

# 三大憂論

愚竊惟事勢有可大憂者三：一曰中國之號將替也。古稱神農以上有大九州，黄帝以來不能及遠，惟於一州之地畫爲九州而治之，是爲中國。夫此中國者，在大九州則一國也，惟不與彼八州者通，然後得成其爲中國。自黄帝、堯、舜以來，相承至今，莫之或替。周成王時，越裳氏來朝，周公曰：「德澤不加，君子不饗其質；政令不施，君子不臣其人。」此聖人所以善全中國之尊也。中國以外，黄帝之所不能臣，而吾得而臣之乎？吾不得而臣而與之通，則必與之等倫，而不復能全中國之尊矣。今夫匹夫匹婦有一畝之宫、環堵之室，則必爲牆垣以蔽之，爲門户以限之，使門牆之内自成一家，然後有以約束其子姓而爲之長。若使鄰比之人雜糅乎其室，行道之人喧闐乎其堂，是不成其爲家矣。尚靦然曰「吾大家也，世家也，非猶夫人之家也」，其誰信之？今之中國不幸而類此，故曰中國之號將替也。

一曰孔子之道將廢也。昔戰國時，孔子之道猶未行。秦用申、商之言，驅其民於耕戰，使欲富者力耕，欲貴者力戰。力耕則國富，力戰則兵强，竟用此術滅六王而一天下。使秦之享國如漢長久，則孔子之道遂廢矣。而秦有天下，二世而亡。漢興，乃復求孔氏遺書，表章六藝。

自漢、唐至今二千餘年，雖學術不同，門户或異，其推本孔子之教則一也。今士大夫讀孔子之書，而所孜孜講求者則在外國之學。京師首善之地，建立館舍，號召生徒，甚者選吾國之秀民至海外而受業焉。豈吾中國《禮》《樂》《詩》《書》不足爲學乎？海外之書譯行於中國者日以增益，推論微眇，創造新奇，誠若可愕可喜，而視孔子之書反覺平淡而無奇。聞彼中人或譏吾孔子能守舊章而不能出新法。如此議論，漢、唐以來未之前聞。風會遷流，不知其所既極，故曰孔子之道將廢也。

一曰天地之運將終也。俗傳天地有開闢，有混沌，理固有之。歷世久遠，菁華衰竭，不能生人生物，是爲混沌；收斂閉藏，以休爲息，歷千百年，復能生人生物，是爲開闢。人生一小天地，天地之由開闢而混沌，猶人之由少壯而衰老也。是以聖人務爲天地愛惜元氣，《禮》曰：「獺祭魚，然後虞人入澤梁。豺祭獸，然後田獵。鳩化爲鷹，然後設罻羅。草木零落，然後入山林。」孟子曰：「數罟不入污池，斧斤以時入山林。」凡若此者，非徒愛惜物命而已，皆欲留其有餘，爲天地愛惜元氣也。今彼中人則不然，但知窮極天地之所有，以供吾一日之用。語曰：「竭澤而漁，明年無魚。」聞彼中用煤無度，産煤之地日以少矣。夫煤者，有形之物也，其消息人得而見；若彼所取諸氣，無形之物也，其消息人不得而知。然即煤之一物而推之，則知用之無度，必有窮時，天地雖大，而不足以供其求。日復一日，菁華衰竭，恐天地塊然不復能生人物矣。故曰天地之運將終也，是三大憂也。

至理名言，痛切時弊。人所不能言者而能言之，人所不敢言者而敢言之。時余發咯血疾，一月以來，情緒蕭索。卒讀斯文，神爲之王，氣爲之舒，覺胸中有喜氣漸達眉宇。及一再讀，默念天時人事，國家多故，又不禁悲從中來。撫膺三歎，淚潸潸下，憂與之俱深矣。奈何奈何！辛巳花朝，退省散人識於金閶客館。

# 田獵説

昔周公之戒成王也，曰：「無淫于觀于逸于游于田。」而周辛甲爲《虞人之箴》，亦以「忘其國恤、思其麀牡」爲戒。然則田獵之事可以已矣。乃《周禮》大宗伯所掌，則有大田之禮；大司馬之職，則又詳言蒐田、苗田、獮田、狩田之制。若是者何也？教戰也。孔子曰：「以不教民戰，是謂棄之。」而欲教戰，則非田獵不可。後世所謂教戰者，吾見之矣：大將坐戎幄，建旗鼓，騎兵若干，步兵若干，環而伺。下一令曰「演某陣」，則旝動而鼓，左旋右抽，捷於風雨；下一令曰「演弓箭」，則樹鵠百步外，射者持弓矢審固，以期其中，一矢中的，鼓聲填然；下一令曰「演火器」，則排列而發，聲如萬雷，煙塵坌起，不可諦視。演刀矛，演干盾，無不如是。諸技畢奏，鼓吹鳴礟，大將回車。觀者雜遝頒斌，相與動容而歎曰：「美矣哉，軍威之盛乎！」不知此戲劇也，非教戰也。何也？無强敵以臨其前也。無强敵以臨其前，則雖以孫武爲之將，鼓之而有笑者矣。雖然，平居無事，安得强敵之臨其前乎？

先王知其然也，故以猛獸爲之强敵。不觀楊子雲之言獵乎？其於陸也，曰「扡蒼狶，跋犀犛，蹶浮麋，斮巨狿」；其於水也，曰「索蛟螭，蹈獱獺，據黿鼉，抾靈蠵」。夫以「軼才之獸駭不存之地」，相如所謂「雖有烏獲、逢蒙，伎力不得用」者也。獵者奮不顧身，以血肉之軀當爪牙之利，可以鍊其膽；或攻其前，或擊其後，或襲其左右，務使矢不虛舍，鋋不苟躍，可以鍊其智。獵於陸有獲焉，獵於水有獲焉，然則他日用之陸戰水戰無不如志矣，此先王教戰之妙術也。古者兵民不分，披堅執鋭之士即春耕夏耨之人，而所向有功，不致聞風而奔潰者，恃有此術也。自田獵之禮廢，而天下之兵皆不習戰矣。嗚呼！此中國之所以日趨於弱歟？

# 戰説

孔子曰：「俎豆之事，則嘗聞之矣。軍旅之事，未之學也。」夫軍旅之事，雖孔子不能自信，而況他人乎？以彈琴詠風之士爲搴旗斬將之人，孔子所難者。而易言之，陸機河橋之師、房琯陳濤斜之戰，可爲殷鑒矣。然孔子又曰「我戰則克」，蓋其事雖非所習，而其理可得而言。士大夫欲於有事之日慷慨請纓，必先於無事之時陰求奇士。或草澤之内，或屠沽之流，少則三四人，多則七八人，深相結納，誼若弟昆。一旦有事，此數人者皆爲吾用。或猶未足，則使此數人轉相延訪。蓋其人既爲材知之士，其所與游者材知亦必相埒，所謂「以類爲招」也。既得其人，使之各募數百人以爲一軍，即以其人爲之將，如此則兵與兵習，將與兵習，視夫烏合之衆相去天壤矣。我爲大帥，又必自有敢死之士、不二心之人，或數十，或數百，結以恩義，置爲親兵，然後可與共臨死地。世之爲大帥者，高居戎幕，不歷行陣。及將戰之際，惟令某爲前隊、某爲次隊、某爲後隊。金鼓一鳴，各鳥獸散，前隊潰，則中隊繼之，後隊又繼之，土崩瓦解，不可收拾矣。故爲大帥者，必率領親兵躬居前隊，我不退則親兵皆不退，而前隊亦不退，而中隊後隊亦皆不退，可無潰散之虞。我進一步，則親兵皆進一步，而前隊亦進一步，而中隊後隊亦皆進一步，可以制勝。若夫糧餽之必裕也，器械之必精也，此宜籌之於先事者也；相度形勢，占據上風，又宜審之於臨事者也。雖能言之，而不能行之，紙上空談，無裨實用。今夫醫者，雖日讀黄帝、岐伯之書，而不臨診，則不能處方。儒者雖日讀孫武、吴起之書，而不臨陣，則不能制敵。古來如漢之韓淮陰、宋之岳忠武，天生將才，世不多覯。以諸葛武侯之才，而論者猶謂用兵非其所長。戰不易言也，是故孔子慎戰。

## 醫藥説

余有《廢醫論》五篇，刻入《俞樓雜纂》。余固不信醫也。然余不信醫而信藥，於是又有醫藥之説。夫醫師諸職列於《周官》。醫不可信，何也？曰《周官》非周公之書也。周衰，有志之士私爲一家之言，以立後世之法者也。古之聖人未始言醫：王季有疾，文王不爲求醫也。文王有疾，武王不爲求醫也。武王有疾，周公不爲求醫也。孔子有疾，子路不爲求醫也。伯牛有疾，孔子問之。鯉也死、回也死，孔子深悼之，不爲求醫也。夫使古人而尚醫，則以周公之多材多藝，孔子之聖又多能，豈不知醫乎？孔子曰「人而無恒，不可以爲巫醫」，是孔子亦嘗言醫。不知非言醫也，言巫也。上古治疾，祝由而已。故古之醫實古之巫。無恒之人，朝莫二三，雖巫者能通神達明而不能測其意，故曰「不可以爲巫醫」。《禮記》引其文，則不爲「巫醫」而爲「卜筮」，故知孔子此言非言醫也。

醫術之盛行於世也，蓋始於春秋。不學無術之諸侯，彼皆身都富貴而惟恐失之，一旦有病，聞有道術之士能以術治之，則不惜重幣以求之，和、緩之徒所以出也。就和、緩二人言，則和爲優；彼醫緩者，乃後世方士之流，結交宦官、宮妾，刺探人君陰事以自神其説。故晉侯夢疾爲二豎子在膏之下、肓之上，而緩即云疾在膏下肓上。殆晉侯嘗以夢告近侍之人，緩刺探而得之也。故雖能言之，而不言何以知之。晉侯聞其言與其夢合，即以良醫稱之。方士之徒所以欺世主者類如此也。和之言稍稍近理，然與漢以後醫家之言皆不合，即與世所傳《黄帝素問》諸書亦不合，故知《素問》諸書春秋時未有也。且和、緩皆秦人，蓋秦人多能爲醫者。晉與秦近，且昏姻之國，故有病即求之，他國固不然也。齊景公疾，梁丘據請誅祝固、史嚚。使其時已重醫，何不殺一二庸醫以謝諸侯，而惟祝、史是問乎？可知當時治疾猶以巫不以醫，乃自古相傳之説。子路爲孔子請禱，不爲孔子求醫，亦此意也。至戰國時，齊固有醫矣，孟子有疾，王使醫來。然孟子云「巫匠亦然」，不云「醫匠亦然」，是仍以巫爲重，古之遺言也。

藥出於醫，醫不可信，何以信藥？曰：所謂藥者，非使醫生切脈處方，雜書藥十數種或數十種合而煮之而飲之也，藥乃丸散之類也。丸散之類由來久矣，康子饋藥，藥者丸散也。不然，則其性之爲温爲寒，其用之爲攻爲補，聖如孔子豈有不知而云「未達」乎？諺云「神仙不識丸散」，故孔子未達而不敢嘗也。《曲禮》云：「醫不三世，不服其藥。」天下有祖爲名醫至其孫而失傳者矣，又有身爲名醫而其祖若父則皆不能者矣。而云「醫不三世，不服其藥」，豈理也哉？藥亦丸散也，醫者賣藥之家也。故必三世之後人皆知其藥之善，然後敢服之。宋孟元老《東京夢華録》所載有李生菜小兒藥鋪，吴自牧《夢粱録》所載有修義坊三不欺藥鋪。近時如京師之同仁堂、蘇州之沐泰山堂、杭州之葉種德堂，皆近之矣。余次子娶於唐棲姚氏，其家以致和堂痧藥名天下二百餘年，此非特三世之醫，乃十世之醫也。若必切脈處方然後謂之醫，則《曲禮》之文萬不可通矣。

原藥之所自起，蓋天生五穀，所以養人，人可常服。其餘百果草木則皆不可以常服，故亦不可以養人。然其性有與人之疾宜者。生民之初，皆食草木之實，遇有風雨晦明、寒暑不時之疾，偶食一草一木，忽然而愈。始猶不察，繼而驚異，轉相傳告。或暴而乾之，屑之爲末；或合數種爲一，以水和合之，此丸散之名所以始也。其名蓋出於「勺藥」。古語和調五味謂之「勺藥」，《文選・子虛賦》「勺藥之和具」，《七命篇》「和兼勺藥」，其義皆同。丸散之類皆以調和而成，故取「勺藥」之義，名之曰「藥」。合衆味而爲藥，猶合衆音而爲樂也。許氏《說文》以「藥」爲「治病草」，未得其義。然其字從草，則知後世醫家雜用金石，彌失古意矣。既有丸散之類，因有世以爲業者，群謂之醫。而三世之醫遂以有聞於世，醫和、醫緩即其人也。其尤工者則能運以己意，不拘成法，始以醫名，蓋醫與藥自此分矣。其初不爲無功，而其後流弊益滋。許悼公飲世子止之藥而卒，《春秋》謂之「弑君」，傳《春秋》者因有「舍藥物」之說。余廢醫之論，本之此也。

然醫可廢，而藥則不可盡廢。余每歲配合所謂普濟丸者數十料，又於京師、於廣東、於上海買膏丹丸散無慮數十種，有求者問所患而與之，往往有神效。而世之延醫切脈處方以治疾病者，則十而失之八九也，此余所以不信醫而信藥也。藥之始固出於醫，然此等醫皆神而明之，非世俗之醫也。余亦豈敢謂世閒必無良醫？然醫之良不良余不知也，必歷試而後知焉。身其可試乎哉？不如其廢之也。世之好行其德者，夏秋之閒輒設一局，以施醫施藥。余謂施藥可，施醫不可。彼高手之醫不屑入局，其來局者皆不知醫，苟求此一輿之值、一飯之資而已。而以治人之疾，名爲行善，實則作孽。不如多購各處名藥以施人之爲得也。余是以又出醫藥之說以告世人。至醫之可廢，則具在《廢醫論》，兹不具說。

# 嫁娶説

古禮男子三十而娶，女子二十而嫁。此示人以極至之時，明逾三十無不娶之男，逾二十無不嫁之女，非以此爲定期也。《傳》曰「國君十五而生子」，則男子之娶有不待三十者矣。《禮》曰「女子雖未許嫁，二十而笄」，則女子有逾二十而未嫁者矣。嫁娶之故，情事萬端，聖人不能預定，姑示以極至之期而已。

然愚謂聖人於此殆未之深思也。夫婦人內夫家、外父母家，此惟婦人之賢明者知之，愚婦人不知也。女子出嫁，則爲異姓。而子婦自異姓來歸，轉爲至親，此舅姑之賢明者知之，不賢明者不知也。舅之知者或十而六七，姑之知者不過十而二三，而家庭之變自此繁矣。竊謂上古聖人既定嫁娶之禮，即當定嫁娶之期。大夫以上不自乳其子者，所生女子三月而嫁；士以下必自乳其子者，所生女子三歲而嫁。依此以行，有六利焉：無愆期之男女，一利也。無嫁娶之浮費，二利也。女子自幼即居夫家，所見尊卑長幼皆夫家之人，則於夫家不期內而自無不內矣；兄弟、伯叔、諸姑、姊妹可以覿面不識，則於父母家不期外而自無不外矣，三利也。女子自幼依舅姑以生以長，自無不孝；舅姑自其婦幼時保抱攜持，自無不慈；其夫與之自幼相習，飲食同焉，嬉戲同焉，自無不憐愛，四利也。先後築里，易啓猜嫌，兄弟之不和半由婦言爲之搆釁。若此法行，則兄弟之妻皆由一舅姑撫育，自幼至老，何異同胞？無不睦之娣姒，即無不和之兄弟矣，五利也。父母遣嫁其女，未有不蠹然傷心者。故《禮》有「三日夜不息燭」之文，念其後之不得時時相見而夜以繼日冀緩須臾，亦可悲矣。此法行，則三月之女未解笑啼，三歲之女甫離繦褓，時日不久，恩愛未深，卒然抱持而去，初亦未能忘情，久之竟如未有，父母之悲思可以消釋，爲女子者雖罔極之恩一無所報，而不至以此身重父母之悲思，則心亦可以稍安，六利也。

或曰：今世童養之婦，往往爲舅姑虐遇而死。此法一行，死者益衆矣。余謂不然。今世惟不行此法，故畜童養婦者止在小家。小家婦女姿性愚蠢，故多此弊。若詩書仕宦之家必不至此。且愛女甚男，亦人情所常有。膝下既無女子，則必以愛女者愛其子婦，錦裯繡被中其珍護可知也。小家化之，亦當不復肆其虐矣，此事理之常也。若仍虐遇之者，事理之變也，凡事論其常而已。天下婦女豈無不得於舅姑與夫而抑鬱以死者，然則女子將不嫁乎？請陳六利，釋此一慮。聖人復起，不易吾言。

## 妾媵説

俞理初著論，謂妬非女子惡德。此論非也。自古以來，以一妬婦而破國亡家者往往有之矣，誰謂妬非惡德哉？然妬雖惡德，而實亦恒情。《易》曰：「二女同居，其志不相得。」古之聖人明庶物而察人倫者，其知之矣。雖然，嗣續不可以不廣，則妾御又不可以無。聖人曰：吾必禁人之娶妾，不可得也；吾許人之娶妾而望人妻妾之必相安，又不可得也。許人娶妾而又欲其相安，則必使由女家置妾而夫家不得置妾。所謂妾者皆自女家來而後可，於是乎有媵。古者諸侯娶一國，則二國往媵之。夫人自有姪娣，二媵又自有姪娣，故諸侯一娶九女。若大夫、士無二媵，即以姪娣爲媵。《士昏禮》有「女從者」，鄭注云：「謂姪娣也。」是自天子至士皆有媵，天子諸侯必其同姓之國，士大夫必其姪娣。其分本親，而又初娶之時與之俱來，其情又相習。如是而不相安者固已寡矣，即使有之亦什百之一二耳。聖人緣情制禮，其慮固甚周哉！後世妾媵之禮不行，所謂妾者皆由夫家自置之，分則不相親，情則不相習，而閨房之故從此多矣。

愚謂以姪娣爲媵，此古禮，不可行於今者，然宜略倣其意。庶人之家，匹夫匹婦在所不論。

自士大夫以上，父母之愛女者，宜買他人之女視己女年稍弱者，使與己女同居，或一人，或二人，及嫁則以爲媵。若己女幸而有子，女之夫又不欲置妾，則聽其擇良奥之家而嫁之；若欲置妾則取之此，而夫家不得自置焉，夫家自置即爲律之所不許。如此則變通古法，在今世可行，而於古聖人制妾媵之意或稍有合乎？抑又論之，妻則一，而妾必二。妻一則尊，妾一則混。使如齊人之一妻一妾，則妾之視妻若儕耦然，下淩上替，職此之由。故妾必有二，則二妾者互相牽制而不能與妻抗。妻既得自全其尊，必不復虐待其妾。且待此一人，必使彼一人服，則自不敢輕喜而輕怒矣。此齊家之君子所宜知也。

## 禦火器議

嗚呼！自古兵戈之禍，未有甚於今日者也，以火器之爲害烈也。然則火器遂無可禦乎？曰：有中國之藤牌在。藤牌之爲用，就地滚舞，隨滚隨進。就地滚舞則甚卑，卑則槍礮之所不及；隨滚隨進則甚速，速則直入敵隊，短刀相斫，使敵人雖有槍礮而不得施。是故用之水戰則非宜，用之陸戰則實爲制火器之良法。此非余臆説也，本朝故事可按也。恭讀《平定羅刹方略》云：「康熙二十三年十二月乙巳，命選擇藤牌官兵。上諭：兵部征勦羅刹所需藤牌官兵，應分遣司員至山東、河南、山西三省，於安插墾荒福建投誠官兵內，選擇善用藤牌、願行効力五百人，令地方大臣給銀贍其妻子，兼爲整裝。又諭：聞福建有雙層堅好藤牌，移文提督施琅，選取四百，并長刀速送至京，毋誤軍機。」是康熙時征羅刹以藤牌爲利器也。此事大興劉獻廷所著《廣陽雜記》述建義侯林興珠事，言之最詳：「甲子冬，上在景山召見林興珠，論及火器之利，問所以禦之者。曰：『惟滚被爲第一。』上問何物，曰：『即人家所用棉被也，柔能制剛。』因詳言其進退滚閃之法。上問被之外更有何法，曰：『有滚牌，臣家有之。』曰：『汝家有能用此之人否？』曰：『有數人耳。』因命取至，并召六人來，於上前跳舞。上命善射者射之，皆不能中，滚至面前，疾於飛鳥。上大喜，問何方可以召募，曰：『惟臣鄉漳、泉之人多善此者。』上曰：『此去閩遠，今直隸、山東、河南多臺灣投誠墾種者，召用之可也。』」此康熙間用藤牌之緣起也。今藤牌雖存，而軍中視同戲具，莫知爲制火器之利器矣。誠能精練善用藤牌之人，使成一軍；又或訪求國初滚被之遺制，參而用之，則雖不足制敵人於水路，亦足制敵人於陸路矣。

## 海軍議

今天下競言海防矣。夫備豫不虞，軍之善政也。然不過施於一陣之間，如《左傳》所謂「前茅慮無，中權後勁，右轅左追蓐」之類；又或施於一城一堡之閒，如《墨子》所謂「備城門」「備梯」「備突」「備穴」「備蛾傅」之類。若夫海，則中國東南皆海也，其爲地緜歷七八千里，處處而防之，歲歲而防之，安有此財力哉？是故言海防不如言海戰，欲言海戰必治海軍。中國自古未有海軍也。顧亭林氏《日知録》詳言海道行軍之效，此不過取道於海，而初非鏖戰於驚濤駭浪之中也。風濤之不習，沙線之不明，測量之不精，駕駛之不熟，而欲與戰於海，是棄之也。

欲治海軍，必先擇大臣中忠義勇敢、通曉夷情、可以爲海軍將帥之人。未得其人，勿輕舉也。既得其人，則與之謀：吾中國之大，海面之寬，宜用船若干；或購之外洋，或製之内地，其價若干；每船用人若干，需費若干；其始也必以外國人爲教習，教成之後純用華人，不用夷人，其爲年月若干，一一與之定議。議定之後，謹如其約。年月既滿，責其成效，若無成效，則有大刑。所謂成效者，非止往來於中國洋面而已，欲至某國，展輪竟行，略無阻閡。平居無事，所謂水軍將帥及各船統領均居船中，不許登岸。大帥居無定所，南洋、北洋之名可以不立。今日泊南洋，明日泊北洋，欲調某號船，無論南洋、北洋，電報一至，登時啓行，限於某日某時至某所，逾期者斬。中國海面有此等船數十來往游行，外國必無敢犯我矣。設或彼以兵來，甫涉吾界，我則迎而謂之曰：「兩國和好，兵來何爲？速退則已。」稍一遷延，吾礮立發。誠如是也，東南瀕海之地可以高枕而卧，焉用防爲？

## 治河議

太史公作《河渠書》，以「禹抑洪水」發端。司馬貞釋之曰：「抑者，遏也。洪水滔天，故禹遏之，不令害人也。《漢書·地理志》作『堙』〔一〕，『堙』『抑』皆塞也。」嗟乎！一字之誤解，遂成千古治河之通病矣。其引《漢志》爲證，何不引史公《自序》爲證乎？《自序》於《河渠書》曰：「維禹浚川，九州攸寧。」《春秋》「浚洙」、《孟子》「浚井」，皆有浚之使深之意。然則「抑」者亦當是抑之使下，非遏之也。趙岐注《孟子》但訓「抑」爲治，而不言其何以治。班氏作《志》，以「湮」字代之；小司馬注《史》，以「遏」字訓之，則禹亦一鯀矣。《洪範》曰「鯀陻洪水」，「陻」即湮也。鯀之治水九年而無成功，其失正在「陻」之一字。禹知其然，故繼鯀而治水，則變「陻」之一字爲「掘」之一字。《孟子》曰「禹掘地而注之海」，「掘」之一字，此禹治水之要言，亦千古治河之良法也。嘗謂大禹之治河，至今稱神者不在乎積石以東，而在乎大陸以北。《史記·河渠書》曰：「道河

〔一〕 地理，當爲「溝洫」。

自積石歷龍門，南到華陰，東下砥柱，及孟津、雒汭，至于大邳。於是禹以爲河所從來者高，水湍悍，難以行平地，數爲敗，乃厮二渠以引其河。載之高地，過洚水，至于大陸，播爲九河，同爲逆河，入于勃海。」嗚呼！禹之治河盡此矣。

夫河自雍州而至豫州，使順其性之所至，則直瀉徐、揚矣。禹以爲徐、揚地下而土薄，河行其閒，無所約束，泛濫爲害，不可勝言。是以引使北行，載之高地，從兗州以入於海。河譬猶驕子也，非有父兄、師保嚴爲之制，則放縱無所不至。兗州地高土厚，足以制河，猶嚴父師也。然水性順下，安能引之至高？欲引之至高，惟有掘之一法而已矣。禹就其旁厮爲二渠，掘使極深，然後決河使入其中。河但喜其下而就之，而不知已爲禹引之高地，此禹之所以稱神也。後世河行日趨於南，是以河患益劇。近者黄河北行，幾復神禹之故迹，此天之福我中國，非人力之所能爲也。乃北行以後，山東無歲不被其災，民之昏墊轉甚於前。此由任事者但能爲鯀、不能爲禹，有隄之一法，無掘之一法，欲無河患，其可得哉？愚謂宜於河旁爲引河以達於海，必掘使極深，從引河望河，身若在天上，然後決河而入之，儼有高屋建瓴之勢，則自就我範矣。若知隄而不知掘，則以土制水，雖亦有理，然河性湍悍，尋常之隄烏能制之？即爲遥隄，使其勢稍形寬衍，然棄地太多，民生益蹙，久之仍歸一決，皆非善法也。鯀以治水無功爲舜殛死，孰知後世治水者則皆鯀哉！欲籌治河之法，使數百年閒河不爲害，無他道也，一言以蔽之曰「掘」。

## 副榜貢生補宴鹿鳴議

古者以鄉飲酒之禮賓興賢能，而工歌有《鹿鳴》《四牡》《皇皇者華》三篇，於是後世相沿以爲故事。昌黎《送楊少尹序》云「楊侯始冠，舉於其鄉，歌《鹿鳴》而來」，則唐世已然矣。工歌三篇而止云《鹿鳴》者，舉其首篇耳。宋制因之，有鹿鳴之宴，東坡集中有《鹿鳴宴》詩，是其證也。我朝文治之隆超逾前代，列聖嘉惠士林，加恩耆宿，凡士有重遇鄉舉之年者，準其重赴鹿鳴之宴。稽之《會典》，乾隆朝有若順天府霸州康熙甲午科舉人孟琇、雲南石屏州雍正己酉科舉人賽璵。自嘉慶以來，史不絕書，如阮元、湯金釗之碩德重望，翁方綱、王念孫之博學名儒，皆以耆年膺此異數，誠一朝盛事也。

惟鄉試中式者有正榜有副榜，正榜謂之舉人，副榜謂之貢生。正榜舉人有鹿鳴宴，副榜貢生無鹿鳴宴。此固國家定制，萬年遵守，莫敢更張。然重宴鹿鳴爲本朝之曠典，既加恩及於正榜，似亦可推恩及於副榜。擬請明降諭旨，以某科爲始，凡副榜貢生例無鹿鳴筵宴者，如中式逾六十年再届是科，由疆臣照正榜舉人之例，分别三品以上、三品以下，或題或奏，先期陳明，請朝廷量予恩施，一例補給鹿鳴筵宴，與新科中式舉人一同赴宴。正榜爲重宴鹿鳴，副榜爲補宴鹿鳴，以示區別。而實則笙簧酒醴，共沐恩榮，無不感逾格之隆施，而頌引年之盛典矣。

## 文昌改稱梓潼文君議

文昌，天星也。而今世所奉文昌稱爲梓潼帝君，又相傳二月三日爲其生日。夫天星則何生日之有？且亦豈可係之梓潼一邑哉？然則今世所奉文昌，殆非天星也。愚謂東漢之初自有梓潼文君，見於《高眹禮殿記》。洪氏《隸釋》據《華陽國志》，證其人爲文參。而余所見《華陽國志》則作文齊，字之奇。「齊」篆作「亝」，與「參」相似，必有一誤。論古人名字相比附，或者其名取「參兩」之「參」，而其字取「奇偶」之「奇」歟？文君爲梓潼人，官益州太守。王莽、公孫述並徵用之，皆拒不受，是其人固賢者也。其子名忳，爲北海守。父子相繼，同典大郡。又有文恭，字仲寶，必其子姓也，是梓潼文氏亦大族矣。梓潼文君之祠必始於益州，蓋文君既殁，而益州之民立祠祀之，如石相祠、于公祠之例耳。相沿既久，而梓潼文君之祠滿於蜀中。流俗訛傳，因文君之稱附會爲文昌之神，至今遂偏天下矣。功令文帝與關帝同列中祀。文帝生西漢之末，武帝生東漢之末；一以文德，一以武功，皆漢臣之賢者。生有明德，殁爲明神，俎豆千秋，亦固其所。關帝生日相傳爲五月十三日，既爲人鬼，而非天神，宜有生日，則文帝之於二月三日降生，雖載籍無徵，而流傳有自，牲牢秩祀，所謂「禮亦宜之」者也。明嘉靖閒議禮諸臣欲廢文昌，由不知其爲梓潼文君耳。余曾作《文昌生日歌》始發此論。浙江學使署中有文昌祠，瞿子玖學士視浙學時，乞余文爲記。余亦詳述斯意，刻石祠中。竊謂祀文昌者宜改稱梓潼文君，庶天人不紊，而名實相符，或於聖清稽古右文之化不無小補乎？

## 創建驪山老母祠議

驪山老母見於唐、宋以來小説、傳記，以爲神仙妖異之流，而不知其見於《尚書》，見於《左傳》，見於《論語》，固與周、召諸公並列於亂臣十人之數者也。武王曰：「予有亂臣十人。」孔子曰：「有婦人焉，九人而已。」此婦人謂誰乎？子無臣母之理，以爲太姒，非也；夫亦無稱其臣並及其妻之理，以爲邑姜，亦非也。然則此婦人謂誰乎？曰：驪山老母也。驪山老母實有其人乎？曰：是見於《史記》《漢書》。《史記·秦本紀》申侯言於孝王曰：「昔我先酈山之女，爲戎胥軒妻，生中潏。以親故歸周，保西垂，西垂以其故和睦。」《漢書·律曆志》載張壽王言「驪山女亦爲天子，在殷周閒」。以此言之，驪山女爲戎胥軒妻、中潏之母。考其世系，乃仲衍之曾孫婦也。是本中國之女，故申侯稱之曰「我先酈山之女」，蓋姜姓也。其係之酈山者，中國之君娶於酈山氏而生此女，故係其母以稱之。猶《左傳》「顔懿姬」「鬷聲姬」之比也。其爲人必有非常材略，故嫁戎胥軒之後，即能和睦西垂。當日西方諸戎皆所悦服，朝覲、獄訟歸焉。故傳至後世，猶有爲天子之説也。文王興於西夷，必有倚以爲重者，經營王業，無西顧之憂，驪山女之力爲多。武王誓師，嘉念其功，置之亂臣之列。在春秋時，舊籍猶存，記載未泯，故孔子得而知之也。後世經生疏於史學，遂莫能得其主名矣。唐、宋以來，酈山女之名猶在人口，《神仙感遇傳》載唐少室書生李筌游嵩山，得《黄帝陰符經》，遇酈山老母，指授祕要；宋鄭所南有《酈山老母磨杵作鍼圖》，尊爲老母，傳爲女仙，即其人也。《太平廣記》卷六十三有《驪山姥》一篇，云出《集仙傳》。其篇首云「驪山姥，不知何代人也」，蓋古事之失考久矣。

余讀《毛詩序》云「文王時，西有昆夷之患，北有玁狁之難」，而其詩曰「赫赫南仲，玁狁于襄」，又曰「赫赫南仲，薄伐西戎」。夫玁狁曰「于襄」而西戎僅曰「薄伐」，可知西戎終不能大定。南仲所不能定者，而酈山女能鎮撫之，過後世所稱馮夫人、譙國夫人遠矣。嘗謂自古中國恒以西戎爲患，故《禹貢》之末大書「西戎即敘」，而周初「西旅獻獒」，特見於《書》，誠重之也。班固《漢書》創立《西域傳》，羅列諸國詳矣。後漢和帝時，都護班超遣甘英使大秦，抵條支，臨大海，竟阻於安息船人之言而不敢度，是則今西洋諸國彼時固未嘗問津也。今輪船周流，無遠不屆，世無南仲，誰伐西戎〔一〕？夫神道設教，古人不廢。是故宗布祭羿，兵祭蚩尤，況如酈山女者，生則雄長西垂，死則列名十亂，經史紀載昭然著明，祀典及之，不爲淫祀。愚以爲宜創立酈山女祠，從俗稱驪山老母，憑藉威稜，鎮定西戎，或不無小補也。

## 弭兵議

春秋時有偉人焉，曰向戌。戰國時有偉人焉，曰宋牼。當晉楚爭霸之時，而向戌獨創爲弭兵之盟。雖不久而渝，其志則大矣。宋牼聞秦、楚搆兵，不遠千里，欲往説而罷之。雖不知果往與否，其志亦大矣。天之生是，將以養人也，豈以殺人哉？至後世不以金爲兵，而以火爲兵，兵之穀，古謂之六府。子罕曰：「天生五材，民並用之，誰能去兵？」斯言非也。金木水火土爲禍乃日以烈，是尤不可以不弭也。嘗謂春秋之後，秦、楚、齊、燕、韓、魏、趙同時稱王者七，是一小戰國。今日英、美、德、法、俄、日以及比、義、奧、祕、日斯巴尼亞、朝鮮據欽使所駐各國而言，交

〔一〕戎，原訛作「伐」，據文意改。

於我中國者十有二，是一大戰國。小戰國，則有一秦始皇出，即可以并之而爲一；若大戰國，則環列地球重洋數萬里，雖有秦始皇，恐無此兼容并包之量、長駕遠馭之才矣。兵連禍結，長此安窮？遠事吾不敢知，即以今俄、日之戰言之，竊未知其所稅駕也。所費錢財不可以數計，所傷民命不可以數計。究其歸，則俄不能滅日，日不能滅俄，勢窮力竭，同歸於敝而後已，則亦何益之有哉？吾故謂今日之計，弭兵爲尤要也。

曩者俄人亦嘗創弭兵之説矣，乃未久而侵占我東三省，是非弭兵，乃召兵也。愚爲各國計，宜乘俄、日交困之日，各遣重臣馳赴二國，令其罷兵，從此明定條約，各國不得添造戰船、添置火器。果有聰明智巧之士能出新意，止準其製造日用有益之物，若宫室、車馬、衣服、飲饌之類，不妨窮極工巧。敢有製造火器於常製之外精益求精者，懸爲厲禁，處以大刑。其各國兵隊止準於本國之内，遇有盜賊叛亂之人用兵撲滅，不準出境一步侵犯他國，亦不得占人尺寸之地以啓争端。有犯此禁，各國共起而伐之。此議也休兵息民，安上全下，乃萬國共享之利，非一國獨霑之利。各當實力奉行，勿得借端要約，挾私心而壞公議。自此以後，干戈永息，玉帛之使交錯乎境外，絃歌之聲洋溢乎國中，合五大洲而同享昇平之福，豈不美哉！愚不能爲向戌，而竊願爲宋牼也。使孟子復作，或亦許其志之大乎？

# 弭兵餘議

或問於余曰：南皮公方著非弭兵之論，而子乃昌言弭兵，不將爲其所非乎？余曰：南皮公之非弭兵，爲吾國計也；余之議弭兵，爲天下計也。使環地球諸大國皆用吾説，休兵息民，同享太平之福，則南皮公之論可不作矣。或曰：子意甚善，但彼諸强國必不能從，則奈何？余曰：彼未深思我言也，深思吾言，則必從吾言矣。何以故？今之戰國非古之戰國也。古之戰國若楚若齊若燕若韓、魏、趙，一秦始皇出足以一之矣。今之戰國，雖有秦始皇不能一也。既不能一，則英猶是英也，美猶是美也，法猶是法也，德猶是德也，俄猶是俄也，日本猶是日本也，而徒然争地以戰，殺人盈野；争城以戰，殺人盈城，荼毒億萬之生靈，縻費億萬之銀錢，勢窮力竭，終歸於議和而後已。雖然，和則議矣，戰則已矣，而慈父孝子之哭聲未之絶也，盈千累萬之國債未之償也。積數年之久，積數十年之久，而國家之元氣未盡復，閭閻之瘡痍未盡起也。中夜以思，有不撫膺而歎、伏枕而泣者乎？與其悔之以後，何如慎之於前？吾故曰：深思吾言，必從吾言也。

或曰：古人有言，忘戰必危。如子之言，非忘戰乎？曰：吾弭兵也，非廢兵也。是故軍政不可不講也，軍費不可不籌也，從古相傳之刀矛弓矢不可不修也，近時所習用之槍礟不可不製也。設本國之中有亂民竊發如黄巢、李闖之徒，或姦臣奸位如窮羿、新莽之類，則非用兵不可。猶之治家焉，一家之長於一家之人，宜無人不親之愛之衣之食之。然使其頑梗不率吾教，則鞭朴以從事，亦烏可以已乎？然使執此鞭朴入左右鄰比之家，執其人而鞭之朴之，則群起而譁然，或怒目而罵，或攘臂而争，其甚者縛送有司矣。今以兵伐人之國，何以異此？吾願諸强國之君各君其國，各子其民，勿干預他國之政治，勿覬覦他國之土地，所謂兵者用之於本國，勿用之於他國，則吾説與南皮公之説固並行而不悖也。以南皮公之説各治其國，以吾之説治天下萬國，一國治，萬國治，而天下乃無乎不治矣。

# 賓萌外集

# 賓萌外集序

義爻奇偶，爲駢儷之權輿。是故經莫古於《尚書》，而「五典克從，百揆時敘」諸句即儷句也；諸子之書莫古於《道德經》，而「合抱之木生於豪末，九層之臺起於累土」諸句即儷句也。自唐以前，朝廷詔命、私家碑碣無不用儷偶之文，意味深厚，文詞典雅，故可貴也。至宋後，儒者以古文自尊，乃始尚單行而賤儷偶，而於古人修詞之道或反失之矣。余自幼喜爲四六文，然氣體卑下，尚不能望唐人之藩籬，又安能由六朝而窺兩漢哉？故以余文而論，誠哉鄙薄，無足觀也。十餘年來，從事樸學，久輟不作，而舊稿尚在篋中。從前客授新安時，故人孫蓮叔曾以付刻。亂後亡失其板，於是杜小舫觀察爲重刻之。刻既成，因紀歲月於簡端，且使讀者無以余文之鄙薄而疑斯體之本卑也。

同治五年，歲陽在柔兆、陰在攝提格，月雄在修、雌在相，載生明〔一〕，德清俞樾記。

〔一〕 明，蔡啓盛《校勘記》改爲「魄」。

# 賓萌外集卷一

## 賦

### 乾清宫賦

序曰：皇帝御極之二年，試庶吉士於保和殿，而以「乾清宫」命題，限「表正萬邦，宏敷五典」八字爲韻，臣得與焉。自惟草茅下士，獲登天子之廷，仰覩皇居之壯，謹就窺瞻所及，拜手稽首而獻賦曰：

洪惟我大清之定鼎燕京也，執大象而奮興，法成鳩而遠紹。襲九竅以挈陰陽，結六連以綏億兆。春臺登兮萬彙昌，靈囊包兮八紘小。車軨馬駖兮帝維恢〔一〕，垂衣襞幅兮皇綱肇。蓋默運乎不息之乾，以仰契乎太清之表。於赫日畿，惟天啓聖。紫縣宏開，黄圖永慶。雲譎波詭之觀，陽曜陰藏之盛。雖因明代之舊都，已焕熙朝之景命。豈必竹宫蘭殿之相連，豈必銅沓金塗之交映？然而法泰紫以植基，會軒朱以布政。巍巍焉，翼翼焉，所謂天子之堂也，洵足以光四方而大居正。爰自大清之門，隆然而特建。芝楄與蘭橑齊輝，星柱與虹梁竝健。輦道直兮湛露清，禁楄高兮祥光顯。竊仰窺太和、中和、保和三殿之嶫嶫峨峨，進退敢踰夫尺寸？既矩疊而規重，亦門千而户萬。由是而進，則有乾清門焉。壯皇極之居五，峙魏闕而成雙。右隆宗而左景運，集劍佩之琤瑽。直廬環而周列，禁鐘遠而聞撞。步香塵於釦砌，射晴日於金釭。天子御門而聽政，三公論道而經邦。其内則法宫閟敞，是爲乾清。花梁藻棁，鏤桷雕甍，珠簾玉壁，金柱銀楹。罘罳光而有耀，倉琅静而無聲。仰柧棱之瓌麗，俯礝磩之精瑩。飛櫩岌嶪以遠翥，層櫨岹嵽以高撐。天扉啓，乾路平。温房深兮春風應，涼室静兮秋氣呈。雖有王爾、公輸之巧匠，曾未足闚規制之崇宏。

〔一〕 駖，原訛作「軨」，據蔡啓盛《校勘記》改。

天子乃親庶政，懋永圖。覽四方之章奏，知萬國之有無。厥有蕭規曹隨之佐，風后力牧之徒。近承意旨，仰贊訏謨。丞相之車曉入，尚書之履晨趨。至若銅墨之下吏，圭蓽之陋儒，亦或登文石之陛，步赤墀之塗，覲天顏於咫尺，聞天語之都俞。然則是宫也，豈徒侈藻繡綸連之飾，極細旃廣厦之娛云爾哉？乃皇猷所以光被，而帝德所以誕敷也。且夫周營中天之臺，漢建廣成之圃。開宣室以受釐，坐曲臺以講武。或激水而泛銀鳧，或壘土而棲金虎。非不足以盛觀游、壯畿輔，然而費已耗乎十家，力更疲於百堵。豈若我國家德厚信矼，澤洋恩普。無長楊、五柞之華，有衢室、合宫之古。大哉乾以法天行，直哉清而作民主。蓋觀乾清之宫，而知得一以清，我大清所由，應乾道而龍飛九五。緊下士之無知，愧才疎而識淺。雖學賦夫《靈光》，未熟精夫《文選》。何期佔畢之儒〔一〕，得預清華之選？集仙侶於蓬瀛，仰天容於黻冕。與聞恩詔於龍樓，更拜清塵於鳳輦。幸遭際乎昇平，願晨昏之黽敏。請從載筆之末班，恭紀臨軒之盛典。

〔一〕 佔，原訛作「呫」，據蔡啓盛《校勘記》改。

## 海運賦

序曰：《禹貢》「夾右碣石入於河」，又曰「浮於江海，達於淮泗」，即海運之權輿也。三代以降，惟秦與唐嘗用之。然止以給一隅，所運無多，其法亦不詳於史。元代建都於燕，始定海運之策，明初亦踵行之。其後開會通河，海運乃罷。我國家定鼎燕京，歲漕東南之粟由運河北上，其規制視明代尤精。而比年以來，亦閒用海道，蓋以廣轉運而裕倉儲，意至遠也。夫海運與河運相濟，不可偏廢，明丘瓊山《大學衍義補》已詳言之。方今聖人在上，寰宇鏡清。竊幸海運之有成而度支之無匱也，謹獻賦曰：

粤自會通之河開於明代，南則從淮浦以首塗，北則順潞河而下逮。流衣帶之一條，矗雲帆之千隊。喧邪許而相聞，利轉輸而無礙。龍分水以效靈，鷁畫船而不退。蓋通運道者三千餘里，而奏成功者四百餘載。然而事不厭乎詳求，功亦資乎旁貸。天庾之儲積，不可以一日虛；水道之變遷，不可以一時概。必有海運以濟其窮，乃所以重京師而實畿內。今夫海也者，茫乎莫測，敻乎無邊。小雲夢之八九，泛弱水而三千，泡泡渾渾，汗汗沺沺。吞吐則煙雲成市，隱現而宮闕疑仙。白馬之驚濤動地，緑魚之巨浪連天。何處認扶桑之岍，何年迴採藥之船？乃因運道之艱而謀諸海，將轉南方之粟而達之燕。或且驚其遼闊，謂未卜乎安全。夫孰知帝澤之涵濡者廣，而海若之呵護也虔。爾乃自吴淞以啓行，望津門而戾止。問估舶而程長，駕沙船而行駛。無龍骨而舟不畏沙，有蜑户而人皆習水。編以册則甲乙之籍可稽，定以盤而子午之鍼善指。船萬石而如山，沙五條而似砥。出十潋而飄然，挂一帆而去矣。其山則有大竹、小竹、南楂、北楂，鷹游之門岋嶫，雞鳴之島峆岈。狼雄踞而作鎮，蛇逶迤而無涯。其洋則有清水、瀉水、銅沙、大沙，或黑而如漆，或緑而如桼。養魚之池清澈，鬬龍之港周遮。蓋山之大者，歷一百五島而始盡；水之深者，至五十餘托而猶賒。當夫雷雨忽來，風濤交襲，候潮之蝌横行，踏浪之魚人立。或寄椗而稍留，或抛錨而小集。迨至天日精瑩，煙雲嘘吸；舟平無礁淺之憂，粟静無炎歊之及。鏡千里而通明，舵萬鈞而穩執。量以鉛而水識淺深，候以香而更調徐疾。既枕席之俱恬，又餽糧之咸給。此所以境無險易而皆安，人閲往來而愈習。雖遠涉乎重洋，曾不遺乎寸粒。然而有備所以無患，善作所以善成。風或順而或逆，礁或暗而或明，島嶼或遠而難定，汊港或小而無名。參稽必密，會哨必精，督以乘楂之使，巡以下瀨之兵。謹綢繆於未雨，邀庇祐於無聲。廟酹靈胥之酒，船懸天后之旌。颶母之風不作，陽侯之浪皆平。黄蓋壩前穩度，劉公島外安行。道遠若咫，舉重如輕，乃不勞乎人力，而並集於帝京。

於是天子乃命大臣董漕政，維北卸而南裝，譬春朝而秋請。水亦知歸，風能順令，不憂海氣之鹹，何畏海濤之勁？問倉廩而皆盈，繫譏䛤而共慶。顆非珠而能圓，粒與玉而俱浄。以充軍國之需，以立蒼生之命。度支裕中外之儲，財賦想東南之盛。然後知海運之可行，夫誰謂權宜之非正？吏無蠹而孰飽其私？民有鳩而各安其性。請以渤澥之無波，仰見朝廷之有聖。夫海圖之詭誕，與海賦之紛綸，詫魚龍之變幻，侈樓觀之金銀。不過安期羨門之説，誰覩蓬萊方丈之真？惟九重之有慶，斯八表之無塵。既禱豐穰於田祖，兼資飛輓於波臣。浪無花而白輭，倉有粟而紅陳。官方嚴則雀鼠之耗皆絶，詔書肅而魚龍之氣俱馴。既委輸於道路，自充溢於倉囷。初無煩乎蔀屋，已告慰乎楓宸。蓋運於河者，所以示積久無弊之法；而運於海者，所以極變通盡利之神。繄浙西之下士，本海隅以爲鄰。愧太倉之叨竊，報涯涘而無因。冀鱗恬而羽順，常修貢而效珍。庶下紓夫民力，亦上答夫皇仁。

# 記

## 楊嘉橋俞氏雙忠記

臨平山之陽，一小橋曰楊嘉。其地松翠欲流，山青如滴，清流一曲，老屋數椽，有俞氏家於此數百年矣。在昔金源鼎盛，天水中衰，舉族北轅，一龍南渡。已作金人之世界，重還錢氏之河山。白板偏安，未定小朝之局；黄袍倉卒，竟爲絶地之投。寶玦王孫，伏路旁而泣；金環貴將，提戰鼓而來。難潛劉季於芒山，將繫秦嬰於軹道。

則有俞氏兄弟二人者，身在宋家之净地，心傷趙氏之孤兒。俱奮耰鋤，共當鋒鏑。傅南容之按劍，同其必死之心；臧子源之登壇[一]，遂此激揚之氣。王羆當道，自號老羆；張燕入軍，人疑飛燕。十盪十決，一縱一横，卒使沛公得出平城，光武遂離危渡。而白骨兩堆，已並裹王琳之血；黄泉一笑，竟同銜温序之鬚。嗚呼！其人奇，其功偉矣。所慨者，肝腦雙塗，保此趙家之肉；而江山半壁，壓於秦字之頭。棋幸入乎九宫，環竟忘乎二勝。孟婆風惡，茸母草荒[二]。雖復描瑞應之圖，修中興之禮，而名將竟騎驢以老，深宫惟養鴿自娱。苟二子之有知，亦九原之抱恨耳。況當日者，崔府君之靈應，已建神祠；玉孩兒之存亡，猶關宸慮。惟兹人傑，合號鬼雄。而廟未立乎雙忠，傳不登乎獨行。晉文返國，不録王光；漢祖論功，竟遺紀信。又安望其念兩宫之環佩，思五國之風霜也哉？

[一] 源，原訛作「洪」，據蔡啓盛《校勘記》改。
[二] 茸，原訛作「葺」，據蔡啓盛《校勘記》改。

今者故宫久廢，遺老無存。木燈檠已出人間，竹如意誰攜臺上？而一廬獨古，五畝未荒。蓋忠魂之所憑依，即神物之所呵護矣。惜乎山林寂寞，難尋埋碧之鄉；名氏流傳，未附殺青之筆兄名太和，弟不可考。雖耳孫之猶在，而心史之未收。余久作寓公，得詳軼事。歎異日廟堂屈膝，人盡非夫；羨同時草莽捐軀，死猶競爽。先君子曾以詩紀之，而并謂有宋高宗御書「永思」二字。則書缺有間，傳聞或殊。詢之故老，不無異論。余因書都較，以告將來。庚頭數盡，雖無思肖之人；箕尾魂歸，當入昭忠之録。

## 沈東江先生手卷記先生名謙，字去矜，仁和人，明季諸生。

夫使天爲粤苑，九星爛其常明；地有策疆，六幕負而永固，豈不山巍日焕、里抃塗歡哉？而乃金虎易逢，銅駝難久。呼牛繼馬，種李代楊。地鴈一星，頻頻下墮；海凫三丈，處處生毛。古傷心人所以有百憂萬憤之章、四怨三愁之作矣。當明社之將屋也，蒼鶊甫出，青犢旋興。盜賊磐牙，鐵額銅頭之隊；乾坤窈漠，兔葵燕麥之場。迨乎金鏡亡秦，珠囊歸漢。而欃槍乍掃，未盡黄巾；炊火猶多，各争白板。甲兵雖洗，干戈未包。東江先生以秋後之晚香，作燒餘之幸草。公信采薇之感，伯封離黍之悲，悉皆韻以短歌，彈成苦調。夢華小録，不無故國之思；穆護新腔，大有勞人之感。是卷五言詩四十首，乃順治四年避兵含山，感觸髑髏舟而録者也。時則庾冰舟小，杜甫衾寒；棹鳴軋軋之鴉，夢醒蘧蘧之蝶。白月將墮，黑風忽吹。掠坡老之船，初疑鶴影；裹景升之骨，并少牛皮。嗟乎！燈火三更，竟到髑髏臺上；煙波一棹，乃游羅刹國中。即此長夜漫漫，疑聞鬼哭；想見中原莽莽，絶少人煙。於是舐虎僕之毫，潑麋丸之墨；寫范雲之宿搆，哭阮藉之窮途。其有悲火潛燒、愁苗暗長者乎？

而予讀之，重有感焉。夫吾儕生當文軫之同，人在羲皇以上；九塞有麢居之樂，八荒無鹿駭之虞。金鳴銀湧，大地呈祥；紫脱朱英〔一〕，普天告慶。乃近者偶天弧之不直，致海水之群飛。此不過九嬰十日，暫出於堯天；菌鶴文犀，自投於湯網。然而蠟丸朝奏，偏南戒以俱驚；玉弩宵沈，竟西流而不定。螢火之丸難覓，何處避兵？羊皮之役高懸〔二〕，不堪卻敵。於是軍門嚴檄，插雞羽而馳；壯士鋭頭，帶虎毛而走。或曳長繩於市上，或納短刀於韡中。或自負奇癲，願隸黄皮之室；或私相遮迾，高張赤心之旗。士被褐而談兵，民負楯而習勇。回憶平日

〔一〕「紫」「朱」原互訛，據蔡啓盛《校勘記》乙。
〔二〕役，原訛作「役」，據文意改。

者，樵夫恥危冠之飾，輿臺笑短後之衣。一聽鼓鼙，頓殊風景。而況乎玉樹歌闌銅仙淚盡，萬重桑海一箇陳人如先生者？何怪其如意敲殘，唾壺擊碎，憤欲效康回之觸，恨難爲精衛之填乎？雲煙易逝，翰墨長新。其詩則雷輥電砉之聲，其字則鳥頡魚頏之勢。雨香金丈既切梓桑之敬，兼深文字之緣。重付褒池，廣求椽筆。散珠横錦，已徧名流；氏厭但吹，不遺下走。負聲無力，且爲丁敬禮之小文；終古長留，此是孔巢父之詩卷。

## 周心穀少府南澗殺賊記

皇帝御極之二十有六年，流沙西静，盤木東臣。方開文詞雅麗之科，以重郡國孝廉之選。而妜徒告警，滇水生波，翦花綀以揭竿，吹蘆笙而代角。雖蚩尤之星旋落，而延陀之雪殊狂。則有南澗巡檢司者，以元父之窮地，著黑子於其閒。一軍挂守捉之名，百里半舞杕之俗。仁和周心穀先生，負其八達之才，壓此百僚之底。官真如繫，不容舞袖回旋；城無可蕘，何待韡尖踢倒。而乃自提棡鼓，高築壅門；麾兵傳白羽之矰，綀士啓黄皮之室。班超出塞，假鼓吹幢麾；延壽治兵，陳管絃鐘磬。寇來不上，民賴以安。不謂黄龍之毒未消，黑蝝之災又作。先生吹笛止雨，投珪禱河；放木鵝以測其淺深，作土犺以防其横決。景陽植表，豫識水來；索勱荷戈，要從河鬬。而一鼓之鐵，築壘未成；半通之銅，隨流俱去，民於是乎始無固志矣。越數日，銅頭鐵額，勢若風來；飛鳥偃魚，氣如雲作。先生持五殺以應敵，開三和以受軍。帳下健兒，親酌義臣之酒；軍前壯士，横吹延伯之笳。而陣缺龜圍，兵空鶴列。十盪十決，寇乃益深；八上八下〔一〕，士將不繼。或自賊中以刃斫之，摩訶擲銑，遥擬額間；仲禮受刀，竟傷肩上。護頸無于闐之玉，避兵少螢火之丸。幾乎鬼馬騎回，神鴉飛滿。有起於衆中者曰：「此良吏也，義不可殺。」於雲輣翔艣之中，效捍衛候遮之力。掖從陣上，扶至田間。其人白面而秀眉，初非紫鬚而獰色。蘆中漁父，竟不留名；桑下餓夫，未曾識面。噫！異哉！豈赤子潢池，尚知慈母；抑黄魔使者，來護仁人耶？賊以其間，遂入公廨，大肆搜牢，虚加恫喝。張燕公之肉，豈是黄羊？顔魯公之奴，并傷銀鹿。公子某受創不去，請以身代母命。江革倉皇，負老親而走；朱暉慷慨，使群盜皆驚。胠篋一空，籠東四散。

先生覩寇氛之惡，痛民命之殘；自裹金瘡，重擐鐵甲；率燼餘之衆，爲窮寇之追。留贊披髪以呼天，王羆露髻以當道。眼中有鐵，耳後生風；左右翦屠，後先遮迾。横紫大蟲而舞，戰

〔一〕 兩處「八」，蔡啓盛《校勘記》改爲「九」。

血交飛；麾朱落鴈之軍，陣雲莽起。生擒其渠魁二人，餘衆皆遁。是役也，其時則水潦方至，民不聊生；其兵則突將無前，士非素厲。而能力遏於鴟張之始，窮追於梟散之餘，鞭起瘡痍，鼓成精鋭。叔寶數騎，馳盧明月之營中；德威一呼，縛陳夜叉於馬上。故知兵無論乎衆寡，官無論乎崇卑，腰閒但有龍泉，便堪殺賊；背後雖無虎節，也可行兵。使得建丈二之旗，挂斗大之印，謝太傅爲十五州都督，樊將軍以十萬衆横行，安在不西髓剛戎、南腦勁越也哉！

事聞於朝，有詔以府經歷縣丞升用。龍光萬里，傳來天語之温；馬足一官，换去頭銜之冷。人以爲弱翁之治迹已上於朝廷，萬福之威名并加於草木。從此風高翼展，水大鱗舒。不有狼貪，安能鵲起？而不知壁壘之際都有規模，履屐之閒無非經濟。蓋必尹翁歸之略，能武能文；李普濟之才，入粗入細。而後能龍頭冒險，虎尾騎危，鑿出凶門，變成吉兆。不然，神亭擲戟，幾隕伯符；虜矢射牀，已傷公則。尚能手擒名賊，身作長城哉？或謂先生前爲安徽土橋司巡檢，適有洪水之災，爲講隄流之法，隄無蟻孔，民得鶉居。即此生靈數萬，奪還羅刹之宫；已堪功行三千，寫上神仙之簿〔一〕。以故中申孫之矢，小白雖僵；乘丑父之車，倉黄竟免。自天祐

〔一〕簿，原訛作「薄」，據蔡啓盛《校勘記》改。

之，非人力也。是則陰德未酬，丙吉之身不死；仁心所被，袁安之後必興。其殆有庭列凫鐘、寢陳鴟尾者乎？樾忝有葭莩之戚，愧無金石之文，乃從萬里之遥，屬以一言爲記。因書都較，以告將來。若夫他年報國之宏猷、平日活民之德政，則蘭臺石室，自有鉅公；犵鳥蠻花，非無輿頌，下走無庸置喙也。

# 論

## 反絶交論

夫三盈三虚，孔門不免；一貴一賤，翟公所悲。荃蕙化而爲茅，荆棘樹而得刺。予既知之，可弗論也。然而幺絃不能調琴瑟之音，甴土不足塞江河之漏。鳥猶求友，鹿必呼群，而況於人乎？昔舜生三十載而得七友，乃受命於黄龍；武合三千人而爲一朋，遂收功於青鳥。夫聖人之德，天子之尊，猶資羽翼之功，何論蓬蒿之士？然則絶交之論翩其反矣。且夫七相五公之第，重侯累將之家，乞兒附火而俱來，名士望塵而競拜。觴群賢於金谷，坐十哲於華林。斯則意在繫援，義非膠漆。當面背面，容有殊情；翻手覆手，遂成變態。黄金氣盡，白水盟寒，交之不終，世所恒有。而遂媲彝倫於豺虎，同人道於馬牛，則又過矣。

僕以爲交之不可無者蓋有四焉，請爲諸君揚扢而陳之。趙岐複壁，實賴孫賓；張儉望門，卒投李篤。妻孥零落，郈成子之宅可分；盜賊磐牙，荀巨伯之身甘代。空柳之下，讓革子以獨生；翳桑之中，遇趙盾而不死。此患難之交不可無也。否則孽鴈易驚，枯魚難活；日冉冉而已暮，風蕭蕭而太寒，傷矣。鮑叔分金，子輿裹飯。寒憐范叔，贈之以袍；暑遇買臣，貽之以扇。周黨之訪閔貢，含菽清談；步騭之與衛旌，種瓜互給。此貧賤之交不可無也。否則天之厄我，鬼亦笑人；既無班史質錢，并少胡奴贈米，窘矣。乘車乘馬之盟，班草班荆之客。送鄭莊之去，不必齎糧；迎蘧瑗之來，争爲接草。門生吹笛，隨新息以南征；名士彈琴，招季鷹而北上。此羈旅之交不可無也。否則雲諏波訪，梗泛蓬飄；徒與馬而成雙，將呼猿而爲伍，孤矣。杜伯之死，從以左儒；薛漢之喪，主者廉范。荀君後事，竟託鍾繇；吕公暮年，惟依樓護。良辰美景，想夏侯之生平；白馬素車，呼巨卿爲死友。此生死之交不可無也。否則墓門棘滿，賓館苔封；子孫辱於牛醫，著述飽乎蠹腹，悲矣。嗚呼！七十子亡而大義乖，三千金出而天下鬬。竿摩既熟，掉磬益工。攀龍之賓，附驥之士，吾無取焉。而若此四者，義貫乎金石，神喻乎韋絃；風雨不輟其音，丹青不渝其色。急難之誼，等乎弟昆；同心之歡，均乎伉儷，曷可少哉！曷可少哉！

僕窮鄉樗櫟，人海萍蓬。禰衡之刺生毛，到溉之門羅雀，何嘗置通賓之驛，游結客之場？然而客土危根，年年浪迹；天涯芳草，處處牽情。或酒冷茶殘，糠燈共翦；或風尖日瘦，茅店同投。或憐龍具之寒，而稍周其匱乏；或憫蟲雕之苦，而雅愛其文章。苟有一日之知，孰非終身之感？雖蹉跎貧賤，難酬知己之恩；而襏襫風塵，豈是避人之士？揚子有云：「翕其羽，朋友助也。」僕願與諸君子共保素心，勿渝白首。猶種樹而擇地，毋拔葵而傷根。所謂「温不增華、寒不改葉」者，其在吾徒與？若夫公叔昌言於前，孝標申論於後，斯皆不平之說、有激之談，非可以鏤金版而書玉牒也。

## 廣樂志論

予讀仲長統《樂志論》，听然而笑曰：此獨樂其樂者也。夫鵲鴿恒笑，鶗鴂常啼，物之不齊，人胡獨否？而可以一人之所獨爲衆人之所同乎？世有癖煙霞、仇軒冕，若郗嘉賓好聞棲隱，阮思曠少無宦情。斯蓋介性所存，恒情勿喻。而必使逃聲朝市，充隱山林，吾恐樂之者少，不樂者多矣。僕本恨人，聊且快意，請遵孔氏各言爾志之義，而結佛門皆大歡喜之緣。時也日月舒長，乾坤熙皞，奉三無之聖主，大一統之朝廷。則有黄散舊家，金張貴姓，誕石麟於天上，降彩鳳於人間。羊叔子生有夙根，馬伏波幼推大器。璧人市上，共羨華年；金馬門前，早蜚清望。碧油紅旆，争迎使者之車；黄尾裴頭，手握詞人之秤。門生滿乎霄漢，盛事繪乎衣冠。而又建節出疆，秉鞭作牧。元稹才子，竟拜將軍；荀羨少年，已官牧伯。迴翔中外，彈壓山川。甄濟生兒，名以所居之職；王筠編集，題以所歷之官。閫外則黄鉞專征，謝太傅爲十五州都督；朝中則金甌枚卜，郭令公歷廿四考中書。必使極禄位於人臣，留功名於國史；象笏滿其榻上，鼂鐘列於庭中。而後軒冕辭榮，林泉怡志。官雖黄閣，身尚黑頭。小行人護元老而歸來，大長秋問夫人之安否。樂乎否乎？

雖然，既極尊榮，必兼安富。使太尉之府竟若乞兒，宰相之廳還如奉禮，雖云清介，未免酸寒。被上衮而不華，飽堂餐而無味。夫惟銅山舊賜，丹穴新開。南金北毳，爛其盈門；夜日晝星〔一〕，美哉此室！出則旌麾夾道，錦繡一條；入則絃管迎門，金釭二等。乘軒之女，三百而非多；下箸之錢，十萬而猶少。每當戟門月滿，鈴閣風和，飛騎傳賓，呼燈張宴。酒人迎到，玉勒

〔一〕日，原誤作「月」，據蔡啓盛《校勘記》改。

穿花；肴駟催來，紫衣將炙。孔融北海，庾亮南樓，客游不曉之天，主住忘憂之館。又或元戎小隊，時出郊坰；壯士短衣，各矜身手。伐狐擊兔，絡野籠山。纛旗動而戰士飛，貂帳搴而佳人笑。乃命玳簪之客、珠履之賓，翻出鐃歌，譜成樂府。搴來獵碣，勒作豐碑。樂乎否乎？

雖然，此仕宦之榮，非家庭之樂也。以彼早奮天衢，少登雲閣，故當鼎鼐調羹之日，猶是盤匜視膳之年。雖龔少卿之立朝，大節已征蹇蹇；而蘇易簡之登第，小名仍喚岷岷。且又金友玉昆，蟬聯乎皇路；伯霜仲雪，雀起乎臣門。或東川西川，對持虎節；或大郎小郎，同拜鸞臺。非徒棠棣兩碑，花萼一集而已。乃有柳絮清才，桃穠豔質，玉臺聘定，金屋迎來。嬌女詩工，本是掃眉才子；郎君官早，遂爲接脚夫人。鴛社晨開，蛩氈宵暖。能言秋月，便是詩人；欲畫春山，還呼夫婿。鶼鶼必共，燕燕不孤。節鉞所臨，襜帷亦至。軍民扶服，共迎金母木公；親故流傳，群羡沙哥崔嫂。伉儷之樂，訂乎百年；倡和之詩，合爲一集。鳳雛驥子，既疊疊而登朝；玉樹芝蘭，又森森而繞膝。樂乎否乎？

雖然，人非金石，境易桑榆。苟此樂之不常，亦有生所同慨，則必受八瓊之祕訣，鍊九鼎之還丹。爛煮瓊花，飽餐玉屑。蓬萊仙籍，誌定生前；玉版徵書，降從帝所。鶴鸞並跨，雞犬皆昇。母奉桃枝，師尋桂父。文簫夫婦，卧瑶島而忘寒；武夷弟兄，住名山而不老。或者仿幔亭之例，訂緱嶺之期，召異代之兒孫，聚同時之父老。霓旌虹斾，備天上之威儀；霞褥雲裀，見仙家之富麗。擘麟作脯，呼鸞使歌。彈王子登之琅璈，一開俗耳；留安期生之玉舄，長誌仙蹤。然後返太虚，淩倒景，三山五嶽，萬歲千秋。樂乎否乎？夫如是也，極天倫之盛，而又益以人爵之榮；享富貴之全，而又終以神仙之福，豈非人情之所樂，而天壤之所同乎？彼仲長統之論，烹羔羊以奉客，釣游鯉以自娱，何其陋也！僕熱竈因人，寒氊守我。蟲有可憐之號，犀無蠲忿之功。忽發狂言，以貽好事。咥其笑矣，藉消平子之四愁；姑妄言之，祇當盧生之一夢。

# 傳

## 吴母葉孺人家傳

予客新安之四載，吴生澤來從予游。出延陵之族，不墜其家風；談揚子之經，兼詳其壼史。乃知其祖妣葉太孺人，松柏節高，卷施心苦。迄今詳延家衖，業富金籯，爲有自也。按太孺人姓葉氏，乃歙縣葉君惟善之女，吴君鳳山之配。其始來歸也，君舅與君姑並逝，伯氏偕仲氏同居。每因喬木之既頹，大懼析薪之莫荷。則有休陽陸君惟高者，李家普濟，是入粗入細之才；魯國孔融，有交紀交群之誼。既念荀君後事之託，又居柳州先友之尊，往往代握牙籌，分稽指券。而鳳山與其兄蘭柯，又皆斐邈才清，韓嬰心細。其持躬也，得石家之孝謹；其殖貨也，法孔氏之雍容。以故陶白業成，麻青錢至，家益以起，貲益以饒。乃自歙縣之桂林，遷於休陽之屯浦。其地於淛江爲上游，與歙州相接壤。估帆所集，煙火相連，固陶朱三徙之鄉，華陽十賚之地也。夫水大鱗舒，風高翼展，境之順者，心即因之。而太孺人黽免醪鹽，焦勞盥櫛，蘭心矢肅，棘手忘劬。薄澣我衣，祗曳黄婆之布；或卜其夜，猶鳴紅女之機。所謂富而能貧、勤則不匱者歟？

無何而鬼伯不仁，善人無禄，蘭柯金棺先掩，鳳山玉樹旋埋。太孺人時年甫二十有七，佳兒舉舉，詩乍授乎申公；嬌女扶扶，儀未嫺乎戊姆。蛩駏失終身之倚，鴟鴞有意外之虞。則又有葉君開遠者，乃太孺人之族弟也，誼切有連，心傷無佽。因與陸君同撫諸孤，不遺餘力。德公之室，莫辨主賓；荀叔之言，無慙生死。嗚呼！長者之事，古人之風，不可及矣。太孺人常以先人締造之艱，耆舊扶持之厚，懸爲庭誥，鑿作楹書。俾後嗣知稼穡之難，庶先業有苞桑之固，尤其慮之遠、識之高也。太孺人生子二，長杰、次源。予及門士澤乃杰之次子也，因得過高陽之里，式女宗之閭，承以行狀，屬爲之傳。夫孝乎惟孝，莫大乎尊親；仁者安仁，必先乎敦本，因書此貽之。若夫剉薦留賓，簪花學字，斯皆瑣事，無事臚陳。至陸、葉二君，財輕簞籜〔一〕，義重衡嵩，求之末流，良非易覯，所謂例得附書者也。

## 表兄戴琴莊先生傳

先生姓戴氏，名福謙，字貽仲，琴莊其號也。世居湖州德清縣，遷居郡城。高士本住差山，浮家久依霅水。祖晴巖公肩吾，七十以外，能辨細書。父銅士公薛瑩，四五之間，自成高品。綵繩圍宅，青箱傳家。先生次何氏大山，作姜家仲海。其身鰭立，其才鳳鳴。虞龢讀書，被池盡溼；魏收好學，牀板爲穿。製月儀之辭，彥升幼慧；作日出之賦，維翰才高。以弱冠舉茂才。斯時也，高密侯教成諸子，都已知名；武夷君笑對群孫，便堪忘老。芸香三代，花萼一編，何其盛也！無何，先生之兄駿伯芬、弟羹叔蒓，鐵網未收，金棺遽掩。先生楊椿愛弟，食必同盤；劉璡敬兄，應常束帶。一旦阿干絕唱，卯君罷呼，固已貯苦停辛，乾肝焦肺。然而平子多

〔一〕簞籜，原訛作「籜粟」，據蔡啓盛《校勘記》改。

愁，益工著述；復愚行役，不廢文章。以爲九據三摹，元理乃出；千辟萬灌，劍氣自精。故其爲文，浴素陶玄，雕今潤古。有顔延年之明密，無揚子雲之艱深；有許舍人之中和，無枚少儒之骫骳。其時先生館臨平孫氏，樾亦祛衣受業焉。每見其動墨則錦横，彈毫而珠落〔一〕。崔浩思苦，至與鬼争；道衡功專，惡聞人語。袁嘏之作，大材迮而猶飛；張紘之文，小巫見而盡走。固知不能祕珠光於魚腹，損蘭木於麋醢也。

丁酉歲，先生舉於鄉，駕一封軺，從兩計吏。此行也，人以爲寫洞簫之賦，漢殿争傳；奏寶劍之篇，唐宮動色矣。而乃翼殷不逝，風引仍回，登金闥以無由，著銀袍而將爛。欲歸則他日之辨褏非易，欲留而此時之索米良難。不得已，以獻賦之相如，爲授經之郭瑀；以停都之元度，爲入幕之郗超。蓋留京師者三載，客鄗縣者一年。萬柳堂前，聚青雲之仙客；千秋亭畔，拜赤伏之遺祠。宜乎駷馬游豪，吹鞭聲壯。然而蕭條賓館，茶殘酒冷之場；飄泊窮鄉，墨瘁紙勞之感。出則長靿韡㪲，入而缺髀衣單。青氊已分長寒，墨席并難暫暖。往往浮雲善幻，散雪難團。寄客土於浮根，棲輕塵於弱草。眼中有鐵，孔文舉方薦禰衡；刺上生毛，何長瑜仍還靈

〔一〕珠，原訛作「殊」，據蔡啓盛《校勘記》改。

運。人情反覆，生意婆娑。歲在庚子，再試春官。吐珠於澤而争含，蒙金以沙而愈耀。已幾乎列樊川於異等，冠盧肇於蓬山。而五角六張，良時易失；三塗八難，魔劫難除。先是戊戌會試取教習，至是復薦而不售。看人衮衮，畀予區區。兩度龍門，一場鹿夢。嗟乎！郭舍人之矢，激而仍還；劉寄奴之盧，呼之不轉。元稹篋内，竟藏不第之祥；李廓榜前，難制無言之淚。憤泉暗湧，悲火潛燒，先生之病，自此緜惙矣。奴無吉利，孰與分香？友有真長，聊同稱藥。魂游東岱，目斷南天，於道光二十年某月日卒於京師，年三十有三。嗚呼，哀哉！

先生秉醇粹之性，具儻蕩之才，天骨不群，神峰高映。韓嬰心細，處事分明；管輅論高，總干山立。一時推襟王儉、捧手康成者，靡不重劉輿爲長才，呼鮑胥爲健士。共祖士少語，夜必失眠；得沈休文來，朝能早起。而何意鼎方見泗，繫已絕於重泉；劍未破山，鋒先摧於庭石。名不酬其學，遇不副其才。彼夫款啓之士，踧踖之徒，白及多訛，赤泉莫辨。或且身據要路，壽享大齊焉。抑何天道之難知，而人生之多舛乎！且夫景惠陰德，罕樂陽施，皆以長世遐紀，炳然史策。而如戴氏者，世守伏生之不鬭，山名劉氏之後隆。仇氾耄而猶恭，周燮髻而知讓。入其室，勃谿盡絶；登其堂，臧甬皆歡。宜乎純仁游佛地而常寬，刁肅生福門而不死矣。乃駿伯最先溢逝，僅留曙後之孤星；羹叔相繼淪亡，并失海中之仙果。惟先生已有中郎之後，可興趙氏之宗，庶幾炊種猶留，書香未斷。然而纔離雍樹，便拜歛旌。縱存晏子之遺書，孰理荀君之後事？至使山公已老，剔鬬難休；甘石著書，米鹽淩雜，傷矣！

明年，先生之喪至自京師，休夫費重，孤子迎難。幸藉慈航，得歸先兆。颷南風而不必，招左轂以無從。一别千秋，往歌來哭。嗚呼哀哉！論者謂先生既上書報罷，獻策未收，何妨歸乘轂觫之車，舞著斑斕之服。禹珪下第，詩酒寄情；許孜孝廉，褐巾終老。顧乃六鑿相擾，三縛不除，竟夭天年，得無非達？不知韜鱗掩藻者，退士之思也；遘辰逕時者，文人之志也。士既不能伏處葭牆之下，高臥蒿廬之中，則王章泣於牛衣，范螽吠於狗竇，亦人情耳。性命之故，夭閼紛綸；修短之期，彘没欺魄。雖王壽焚書而舞，賈生養空而浮，亦未聞玉鑰能堅，鐵牙永固，豈得謂先生爝螽自燒、鐸鳴致毁也哉！樾之祖母，乃先生之祖姑也，故當垂髫之歲，即已執贄而從。丁酉省試，樾亦幸中副車。先生喜小子之有造，指遠道以爲期。歧路屏營，抗手而别，猶謂人非鹿豕，原無長聚之緣；何圖歲未龍蛇，遽痛哲人之萎。編篋中之集，有待他年；受膝下之經，還如昨日。九泉不作，問叔譽其誰歸？五事猶存，非郭沖而莫記。人謂高才不偶，當登方干身後之科；我知修德必昌，佇立永叔岡頭之表。

## 倪烈婦傳

烈婦王氏，杭之仁和人也。花開夢裏，本是水仙；生到小家，恥名碧玉。及笄適邑人倪德昌，琴瑟之調未久，藁砧之病先侵。安否何如，猶作低聲之問；傷哉貧也，何來高手之醫？三月眉齊，一朝鏡破。車停隔巷，尚是新人；賦寫空閨，已稱寡婦。當是時也，婦豈不能效摩笄之烈，爲絶絃之聲？劍雌雄而俱沈，石陰陽而並碎。徒以家無築里，堂有姑妐。敢拋白髮尊章，去殉黄泉夫壻？然而荒年穀貴，巧婦炊難。採苣藤而無花，種蕪菁而不實。儉同坡老，挂屋無錢；貧等魯公，舉家食粥。寒衾不絮，冷突將塵。彼不諒者，未免因苦節之難貞，疑甘言之可動。春已深而雉媒集，夜方静而鴆鳥飛。竟以雪裏幽蘭，視作風中弱絮。而謀皆成於唾耳，事難得於察眉，婦固不之覺也。直至厥明期訂，薄暮翁歸，待一宿之酒成，便六萌之車到，而後以謀告婦。婦慨然曰：「舅姑之命，吾何言哉！」於是微而五忽之絲，𠈌而七升之布，悉皆攜出燈前，歸之堂上。舅姑感其意厚，亦復心非木石，涕下萑蘭。而初不料載色載笑，已存必死之心；一鉢一鍼，便是無言之訣也。三更漏盡，一盌燈殘；報人定而遠寺鐘鳴，問夜作而鄰家火熄。婦乃撤恩恩之環瑱，縫密密之衣裳；制兩淚而無言，啓雙扉而竟出。一橋横亘，萬户齊扃；黑月不光，青天無色。寂寂啼烏之夜，森森擷鷂之風；鬼車繞樹而飛鳴，訛火因風而明滅〔一〕。膽征伀其欲碎，心摇落以難持。然而一死是期，百端俱絶，竟褰裳以往，遂懷石以投，於道光八年某月日赴太平橋水死。嗚呼，烈哉！

夫使婦而出尹姑之門，適金張之族，受公宫四教，讀《女誡》七篇，節雖高，事猶易耳。乃以閭閻刺草之家，窮巷棬樞之女，所習惟黹繡之事，所聞惟丘里之言。兼之住近愁臺，生疑苦縣。二十四番之信初傳，便驚春去；七十二毒之嘗已徧，絶少甘回。能無夜夜金釭，含愁獨對；年年石闕，墮淚難乾？而乃水與同清，死拚不朽。自譜沈湘之操，高歌河女之章。珊瑚生海底而愈堅，金石流波中而自定。然後知連城之璧，不必産管涔之山也；夜光之珠，不必出孟津之水也。今日者，絲綸恩重，綽楔風高〔二〕。登太史之書，懷清臺古；入將軍之畫，正節圖新。然而婦之烈人能道之，婦之孝世未知之。當里人爲婦請旌也，其大旨謂舅姑不憐嫠緯，惟識錢刀；脅以曲從，加之恫喝，以致烈婦盟心白水，畢命清流。而忽焉樹策策以俱鳴，燈昏昏以欲滅，若

〔一〕明，原訛作「鳴」，據蔡啓盛《校勘記》改。
〔二〕楔，原訛作「褉」，據蔡啓盛《校勘記》改。

或瞰乎室外，如將嘯乎梁間。始悟婦不欲成一己之名，而彰二人之失也，因改逼嫁爲勸嫁。嗚呼！惡聲無出，純臣去國之心；令名是貽，孝子事親之義，可謂賢矣。余敍其大略，傳以小文，庶後之人仰松柏之節高，憫卷施之心苦，毋忘太平橋畔有此貞魂也。

# 碑

## 德清重建留嬰堂碑

夫幼而無父，王者所矜；民吾同胞，仁人之志。雖康成注《禮》，偶遺養幼之文；而管子治齊，已著掌孤之令。梁普通之世，孤獨開園；宋淳祐之年，慈幼置局。所以示少者懷之之意，推父兮生我之恩，使不獨子其子而親其親，乃無不樂其樂而利其利。我國家重仁襲義，執沖含和，廣保赤之仁，茂珍黄之德。蠉飛蠕動，共拜生成；里抃塗歡，不遺幼稚。固已澤流萌蘖，恩逮蚳蝝。吾邑於雍正甲寅始建留嬰堂，時知縣事者錢公學洙實爲之倡。大輅權輿，檀弓物始。錢少青蚨之積，米無赤鹿之儲。飯哺郄公，得全已寡；湩流李善，所活無多。邑諸生丁君覺源、戴君師節等，憫此嫛倪，籌其久遠，而又得仁和諸生勞君本榮，分陶白之饒，捨麻青之積，始因舊構，重拓新規。經始於道光戊寅季夏，閱五月而堂落成。

至己酉歲，繆公宗元來治吾邑，復因經費之未充，深慮規模之或替，重加董勸，以惠萌生。蓋賢令尹行不忍人之心，士大夫盡汎愛衆之道。其於斯堂也，雖制度未宏，而經營已瘁矣。今夫尸鳩在棘，君子法其均平；童馬不馳，聖人寓其慈愛。嗟彼赤子，孰非蒼生？或遇災年，或遭家難。男錢女布，都無稱貸之門；假母支婆，孰任託孤之責？風尖日瘦，枕冷牀單，貌婠妠而可憐，語謰謱而莫辨。斯已孤桐易死，苦竹難長，又況中路嬰兒，呱呱而泣；入井孺子，貿貿然來。苟有人心，其能膜視乎！若夫寘后稷於寒冰之上，棄於菟於雲夢之中，此聖哲之奇蹤，非尋常所習見。然而留枚皋於吴下，竟擅文章；收陸羽於竟陵，遂開詩派。葑菲可採，芝草無根。此一舉也，固由惻隱之良，或亦樂育之助焉。嗟乎！才不才各言其子，誰非父憐母惜之身；幼吾幼以及於人，各予飽食暖衣之樂。從此齠年丱日，永絶啼號；竹馬鳩車，同安嬉戲。上以盡鞠人之責，下以全桐子之生，其於聖天子子惠黎元之治，或亦有裨與？予久違故里，喜善政之有成；欲勸貞珉，懼空言之無補。敬述良有司字民之實政、諸君子勸善之公心，以著於碑，以垂於後。與饁與乳，務爲九重廣晏晏之仁；引養引恬，行見四境享熙熙之福。

# 賓萌外集卷二

## 書

### 與周雲笈書

自捉手而别，遂摘船而行，白雲在天，故人兩地。然足下姜肱被暖，束晳笙清。銅盤傳餐，静共兒讀；玉盞墮地，豪與客談，亦足寄閒情、消暇晷。安在中郎門外，惟王粲來游；謝傅坐中，無車公不樂乎？至如僕者，蠹惟食字，鴬尚依人。執一卷之經，便當手版；守三災之石，欲擬良田。柳夢常占，萍身不定。老父扶杖，當念季方；慈母作襦，應思康伯。言念及此，能無黯然！夫吾人讀書一袟，閉户十霜，既不能待詔北門，司文東觀，便當臥少稷之窮巷，潛中屠之幽居；攜芝箑而住山，帶笭箵而居水。五兩之屐，訪鶴尋猿；十雙之田，掘雲採月。守我枌榆之地，全其樗櫟之天。顧乃飲啄共乎群雞，肥瘦争乎三蝨；刮龜毛而無得，避狗尾而不涼，足下謂吾樂乎？小雨初歇，秋風可悲，不有周郎，誰爲鮑子？聊借十行之寄，以當一夕之談。役車其休，定從君於白社；端居多暇，幸報我以青泥。

## 與友人謝不飲酒書

昨承折柬之招，遂通連墻之謁。康駢之劇談未竟，劉伶之轟飲先聞。斯時也，堂下騰羞，座中喝盞；鹿腸高挂，鵲尾回旋。飲一經程，行三匹製。幾乎狂招明月，豪勸長庚；渴羌驚呼，酒胡笑指。而僕甘爲病葉，不作狂花。杯勺不勝，并謝穆生之醴；觥籌交錯，惟求韋曜之茶。雖狂類蓋寬饒，不妨獨醒；而坐有顧元歎，未免無歡。此所以投轄方留，而衩衣竟出也。不圖翼日忽奉朵雲，呼作頑仙，目爲逋客。噫！過矣，裸國不冠裳，迫大禹解衣而入；文王嗜昌歜，使仲尼蹙額而嘗。昔包孝肅賞花，不强安石；張安昌置酒，不召彭宣。況僕非祖珽之貪，不竊金叵羅而去；君豈胡証之勇，乃横鐵燈檠而來乎？竊謂酒也者，古人以祈綽綰，後人以遣牢愁。不過謂麋壽既高，非酒無以介；蟲冤所積，非酒不能消耳。邴根矩以廢業爲憂，遂斷麴蘖；楊惠元以立功爲志，不發尊罍。以至士行限嚴，公榮量小，其人何嘗不流聲竹帛、絶倒名流？

僕雖有虎頭之癡，而無犀首之好，遂踈儀狄，何有杜康？固知爲達者所嗤，頗亦借古人自鏡。豐侯沈湎，莫逃負缶之誅；小白英雄，不免遺冠之恥。灌將軍之意氣，席上被收；畢吏部之風流，甕邊見捉。是以聖人戒之三風，佛氏數其十過。黄公醉而竟傷於虎，劉翁醒而已失其龍。古之人獄號觥籌，病名鉼盞，良有由也。況乃徐家之肺，大是可虞；艾子之臟，何堪屢吐？鄭玄大儒也，爵行而絶；丁沖智士也，腸爛難醫。故雖鄭泉願葬陶家，蕭綱甘埋酒庫，而公等達者，連犴無傷；走也鄙人，將牢太甚。彭祖觀井，蔡公過航，其敢聽平原君之勸子高，而忘干令升之戒郭璞哉？且夫世之提壺挈榼、餔糟歠醨者，不過託青蓮之高論，惟飲留名；慕黄初之名流，以醉見識。而不知借來面似，未是荀君；效得顰工，曾非西子。世無王績，難尋醉裏之鄉；人是孟康，始識酒中之趣。不然，而謂酣眠市上，便是中郎；痛飲樓頭，即成供奉。僕恐麴世界不能容，酒檮杌不勝載。釀王下逐客之令，醉侯來絶交之書，未必容君等累月以居、扛壺而入也。是故諸君餩餩，空爲嚼復嚼之辭；賤子陶陶，别有味無味之樂。何則？《書》有三味，《易》重一斤，自來筌典珠墳，無異瓊蘇玉液。僕棄其糟粕，咀其英華。杯名董子之書，卮借莊生之論。將見種陶令之五十畝，未抵目耕；賦元相之十二詩，何如心醉？而且友交公瑾，便是醇醪；政似建康，豈非清酒？正不必拜酒泉太守，始可快其拍浮；署麴部尚書，而後形其酣適也。勸柱從君，拒杯容我；公真大醉，僕本浪人。此日出奇，反白公招飲之作；他年感舊，和黄丞逃席之詩。

## 答汪蓮府昆季書一

朶雲天末，忽傳執訊書來；落月梁閒，剛好懷人夢醒。知足下棲遲家衖，流覽鄉山，釣李白臺邊，游任公村裏，樂可知已。方春日之載陽，正歸帆之小駐。僕方冀高軒之過，共聯曲室之談，乃書傳黄耳而終虛，信寄紅鱗而不達。遂使成都市上，莫訪君平；洛陽城中，難尋季子。茫茫此別，負負空呼。回憶潭水桃花，相依五載；毘陵煙樹，許借一枝。交穆氏之醍醐，識謝家之寶樹。伯雅季雅，秋風陶令籬邊；長歌短歌，春夜杜陵席上。鵝兒酒緑，魚子箋紅。諸君則觴詠方遒，下走亦激昂其末。又或千里嵇康之駕，訪我南村；三年范式之期，作君東道。文杏住王維之館，青楊尋蕭眘之家，三接琴樽，七擒風月，何其盛也！

無何摶沙之聚散不常，赴壑之光陰易逝。君還故里，僕賦近游，夢中之路都迷，懷裏之書欲滅。是則依依楊柳，每憶王恭；落落孤松，輒思叔夜者矣。且夫望故人而不見者，三秋之思也；嗟來日之大難者，中年之感也。故園松菊，已就荒蕪；人海萍蓬，自憐飄泊。因硯田之租少，難爲巧婦之炊；致堂上之齒高，未息勞人之駕。辱承垂問，彌覺汗顔。竊思冷淡生涯，我輩原無别策；而艱難時世，此生偏不逢辰〔一〕。山頭之石鼓一鳴，喧傳兵起；門内之鐵籠四出，幾至城空。走也不才，生於其際，將遂投班生之筆，棄介子之觚，披褐談兵，負楯習勇。則長鎗大戟，本無措大功名；而朝虀暮鹽，亦豈封侯骨相？若乃挾生毛之刺，打行脚之包；躡屩游秦，擔簦入趙，則無論堂上之桑榆欲暮，鄉關之烽火方新。而且素高眼眇，未肯負書獻沈約車前；雅愛腰肢，不能持帚掃曹參門下。異日者開雲而處，買李渤之山；依巖而成，搆鄭脩之屋。良朋數輩，洗竹澆花；童子一人，焚香掃地。羅浮山上，聽仙客彈琴；少室峰頭，共高僧面壁，生平之願畢於斯矣。塵夢勞人，愧無善狀；故人知我，遂發狂言。來歲持彈入夢，當訪我於西子湖邊；此日削杮陳詞，先報君於浮丘峰下。

## 答汪蓮府昆季書二

青衣鼓瑟之辰，黄海觀雲之地。諸君子擁商陸之火，張博塞之筵，柏葉酒香，梅花帳暖，樂何如哉！僕自别後，金梯有路，玉札無名；秋駕三年，春婆一夢。㲘毹病翮，不隨黄鵠以飛；

〔一〕偏，原訛作「徧」，據蔡啓盛《校勘記》改。

懵懂頑仙，仍跨赤牛而走。猶憶緑楊堤畔，青豆房中，雨訪蘇端，月尋裴迪；清談既洽，情話益歡。飯顆山頭，深憐杜甫；桃華潭上，許伴汪倫。徑因求仲而開，醴爲穆生而設。果使秋風此夕，聽鮑龍跪石以吟；春水明年，看墨翟吹笙而至。豈非緣從人定，願竟天從也哉？無如毀舟爲杕者，故人之情；買釵得楛者，鄙人之命。盼素書而不到，信斷飛奴；坐墨席而難温，身同蘭子。遂乃擊汰過嚴陵之瀨〔一〕，呼舟乘胥母之潮。雪影入船，每當月看；灘聲到枕，常作風聽。拽篋眠遲，束囊起早，雖疲遠涉，頗愜幽尋。而落日荒荒，方補脣之故宅；寒風策策，謝晞髮之高臺，又何能無老大之悲、天涯之感也？

今者勞人草草，彈鋏隨人；君子陽陽，執簧招我。方知諸君子因孟玉而懸榻，爲子義而立竿。置薪井上，以待夷吾；接草道傍，將迎伯玉。僕豈忘宜生之切肺，而爲伯牙之逃聲哉？饑雀逢倉，渴烏遇水，良亦不能自主耳。浮雲南北，流水東西，團雪散雪之歌，今雨舊雨之感，所望香火之緣未昧，煙波之夢仍通，他日曹阮谿中，一篷撐月；浮丘峰頂，雙屐踏煙，再與諸君子訪翡翠之巖、探芙蓉之嶺，甚未晚也。仙難縮地，佛不唐捐。此日相思，聊劈茇皮而寫；異時

〔一〕 汰，蔡啓盛《校勘記》改作「汏」。

話舊，再揮松柄而談。

## 答汪蓮府書

獲讀手書，恍如面晤。知足下將爲王壽之焚書，不作卞和之抱璞。繁華富貴，怕逢春夢之婆；冰雪文章，恥就冬烘之試。而僕猶以腐鼠相嚇，不知焦鵬已翔[一]，哂其笑矣。因君紙上之雲煙，觸我胸中之芒角，請爲知已更進狂言。大千世界之中，數十暑寒之内，忽憑黄土，摶此一身；縱到白頭，曾無百歲。佛氏譬之泡影，聖人視若浮雲。生老病死之來催，喜怒哀樂之相感。牛溲馬渤，世味如之；雞廱豕零，吾生寄耳。僕家在烏巾山下，餘不溪邊。有先世之敝廬，乃童時之舊地。阡陌則羅羅交錯，衡宇亦簇簇相連。後即祖塋，松楸可望；前爲溪水，菱芡頗饒。每當新穀既登，老農多暇，禾主人有時見召，村夫子亦與俱來。蘆簾土銼之間，絮帽蒲鞋而坐。茅柴之酒既壓，脱粟之飯亦蒸，始進魚蝦，繼陳雞黍。蘇家蘿蔔，配之以鹽；鄭公壺盧，呼之爲鴨。行無算爵之禮，占不速客之爻。學康節之詩，打乖亦可；仿温公之會，真率

[一] 鵬，原訛作「鵬」，據蔡啓盛《校勘記》改。

自佳。當此時也，自謂住白帝之屯、入王官之谷矣。

又邑之南有金鵝山者，先君子之墓地也。三里而遠，一水可通，厥田頗良，其民多樸。倘得種稻五十畝，誅茅八九椽，開陶公南北之窗，以受日月；鑿張子東西之牖，使容圖書，良所願耳。人事牽挽，夙諾蹉跎。徒虛買山之心，將改觀河之面。兼以先子生平之遺意，慈親屬望之苦心。來歲之春，又將驅北上之車，踏東華之土。既無温卷，可投光範門前；未必寒人，竟列長名榜上。即使問盲得路，出手成盧，亦安能作蓬萊之文章，竊芸香之清俸哉？嗟夫！士之處世，豈不自揆？如僕者既骨裏之無仙，又眼中之有鐵。州郡之職，殆非所堪；俎豆之事，庶從吾好。異日者或借廣文之一氈，以當雲林之十賫。比楳子真之爲市卒，自覺稍尊；如鄭康成之爲嗇夫，仍無廢學。山資粗足，江水有盟，不歸東岡之陂，甘受北山之檄。區區之志，先爲足下陳之。拉雜而書，遂盡數紙。言語無味，勿示他人。若夫食粟之軀，日堪五合；賣文之筆，月秃一枝。想君所知，不乙乙也。

## 答沈吉齋書

夫師曠彈琴而鶴下，匏巴鼓瑟而魚聽，物且有不謀而合者，况於人乎？然而人少清矑，世多聾俗，陳奇《論語》，竟燒游雅之庭；白傅文章，虛貯贊皇之篋。故知人間知己，亦由天上平章。伏念僕與足下既乏撫塵之素，又無爲鉢之人。李東山初不識韓，孔北海何嘗知備？乃蒙足下共其茀餉〔一〕，惠我瓊瑶。蕭世謙以落葉言情〔二〕，盧照隣以病棃寓意。雖迷高惠夢中之路，已得張堪知己之言。夫古人或七年而並坐，或三世而傾衿，從無有睢渙未交而淄澠先合者。將毋空王坐上，曾同香火因緣；太上宫中，等是神仙官府乎？且夫鬱棲陵舄，質異者性同；橄欖木威，柯分者條合。願停先生之左右，略陳賤子之生平。

僕舊住烏巾山下，新居石鼓河邊。距鄮元作州書之歲，尚待一稘；較陸機爲《文賦》之年，已逾再稔。補砌臺之使，深得父憐；執熨斗而隨，偏蒙母愛。次伯山於杜氏，作仲海於姜家。陶潛貧婦，頗可佐耕；阿鼎嬌兒，纔知索栗。年十六游泮水，年十七副賢書。簪非簪而釵非釵，功名可笑；布似布而帛似帛，假借遂多。自是之後，盲兒索乳而無從，枯樹經秋而善病，璞几再獻，蠟尚一經。比年來頗復有心著述，妄冀斯文。或得異書，燃脂以寫；偶聞奇解，懷餅

〔一〕餉，原訛作「鮑」，據蔡啓盛《校勘記》改。
〔二〕世，原訛作「思」，據蔡啓盛《校勘記》改。

以鈔。董謁家貧，惟資掌録；王筠心苦，多在瞥觀。亦思假熒燭之明，竭簣撮之力，編劖文字，頡頏古人。然而十駕空勤，一錢不值。雖縫掖之服，二千石不如；而筆墨之資，九萬錢何有？執猱搏虎，長此安窮；販鼠賣蛙，依人作計，區區之志何日償哉？敬折疏麻，以酬芳訊。臨書悒悒，不盡所懷。

## 答馬讌香書

萍身去後，芳字飛來；驢磨仍回，鵲函尚在。既辱歸雲之翰，兼投供佛之詩。讀之而雲分水隔之愁、墨瘁紙勞之感，幾乎通天臺上，從武帝求歸；寰瀛圖中，倩仙翁翦葉矣。僕方罹五五之戚，未敢爲一一之吹，久謝寒竽，難酬清瑟。然而桓伊之曲，謝太傅聞而傷心；顏遠之詩，殷領軍誦之流涕。香山云：「他人尚不堪聞，況僕哉！」夫以足下潤古雕今，陶玄浴素，殘膏共飫，藻匠交推，宜乎天上筆星，長依霄漢；人間墨水，直到蓬瀛。而乃人自英多，迹惟蓬轉。千山萬山之路，何處望雲？十囊五囊之錢，不堪買月。魚勞難息，鳥倦未還；墨席暫温，萊衣久冷，能無感乎？雖然，赤水求珠，君豈艱於一第？碧盧似玉，我亦共此浮生。伏念僕貧等相如，祇少《上林》之賦；高非陶令，并無下潠之田。雖亦浪迹名場，叨陪鄉賦，而龍門浪小，未許扶揺；燕市塵多，不堪捉搦。既乘下澤車而出，遂坐上水船而游。爰因舊雨之招，來作新安之客，一年旅泛，千里鄉愁。每當參横月落之天，鼓疊更殘之候，蒙頭睡熟，著翅飛還。白板扉中，爲老母扶杖；紅鸞窗底，聽嬌兒讀書。荒雞一聲，睡蛇便去；短檠有燄，茵席無温。未嘗不魂怳怳以若迷，淚涔涔以欲下也。今夫山鄉牛户，澤國魚蠻，女爨男舂，常同燈火；芹蘆蒲鮓，亦具旨甘。吾人略識姓名，粗通章句，雖身未離乎積舍，而名已隸於容臺。顧乃泛只隨萍，夢常占柳，擲客中之歲月，忘堂上之晨昏。不如刺草之民，尚有採蘭之樂。此足下來書所以藹音如訴，緜歎良深也。況如僕者，存亡既兩無所效，覆載將何以自容？每一念之，黔婁之汗常流，子産之心猶痛矣。所願魚鴨之租粗給，鶴猿之料稍充。築屋數椽，買田幾稜，兄鋤弟耨，婢織奴耕。三竿兩竿，庾子山之竹；十枝五枝，李山甫之花。奉慈母之春秋，守先人之丘壟。區區之願，畢於斯矣。低頭而坐，愁鄧禹之笑人；伸眉而談，恃惠施之知我。伏惟垂察，不盡狂言。

## 與孫蓮叔書

黄海别君，青山送我；一枕眠月，孤帆飽風。朝停楊樹灣頭，暮泊木樨灘下。方補脣之原上，仍有白雲；謝晞髮之臺邊，已無朱鳥。煙波趣遠，雲水程長，月之八日，始抵里門。遥計足下束晳笙清，徐陵筆豔。紅霞一室，登觀旭之樓；緑醑三升，啓暖寒之會，樂何如乎？僕聞淄澠之水，源異而流同；蔡蒙之山，始分而終合。況弟兄四海，無非黄土摶成〔一〕；而朋友一倫，或亦赤繩繫定。足下以慘緑之年華，飛黄之意氣，王昌十五，别有情懷；阮何一雙，自矜風貌。人是魏收蛺蜨，賦成袁淑鴛鴦。而僕局促轅駒，氋氃舞鶴，負書千里，閉户十年。雖席帽生涯，秀才之衣已緑；而虀鹽況味，瞿曇之面仍黄。乃蒙啖以牛心，訂爲龍尾。桃枝仙母，拜許堂前；蘭茁佳兒，見曾座上。兩宵客枕，金迷紙醉之中；一夕華筵，寵柳嬌花之樂。猶憶金花燭燦，玉李星低；脯進虬紅，褥排熊緑。住段相鍊珍之館，不羨肥甘；入宋家不曉之天，都忘昏旦。凡客裏難逢之勝，皆主人無盡之情。所惜迢迢歸路，催還如葉之裝；策策朔風，送入看花之夢。而足下贈以遠志，盻我先鞭，膚金充季子之囊，子墨佐相如之賦。萬重高誼，浮丘峰頂之雲；千丈情波，曹阮谿邊之水。今者問長安之日，遠道未婣；望京雒之塵，征衣已製。敬從江上，遠寄雙魚；聊當樽前，同飛六鶴。此時一别，暫爲風馬之睽違；他日重逢，再作雲龍之角逐。

〔一〕 摶，原訛作「搏」，據蔡啓盛《校勘記》改。

## 謝孫蓮叔爲刻駢散二體文書

夫班固之史，貯於葫蘆；白傳之文，藏於柏櫃，成之非易，傳之良難。不有桓譚，則《太玄》覆醬矣；倘逢游雅，則《論語》代薪矣。即或聲叟篋中，彙成小集；山人瓢内，流出遺詩，然必待其白首蓬飛，青山木拱，則流水之賞音太晚，夕陽之光景無多。縱存姓氏於名山，已掩文章於荒土。況乎造物有時而見忌，文人從古而相輕。義山身上之衣，撏撦欲破；長吉囊中之錦，厠溷長埋，可勝慨哉！且其人類皆負潤古雕今之學，擅前楊昔馬之才，猶或且付之飄風，去如逝水。矧如僕者，學非麟角，癡甚虎頭。六歲受經，課自折荾之慈母；十齡就傅，偕乎騎竹之群兒。未游通德之門，豈識達人之論？徒以少耽圖籍，長愛交游，磨祖硯而幾穿，讀父書而欲破。因而縱談天下，尚論古人。洛陽少年，呼之爲友；儋州禿鬢，奉之爲師，此古體諸文所爲作也。鳩車之歲，忝竊科名；馬磨之身，難辭奔走。先世乘車之友，頗未寒盟；向來投贄之門，亦容温卷，不得不因緣翰墨，雕鏤詞章。貧女思鬬巧於蛾眉，傖父轉强調其鴂舌，此近體諸文所爲作也。然而歐九未嘗學問，陽五豈足流傳？雖愛我者未許逃聲，而知我者當爲藏拙。方思焚硯，何敢災棃？乃蒙足下憫其仰屋之勤，刊作斷金之集；好事儒者竟許成書，玄晏先生并爲製序。噫嘻！童子聚沙之戲，老僧饒舌之談，不堪祕之枕中，矧乃懸之市上，將鉏其醜乎？抑詅其癡乎？圖海神之貌，未必堪觀；書混沌之眉，得無太過？雖然，文章千古，元是無憑；知己一人，亦堪自恃。君以爲可，僕又奚疑？且使異日者飄蕭垂白之年，零落殺青之業，始加戢舂，再付麻沙。縱有微名，不堪把玩。而況阿婆塗抹，後生之描畫尤多；老子婆娑，衆𡢃之憎嫌更甚乎？僕私計之，與其畫暮年之蛇足，不如附壯歲之驥旄也；與其留身後之豹皮，不如作生前之雞肋也。雖知非分，不敢固辭。登大雅之堂，豈云無愧？附先人之集，或與俱傳。總賴玉成，豈忘絲繡？誰之賜也？享敝帚以千金；何以報之？博胡盧之一笑。

## 報孫蓮叔書

中年多故，來日大難。生憎白眼之人，苦憶黄泉之弟，何言之悲也！君自分金，人猶下石，暮四朝三之術，翻雲覆雨之情，何言之激也！夫憤能忘食，憂可傷人，請獻愚公之一言，以當枚叟之《七發》。足下家傳陶、白之書，世擅程、羅之富。雖春光爛漫，已過牡丹；而素魄盈虧，何傷明月？門前之客，少亦兩三；席上之錢，儉猶十萬。酌金鑿落，吹玉參差。有名士之風流，無詩人之寒瘦。可樂一也。堂前仙母，長奉桃枝；膝下嬌兒，盡如迦葉。而且劉綱佳偶，共作神仙；高柔賢妻，雅宜愛翫。曲歌子夜，詩仿丁娘。除封臂之紗，從郎學字；把畫眉之筆，代婦抄詩。此一事之尋常，已三公之不易。可樂二也。竹馬鳩車之歲，便露聰明；肥肉大酒之場，别饒風味。年纔三十，詩已千秋。柳三變尤善詞章，顧八分兼工篆隸。人推慧業，天付儁才。仙家之酒逡巡，菩薩之輪如意。可樂三也。若夫世態炎涼，人情輕薄，或拒狼而進虎，或養虺而成蛇，則亦學賈子之養空，法莊生之齊物。樹上鉤輈之鳥，與之辨論則已煩；水中孑孓之蟲，聽其浮沈而自去，何足介懷抱、辱齒牙哉！僕未消平子之四愁，虛擬啓期之三樂，輒奉和原韻六篇，既以廣君，亦藉自遣焉。

# 啓

## 謝孫蓮叔贈扇啓

每遇清風明月，輒憶故人；敢云羽扇綸巾，即成名士。乃蒙憫其襏襫，贈以清涼。傳書不待飛奴，入坐居然涼友。因從今日，回憶去年，亦曾分吉甫之清，解敬奴之熱。然而書皆緑字，如含太乙之輝；畫亦黄花，不借盜庚之色，蓋以僕素冠猶御，墨絰未除也。蹉跎白日，忽五五之已周；奉揚仁風，又雙雙而俱至。勻紅暈緑，活色生香，物固珍矣，意亦摯焉。僕愧熱惱之未祛，幸冷環之在握。魯諸生倘來問字，便與傳觀；夏二子縱使逼人，豈容輕撲？來札云驅蚊則可，見客則不可。報以尺素，感在寸衷。

## 謝孫蓮叔惠《淵鑑類函》啓

臣向所校，初無彙萃之書；《皇覽》告成，始有編排之體。紀事提要，選詞就班，於浩如煙海之中，爲學者津梁之助，意甚善也。然博者既病其繁，約者又難於覈。欲魚而又欲熊掌，未免傷廉；食肉而不食馬肝，究爲失味。惟我朝《淵鑑類函》一書，燦若鱗羅，朗如眉列；繼永樂之《大典》，而妙削其蕪；仿安期之《類函》，而更增其簡。洵足廣青衿之疑問，集《白帖》之大成矣。僕曉惟一孔，洗未三毛，讀五千卷而未能，呼百六公而何敢？銀繩奉到，玉躞開時，如入娜嬛，如游寶藏，俾多識於草木鳥獸，然後治其雕鏤文章。不須半部《漢書》，已令貧兒暴富；何異萬金良劑，頓令肉骨成仙。

## 賀周仁甫新婚啓

玉梅花下，三九之候初交；銀蒜簾前，百兩之迎俱至。聽佩聲而知吉，結鏡鈕以合歡。即論壺内常情，已極人閒豔福。況乃終、賈年華，機、雲詞藻；何晏神仙之度，翁歸文武之才。開十石弓，手中霹靂；揮五色筆，紙上雲煙。秀氣所鐘，盛名早擅。縱横才調，呼青兕而無慙；灑落丰神，配彩鸞而不媿。其比肩人，則我同年生鄭吟梅大令之女也。苕水名門，滎陽舊族；詩工詠絮，字學簪花；管夫人雅善填詞，楊妹子兼工讀畫。以茲穠豔，儷彼清才。足下赤繩，良緣久諦；眉閒黄色，喜氣新添。從此梁案雙齊，萊衣並著。趨庭而受祖硯，命婦留題；隔户而算姑棋，倩郎記譜。每當金駝酒煖，銅鴨香温，同挑蠅鼻之燈，對坐蛾眉之月。聞雞起早，射雉歸遲，夫壻英雄，閨門静好。赤鴛鴦之賦，共羨風華；碧鸛雀之姿，都無塵俗。轉覺猘兒鹵莽，不堪作壻喬家；犬子清狂，未足論婚卓氏矣。僕與聞盛事，忝附神交。借六六之魚，遠傳吉語；願雙雙之鳥，長聽和鳴。此時報我琳琅，好嬉子不妨倒用；來歲叨君湯餅，寧馨兒定是非凡。

# 徵恭紀子產從祀孟皮配享詩文啓

竊以子產爲衆人母，曾蒙遺愛之褒；孔子爲萬世師，不外人倫之至。乃東里未膺俎豆，徒勞隕涕於尼山；南容尚列門牆，竟失推恩於伯氏。倘謂子產身非受業，無從登闕里之堂；孟皮病不成人，不足爲鄹人之子，則同時蘧瑗亦未陪十哲之班，有子孔忠已不在三殤之例。祀蘧瑗而竟遺子產，沿訛石室之圖；列孔忠而不及孟皮，失考祖庭之記。我國家典章美備，祀事休明，其從祀者，下逮公都子之徒；其追崇者，上溯木金父而止。凡千古未修之曠典，皆我朝必舉之明禋。獨此兩端，敢陳末議。樾昔年珥筆，曾陪觀聽於橋門；此日乘軺，更重典司於學校。因封章而入奏，果廷議之僉同。增子產於林放之前，位孟皮於伯魚之上。從此領群賢於兩廡，昭孔門有朋自遠之風；聚七世於一堂，慰尼父事兄未能之憾。與聞盛事，宜有詠歌；屬在儒林，豈無紀述？而樾之意更有進者，先君子㵎花府君《印雪軒集》有《詠古》四章，其次章爲孟皮未與配享而作也。樾讀父書而未熟，持使節而滋慙，偶效愚忱，幸成先志。雖國家大事在於祀，未敢自私爲家乘之光；而人子有善歸於親，竊願推本於先臣之教。

# 賓萌外集卷三

## 序

### 蔡漢章外祖遺詩序

先君子初娶於蔡，蔡固吾邑鉅族，而外大父漢章先生亦名諸生也。五老之榜未登，一釁之聲獨儁。桑維翰之意氣，鐵硯留銘；李長吉之才華，玉樓赴召。文章散佚，門户凋零。籯雖有子而堪貽，硯已無孫之可授。檝癸丑假旋，始晤厚齋舅氏，其從子也。坐渭陽之館，每共清談；歌巴人之詞，謬推同調。乃得敬讀先生遺詩，凡若干首。筆墨之痕欲化，煙霞之氣猶清，存此古錦之一囊，是亦吉光之片羽。然而陶淵明之集，并無甲子可編；王遠知之書，幾爲六丁所攝。偶向死灰檢出，重將生紙鈔來。玄酒太羹，不是人間之味；高山流水，長存絃外之音。

嗚呼！先生之心亦可無憾矣。夫闤闠衣冠之句，奚所取於山林？微雲疎雨之詩，未足登於廊廟。詩無定體，人有攸宜。先生既抱樸以居，灌園而老。以故儲王雜興，都從田野之閒；甘石著書，或及米鹽之細，視世之弸中彪外者若有異焉。然而白香山之體，以近俗而彌工；邵康節之詩，雖打乖而亦可。果語言之入妙，少少許便足勝人；必雕琢以求工，塗塗附轉嫌乏味。讀先生詩者，正以其詞之近而見其旨之遠焉。厚齋舅氏寶此楹書，命爲弁語。嗟乎！魯靈光之殿，久圮於當年；魏正始之風，尚存於今日。媿非玄晏，未足傳左太沖之名；倘遇次山，請更定孟雲卿之集。

## 潘蘭垞前輩《稼書堂詩集》序

甲辰之夏，潘君少梅以其先曾祖蘭垞前輩《稼書堂詩集》見示，并屬以一言序之。嗟乎！三十六科之前輩，幾如古佛一尊；百數十首之遺詩，尚有奇光千丈。樾學慙半豹，識闇全牛；讀賦而雌霓未諧，論詩而妃豨莫辨，其何足以序先生之集哉？乃少梅范硯摩挲，唐瓢檢點，將壽之於棃棗，而採及乎芻蕘。且道其先德修梅先生，攜此篋中，如守庸成策府；求之海内，未逢玄晏先生。今集中諸序，皆其叔帶銘先生所求也。少梅感先志之未成，懼斯文之莫屬，敬承榼語，特乞卮言。而樾附葭莩之親，儼如子姓；檢蓬萊之籍〔一〕，亦忝戌科。望既重乎楷模，敬更深於桑梓。然則會昌之序，何待商隱而成；文憲之集，豈必彦昇乃定哉？

先生始官綸閣，繼入玉堂，以東觀詞臣，拜西臺御史。其立朝風節、報國文章，固爲中外所同推，而非見聞所能盡也。今特取其詩論之：楚騷漢賦，都見性情；韓筆杜詩，具徵根柢。蓋非獵齊梁之浮豔，貌韋孟之清幽者得而望其萬一矣。夫其薇省論思，花磚儤直。文淵祕閣，敬觀四庫琳琅；侍從清班，自繪九門風雪。皆見本集。舍人早朝之作，和偏群公；歐公内制之文，勒成一集。何嘗不鳳樓獨造，麟鼓高張，以絢爛之文章，作承平之雅頌乎？而乃將父情殷，乞身歸早。春秋佳日，有六橋三竺之游；富貴浮雲，無五相一漁之感。桑苧翁茶經手著，猗玗子釣具親齎。莢酒一樽，破例展重陽之會；蒲帆十幅，高吟過七里之瀧，又何其詩境之超而宜情之冷也！於是流連風景，濡染雲煙。赤玉胸中，都無宿物；黄荃筆底，自有化工。噴紙上而成春，種毫端而欲活。蕭協律之竹，肥瘦都宜；修夫子之梅，横斜盡古。今讀集中題畫諸詩，人徒賞其筆墨之風華，而不知其根塵之清净也。先生夙根不昧，慧性常明。釋迦抱送而始生，先

〔一〕籍，原訛作「藉」，據蔡啓盛《校勘記》改。

生母夫人夢至佛前，一緑衣童子隨出，遂生先生。菩薩現身而說法。蒲團拜佛，證香火之前因；蓮盻尋僧，結鉢鉼之静契。心太平而不動，身自在而常閒。不必尊釋家爲白學先生，奉如來爲黃面夫子。而朝衫脱後，心已出家；綺語删餘，詩堪呈佛矣。

噫嘻！夏二子但知附熱，春夢婆絶少回頭。每觀仕宦之途，大有浮沈之客。而先生十年奉父，一疏辭官，喜南陔之可循，卧東山而不起。自非觀空有得，入道甚深，其能無逢車馬而心疑，聞鳴騶而色喜哉？然則讀先生詩者，當於語言文字之外，得其性情學問之真。疎雨微雲，王右丞無其淡遠；秋容老圃，韓魏公有此精神。蓋從華嚴法盻而來，洵非慧業文人不辦也。樾幸附弦姻，辱承秦誘。樹欒爲大夫之墓，恨莫起乎九原；采薇有先輩之詩，幸得窺乎六義。雖牛腰一束，存者無多；而驥尾千秋，附之俱顯。此樾所以不辭而爲之序也。

## 先君子《印雪軒隨筆》序代汪蓮府作

夫芳草之香，十步而未歇；君子之澤，五世而猶存。少梅昆季，俱負儁才，克承世德。赤棒之家聲未遠，青箱之祖業如新。此一集也，其即王氏之佩刀、魏公之遺笏也乎？

夫自漢京鼎盛，九百傳小說之名；蒙縣書成，十九是寓言之體。於是《演義》成於蘇鶚，

《傳奇》創自裴鉶，寫南楚之新聞，紀大唐之奇事。行之寢廣，作者遂多。然而摹罔象之圖，仿《離騷》之意。瑶池翠水，搆成阿母之仙宫；劍葉刀山，畫出閻摩之地獄〔一〕。竟以烏有先生之筆，來著黄車使者之書。雖宋井得人，傳聞或誤；齊庭有鳥，隱語可思。而不知念自妄生，已入新羅國裏；夢當真説，幾疑古莽人來。讕語無徵，讆言奚取？其弊一也。又若書名北里，事紀南朝，十年薄倖之場，一卷小名之録。洞房屈戌，雅稱藏嬌；雜事祕辛，最工寫豔。筆端宛轉，描成大體之雙；酒後流連，賦有閒情之一。幾乎坐阿難於婬席，笑孔子爲儒童，而不知聖戒鄭聲，佛懲綺語。銷魂真箇，癡雲無不散之時；失腳此中，苦海有難投之岸。其弊二也。又甚者，山膏喜駡，河豚善嗔，借來每趁酒杯，打破儘教醋鉢。茫茫上界，問白榆樹如何；衮衮群公，盡碧雲騢而已。於是著成謗史，署以狂生，畫地指天，呵佛駡祖。言之有味，竟成豬嘴之關；吹即成癡，刮到龜毛之細。而不知嬉笑怒駡未是文章，敦厚温柔乃爲詩教。徒按匹夫之劍，不登大雅之堂。其弊三也。亦或事皆有實，言乃無文。淩雜米鹽，可共牧豬奴讀；掎摭糞壤，如和捉蝨媪談。而鑒其失者，又將文以艱深，飾其鞶帨。聱牙佶屈，昌黎公讀之而驚；札

〔一〕畫，原訛作「晝」，據蔡啓盛《校勘記》改。

闔洪休，歐陽子見之而笑。夫寫羊皮之聖旨，史家亦有猥談；給馬蹄於縣官，奏議且多古語。而不知雅言乃夫子之文，澀體亦古人之失。白太傅之詩近俗，樊宗師之記太奇。其弊四也。若此者，左氏既失之誣，宋音又溺於志。使酒之氣，未免粗疎；覆醬之文，徒供姍笑。雅宜貼以如意，不堪貯以葫蘆。

乃今讀《印雪軒隨筆》，而後知卮言曼衍，即是奇文；玉屑蕞殘，自成光燄。前之所陳，不足當其一吷也。先生讀書五車，行脚萬里。豪歌出塞，黄飛大漠之沙；險極懸車，青染太行之黛。往往停橈問水，駐馬看山，從名人魁士而游，得大澤深山之氣。所著《印雪軒詩文全集》外，有《隨筆》四卷。所見所聞，小史鈔而不給；可驚可愕，大材迮而猶飛。然意在勸懲，詞無粉飾。孝悌之語，如聽乎君平；詼諧之談，不參乎臣朔。微言指示，即佛家度世之車；妙義敷陳，亦儒者牖民之鐸。蓋先生於近世小説家，獨推紀曉嵐宗伯《閲微草堂五種》，以爲析義則窮其疑似〔一〕，胸必有珠；説理則抉乎微茫，頭能點石。今觀此製，何愧斯言？集千腋以成裘，嘗一臠而知旨。況乎趙璘《因話》、康駢《劇談》，不過寫我咫聞，供人談助。而先生舉胸中所獨

〔一〕 析，原訛作「晰」，據蔡啓盛《校勘記》改。

得，隨筆底以俱來，尚論古人，是正文字。經疾史恙，著手皆春；流水行雲，棲毫欲活。媚學者以爲王劭之讀書記，匡治者以爲朱朴之致理書，又豈徒《甲乙疑論》《癸辛雜識》而已哉？某等學屠龍之技，十載升堂；望下馬之陵，一抔覆釜。遺編偶展，舊夢重提，敬授梓人，以貽好事，因爲喤引，并付胥鈔。嗟乎！西抹東塗，憐我輩尚阿婆乞相；字欹墨淡，於此中遇吾師丈人。

## 沈吉齋《題榴庵詩集》序

癸卯夏，章子紫伯以沈吉齋茂才《題榴庵詩集》示余。余三復之，而有喟焉。夫其雷輥電砉之聲，海立雲垂之氣，狂飛虎僕，細嚼麋丸。少乘之骫骳皆工，曼倩之滑稽亦妙。所謂長卿之賦，來非人間；太冲之詩，意在世表。凡横目者自能識之，可弗論也。然而詩雖號聖，貧可稱王，窮鳥成吟，病棃作賦。入則三隅竈冷，獨明月是故人；出而四褋衣單，惟太阿爲知己。雖歌黄麞而赴闕，仍騎青牛而出關。熱眼看人，寒氈還我。嗟乎！看朱成碧者，俗目之盲也；非素好丹者，世情之薄也。淪玉沈珠，原無定價；楊花榆莢，自亦漫天。人閒塊壖之場，我輩漏卮之命。吹來簫好，便會成仙；磨得磚明，何嘗是佛？讀集中感遇諸作，能無懮悒乎？所望吾鼎自愛，臣精不消。水洗無煩，已得鷃冠之耳吉齋重聽；日光可照，更空龍叔之心。和氣成春，秀才利市；閒情遊藝，菩薩神通。將見刀磨蜀水而益光，劍匿豐城而亦耀。或他日達如高適，當更聽鳴盛之聲；即終身窮等虞卿，要自有著書之樂。

## 章紫伯《三悼亡詩》序

昔仲尼删詩，而存「蒙楚」焉。嗟枕衾之獨御，誓冬夏之同歸，説者謂悼亡之詩自此始矣。故知蚊幬感舊，鸞鏡傷今。此情雖天壤所難堪，此恨亦古人所時有。然而天邊神女，不乏青琴；世上情人，豈惟碧玉？紅粉消而碧雲在，明月盡而夜珠來。則銀環再御之年，或玉簫重來之日乎？若乃錦瑟難調，朱絃易斷。女牀山頂，乍聽鸞鳴；天姥峰頭，又驚鳳去。如吾友章子紫伯《三悼亡詩》，則讀之尤可慨也。夫其初娶夫人吴氏也，纔服黄昏之散，便簪白柰之花。何郎燭底，紅淚拋殘；巫女夢中，黑風吹斷。蓋成婚半載，而元公有離思之詩，劉郎成傷往之賦矣。顧秦樓夢杳，已驚紫玉成煙；而陳苑香多，當爲黄花續命。於是再娶於吴興嚴氏，自憐故我，重對新人。白燕釵邊，緑熊褥上，得無有故劍之思、亡簪之泣乎？然而證箜篌之夢，自有前緣；占環佩之聲，便知嘉耦。郎是畫眉京兆，卿真接脚夫人。細研飛雪之丹，巧綰頹雲之髻。金駝鬬酒，銀鹿弄兒。人以爲敬通跌宕，老對孺人；曼倩詼諧，長偕少婦矣。何期九載眉齊，一朝鏡破。細君琴裏，又起乖音；菭奴箏邊，重彈苦調。斯時也，客兒稚小，孰補袛裗？佛婢聰明，誰教嵛繡？不得已更寫梳妝之記，重開脂澤之田。金蠶銀繭，兩泣蕭郎；臥鹿眠羊，再煩月老。所喜三娶夫人俞氏者，林下風清，房中曲好。憐兒失母，攜熨斗以作襦；佐壻持家，拔鐵簪以畫壁。從此襠成一袜，鬟挽同心，定偕蕭史俱仙，不作羿妻走月矣。而乃蔓室初開，便是招魂之地；綵盆虛設，竟無分痛之方。曾未一年，又以産卒。紅偏易洗，緑竟難縫，三度塵緣，一場噩夢。嗟乎！碧翁長醉，何知世上之愁？青女無情，不管人間之冷。對舊時之明月，看去歲之梅花。蕭相妻亡，粉猶漬水；車公婦去，蒻尚留池。安怪其腸若涫湯、淚如食芥也乎？於是荳蔻窗前，有緣情之作；茱萸帳裏，多激楚之音。峽内聞猿，山頭弔鳳，不足方其凄惻矣。僕願紫伯三點成伊，一變至道。空房冷月，參白傅之禪機；巨室歸人，悟蒙莊之至論。色空一視，哀樂兩忘。此時寫金瓠哀辭，當一篇《恨賦》；他日删玉臺豔體，讀四卷《楞伽》。

## 孫蓮叔《紅葉讀書樓詩集》序

予自甲辰歲往來新安，見其水清徹底，魚游若空；山深能鳴，人語斯應。溪碓自動，挾犇流而亦飛；巖居可封，闢閒雲而不出。以視二分明月之橋，十里山塘之水，既曠奥之境異，亦喧寂之情殊。意必有鍊性洗情之士，爲雕肝琢腎之辭，寫以薔音，編爲澀體。乃讀吾友大台山人孫君蓮叔詩，則固不然。今夫少陵居飯顆山頭，安能不瘦？坡老住桄榔庵底，未免長寒。君則生長華腴，别成馨逸。市中擲果，車擁金鵝；室内焚香，座排銅鴨。舉玉東西而勸客，酒人魚貫而眠；合江南北以論交，名士雁行而至。則有紅葉讀書樓者，曲類盤中，高居塵外。涼臺燠館，仙到應迷；明月清風，客來不速。設盤游之飯，豐可十人；安曲尺之牀，暫猶三宿。每當銀虬漏盡，金駝酒乾，客已告疲，主猶未倦。辯如枚乘，雅多歈骳之詞；狂類陸雲，癖有胡盧之笑。於是寫敬禮之小詩，鬬王筠之强韻。金釭欲爐，虹采猶騰；銅鉢未催，鯨鏗先發。仙人游戲，菩薩神通，非夫墨瘁紙勞、絃生管澀者所能望其萬一也。

然而鏤金錯采，無江山以活之則僿矣；範水模山，無笙歌以韻之則枯矣。君呼青翰之舟，試黄芝之馬。西陵松柏，從蘇小而盟；南部煙花，補唐人之記。小家碧玉，偏善留人；大道青樓，儘容繫馬。記曲則抛殘紅豆，題詩而盼就烏欄。後庭之花，最宜豔曲；前溪之水，亦助新聲。夫吾人埋頭頹舍之中，疲目叢編之内，頭未翁而先白，面非佛而亦黄。雖復東抹西塗，猛搜險覓，未免氣含蔬筍，味雜蘁鹽。而君清不兼寒，福能生慧。南金北毳，爛其文章；語鳥名花，助其歌舞。在我輩窮愁之著述，固嫌島瘦郊寒；即此鄉山水之瑰奇，亦覺青頑碧鈍矣。或謂杜陵律細，乃號大家；元相體輕，終乖雅奏。君乃虞初小説，也自臚陳；揚子《方言》，不妨羼入。雖老嫗之可解，恐大雅之弗登。不知淮浼之水五色，不假丹青；聲音之木一鳴，自成宫徵。君詩所以妙合天然，獨高流輩，正以喝月即行，攓雲盡活；胸貯光明之錦，筆驅如意之輪。豈必摇頭而學浩然，嘔心乃爲長吉哉？或又謂樂戒鄭聲，詩懲綺語。君乃娟娟好好，都有品題；燕燕鶯鶯，盡爲描寫。徐陵體豔，宋玉詞微，未免有情，得無小過？不知先師尼父，亦傳佩瑱之挑；我佛如來，不廢拈花之笑。美人香草，乃騷客之寓言；之子夭桃，是風人之託興。士果束身似玉，鍊行如銅，正不必宿桑下而三遷，又何妨對黎渦而一笑也？僕姓名牣識，風雅無聞，每速藻之逢君，益鈍根之愧我。文非玄晏，難序《三都》；獻效愚公，并無一得。幸作《雅集圖》中之客君有《紅葉讀書樓雅集圖》，得以先觀；請如新安江上之山，品爲大好。

## 孫蓮叔《萱蔭山房雜著》序

予於大台山人之書無不序也，而於此集則幾窮於無言。何則？枚皋骫骳皆工，賈山涉獵尤富。不名一體，若江淹之雜詩；足了十人，乃柳惲之餘技〔一〕。陳遵尺牘，藏以爲榮；京房語言，聽而入妙。噫嘻！君如陸機之在江左，太覺才多；僕如祖詠之賦終南〔二〕，轉虞意盡矣。雖然，君不見學佛者乎？方其十年苦行，一箇蒲團，盲枷瞎棒之難熬，溼蹋乾拳之盡受。黄眉佛遠，白足僧寒。幾幾乎未入化城，先投苦海。及乎菩提果熟，歡喜天開，乘多寶之船，入華鬘之市，妙意女共行世事，阿育王願助神功。駕一牛車，脱離火宅；化五獅子，游戲神通，何其樂也！又不見學仙者乎？方其姹砂孕雪，鍊汞燒丹，木埒難招，炭人易染。王方平之鐵鞭可畏，嵇中散之石髓將枯。幾幾乎蕭史之鳳未來，壺公之蛆先飽。及乎飛符下召，拔宅上昇，劉綱則夫婦同游，茅盈則弟兄共壽，霓旌虹旆，鳳舞鸞歌，花頃刻而能開，月光明而可借，又何樂也！

竊謂文章之一道，通乎仙佛之兩家。士方伊吾一室之中，編劃千載之上，墨瘁紙勞之可念，客嘲賓戲之俱來。亦誰能不抱卷而沈吟，臨文而太息哉？至於握紫距之毫，展銀光之紙，流水行雲之盡活，大刀快斧之兼施。歷落嵚崎，得晉人之致；嬉笑怒罵，即蘇子之文。招白雪

〔一〕惲，原訛作「渾」，據蔡啓盛《校勘記》改。
〔二〕詠，原訛作「約」，據蔡啓盛《校勘記》改。

於郢中，落黄河於天上。歐陽子但稱快快，昌黎公自謂奇奇。此則坐如意之輪，居然菩薩；認靈竿之路，便是神仙。當其潑墨而狂書，可以淩雲而一笑矣。嗟乎！成我者學也，生我者天也。天之不全，學將何裨？與其十年而刻一鳳，不能飛鳴；何如一日而解九牛，自中肯綮？君以深沈之學，行其爛漫之天，故能著手成春，從心得矩。元紫芝之眉宇，便是天人；庾赤玉之胸懷，都無宿物。偶然餔啜，亦復可觀；豈此蕞殘，不堪成集？而僕愧無喤引，徒有卮言，於不可思議之中，見盡得風流之妙。兜率海山之俱在，問君何處得師？語言文字之皆空，算我未曾作序。

## 孫蓮叔《桑宿集》序

吾友大台山人孫蓮叔，刻其《紅葉讀書樓詩》以問世。既已書懸市上，紙貴人間。羨王規爲俊人，識元稹爲才子。凡有井華汲處，都吟柳永之詞；即從堠壁尋來，亦寫王維之句。而又鈔其豔體詩爲一集，篋而藏之。蘭亭真本，匿闍檻而難窺；瓠史原文，祕葫蘆而不出。非甚知己，勿輕視人也。予過而笑曰：君殆猶有人之見存耶？夫孔子編《詩》，不删鄭衛；如來説法，亦入華鬘。韓致光大節不虧，香匳何害？陶靖節閒情偶作，白璧無傷。宋廣平之心腸，能作梅花之賦；顔魯公之風骨，還收脂粉之錢。此故事之可徵，亦君家之所識，而僕之意又有進焉。人生一世之間，忽若遠行之客。悲歡離合，飽老登場；富貴功名，盧生入夢。但取懷情之適，何知禮法之嚴？古人貴行樂之及時，吾輩乃鍾情之所在。然如僕者，性本愚公，名非黠伯。黄鸝三請，謝以不知；白魚一編，與之共飽。此由所稟，良不可違。

君則擅江左之風華，兼少年之意氣。羊車乍出，便玉貌之驚人；鵝管横吹，知金星之入命。訪東坡之宦迹，半在杭州；慕西子之香名，屢游吴國。閒雲送我，芳草留人。酒澆蘇小墳邊，詩刻真娘墓上。則有女名碧玉，妓號紫雲，同游不曉之天，高啓無遮之會。天開女市，佛説情禪，量來歡喜之丸，念出摩登之咒。阿難戒體，入嫋席而摩挲；老佛身根，繞須彌而周匝。當此之時，喜可知已。又或贈芍藥而將離，夢楊柳而欲别。枕邊紅淚，總爲郎拋；門外緑波，慣摇人去。誓雲英之不嫁，期阿輭之重逢。演揲歡情，徒縈於夢内；迷藏戲事，亦見於詩中。讀之者或以爲蕩子之浪游，或以爲癡人之夢境，而皆非知君也。夫人果能悟色相之皆空，知形骸之非我，則姑自適其所適，何必人云而亦云？狂士狂歌，笑仲尼之禮樂；裸人裸體，陋大禹之冠裳。人各有天，情即是性。所以竊道學先生之似，不若存風流名士之真。此一集也，雖名教中之罪言，或風雅後之嫡派乎？君近者見道益深，學佛有得，視横陳於嚼蠟，識往昔於焚香。

雖城北徐公，故吾猶在；而樊南行者，綺語都除。此一卷之深藏，乃三年而未滅。予因搜而出之，使知英雄好色而不迷，菩薩現身而説法。譬好音之過耳，何礙觀空？從苦海而回頭，乃真是岸。因取浮屠氏不三宿桑下之義，顔之曰《桑宿集》云。

## 汪愷卿《瞻園詩草》序

十年舊夢，挑殘夜雨之燈；一卷新詩，吹到清風之句。中流聚沫，亦是因緣；竿木逢場，無非游戲。憶昔與君始訂交也，腸肥腦滿，少年跌宕之場；草長鶯飛，江左承平之日。相與勾當花事，捉搦酒人，黑飲狂衝，白嘲閒作。或鄱陽之暴謔，或正始之清談。花荒月荒，更有加於酒色；竹請石請，幾無辨乎主賓，何其盛也！身經世故，便識艱難；人到中年，自生哀樂。月寒日暖，辛苦煎人；墨瘁紙勞，蹉跎負我。易改觀河之面，難償出岫之心。得無有感雲英之未嫁，羨子晉之成仙者乎〔一〕？

雖然，君以黄海名家，素封舊族，堂上之桑榆未暮，膝前之蘭桂方新。侯光、孟光，克諧琴

〔一〕晉，原訛作「敬」，據蔡啓盛《校勘記》改。

瑟；長彦、季彦，共譜壎箎。雖無千樹橘、千畝竹、千畦韭之饒，頗有一壺酒、一局棋、一張琴之適。又況大江南北，舊雨兩三，秋風尋季子之祠，春水泛謝公之埭。極山水友朋之勝，而翱翔容與其間。以視聽鼓應官、騎驢覓舉、腰如磬折、口作箏聲者，果孰得而孰失耶？然而僕於君詩則重有感焉。今夫子雲勸學，先詳礱錯之方；山谷論詩，不諱津梁之自。君非先人門下士耶？晨燈夜燭，相守者七年；韓筆杜詩，求安於一字。迄今趙、張問答，尚存《鄭志》之書；籍、湜文章，足壯韓門之色。而先人長謝，不及觀大集之成；小子何知？反謬作《三都》之序。噫嘻！千秋事大，兩世交深。因君筆下之珠璣，觸我胸中之傀儡。狂歌互答，和以銅斗之聲；斷夢重提，當作金輪之咒。

## 王佛雲《硯緣集》序

夫錦裙闇淡，猶存魯望之文；玉枕荒唐，亦入陳思之夢。而況事關翰墨，非徒兒女銷魂；物閱滄桑，便與鼎鐘並古也乎？則有眉子硯者，乃明才媛葉小鸞之舊物也。小鸞上界寒簧，前生松德。均見集内。偶然墮世，更露聰明，未及于歸，已空色相。玉人化去，難留頃刻之花；璧友傳來，尚認彎環之月。想其爪花拭後，鬢棗梳餘，喜烏玉之新磨，翻紫雲之舊製。殷紅浮碧，自鑴鳳咮之銘；斜月橫雲，戲仿蛾眉之樣。以視吴夫人之玉櫛、張静婉之金梭，雅俗不侔，風流更遠矣。人天隔絶，空招倩女之魂；文字因緣，屢見名流之集。佛雲同年得從袁浦，譜入文房。試以金屑之箋，雲煙欲活；盛以紫方之館，珪璧同珍。然其初得也，不過謂静女之彤，有光竹素；香姜之瓦，足壓琳瑯。尚未知紅絲磨洗之時，即已兆墨綬經臨之地也。未幾而牛刀小試，舄舃高翔。竟攜笠澤之書，去飲吴江之水，蓋即小鸞故里焉。訪疎香之舊閣，尚有蒼苔；訂午夢之遺書，猶留殘墨。乃喟然曰：「一官如寄，片石有緣，是安可以不識乎？」於是摹從眉匠，付彼手民，采薇搜先輩之詩，簪花仿夫人之格。傳其軼事，謝自然真已成仙；訪彼荒煙，隨清娱端宜有誌。即深情之緜邈，知爲政之風流，此集足千古矣。嗟乎！世上三災之石，半付泥沙；宫中十眉之圖，徒留粉黛。而一拳之不泐，雖萬鎰其何加？余忝附石交，得觀拓本。眉娘之經猶在，大可留題；硯神之記既成，固宜有序。此日敘《玉臺新詠》，原非左太冲之《三都》；他年作青史美談，是亦趙清獻之一硯。

## 談氏二女史詩序

《花中君子遺草》一卷，談步生印蓮著；《九疑仙館詩草》一卷，談緗卿印梅著。二女史皆歸安菱湖人也。黄金鑄淚，漬柔翰而難銷；紫玉成煙，逐彩雲而俱散。香魂化去，已憐鶴背雙飛；錦字鈔來，尚賸牛腰一束。其師孫秋士先生攜至京師，先君子曾題四絶句，有云「紅閨一片心頭血，寄語興公好護持」。所謂「興公」，即先生也，先生歿而詩遂散失。至咸豐癸丑，余同年生謝夢漁，偶於五都之肆，得來一卷之詩，小字零星，古香馥郁。攜歸市上，非同贋本河豚；祕置篋中，不課雪衣鸚鵡。余屢向索觀，而旋即乞假南歸，亦未果也。今年正月，表姪戴伯鏞茂才寄示此册，蓋非其全者。然而盧山真面，已見此中；海上深情，足移我輩矣。夫其鴛鴦罷繡，玳瑁裝書，笑拔金釵，向先生作贄；閒敲銅鉢，呼小婢傳箋，豈非林下之清風，閨中之韻事乎？乃讀二女史詩，薾音凄惻，絮語纏緜。不續《離騷》，自然幽怨；偶翻《水調》，便爾蒼涼，抑又何也？嗟乎！小兒造化，常多顛倒之時；女子多才，每受聰明之累。幾聞新婦得配參軍，竟有才人終歸廝養，吾於二女史有深慨矣。墨池未涸，香冢先荒。種成薄命之花，雨風太酷；賸此未焚之草，翰墨猶香。因推先君子之意，而爲之序。他日假滿還朝，并當攜示夢漁。使人知十丈輭紅，有此一編冰雪也。

## 謝夢漁同年《香南憶夢圖》序

論揚州之勝迹，不外煙花；問謝傅之家風，最宜絲竹。水流花謝，難如太上忘情；酒冷茶殘，請學癡人説夢。方其扇搖比翼，縣臥同功，闢鬧掃之新妝，試綢繆之舊印。張尚書之圖籍，豔有粉痕；陶學士之茶鐺，清惟雪水。乍調脂盝，便理牙籤。地則仙境瑯嬛，人則佛家法喜。於蘭聞春月之語，早許能詩；授《秋水》之篇，居然成誦。楊妹子頗工題跋，管夫人雅善臨摹。於言花笑之中，有宋豔班香之妙。游仙枕穩，混沌譜新。此一夢也，樂可知也。無何而四壁蕭條[一]，一官落拓，辭放螢之苑，尋戲馬之臺。羌博士固未免酸寒，女秀才亦自嗟氀毼。畫眉之譜十樣，攜鐵硯而難描；打頭之屋三間，住玉人而不稱。蠹能化去，蚨不飛還。固知一覺十年，不是書生消得；轉覺五張六角，都從尤物招來。乃借開閣之豪，自守閉房之禮。昔年桃葉，曾從江上迎來；此日柳枝，竟向樓中放去。擲破鴛鴦之瓦，燒殘玳瑁之釵。翠羽啁啾，黄粱倏忽。此一夢也，恨可知已。夫使夢漁而乞相常寒，骨人不肉，老坐廣文之席，長餐苜蓿之槃，則亦過等飄風、去如逝水已耳。而乃芙蓉人鏡，喧傳及第之名；桃李公門，榮署探花之使。

---

[一] 壁，原訛作「璧」，據文意改。

宋子京之修史，可無紅袖扶持？霍小玉之居家，難倩黄衫尋覓。萍身飄泊，蘭訊參差。或云緑葉成陰，春色已欣有主；或謂名花落溷，風塵尚苦無歸。而回憶銅鴨香温，銀駝酒暖；並坐蛾眉之月，同挑蠅鼻之燈；錦被徵書，練裠學字。絳紗帳裏，奉夫子爲師；玉鏡臺前，與老奴共讀。此情此境，乍近乍遥，黑縱難甜，紅猶未洗，夢憶之圖所以作也。

嗟乎！聚六州鐵，鑄成大錯而難銷；量一斛珠，買此殘春而不可。白香山蠻腰素口，未免有情；杜樊川禪榻鬢絲，不堪回首。訴來舊恨，如聞商婦琵琶；付以達觀，誰是吴兒木石？每道其神光玉映，才語珠連，廿四橋頭，可稱獨步；三千殿脚，或是前身。卜姓則鄭氏櫻桃，問名則尚書紅杏。柔情描畫，輭語評量。君固輾轉於夢中，僕亦流連於紙上。雖然，人生一夢境也，參斗迷離，雨雲變幻。婕自來而自去，不妨莊子觀空；鹿何有而何無，莫學鄭人聚訟。必欲趾離再唤，宜櫯重呼，無乃惑乎？從此收拾閒情，讖除綺語。微之集内，添來决絶之詞；韓偓詩中，删去無題之作。雖春風一幢，儘容人唤真真；而明月二分，自笑我殊夢夢，君於此真蘧然而覺矣。僕看花眼冷，攤飯身閒，懷夢之草無靈，占夢之書未讀。偶成豔體，學題錦帶之書；倘證情禪，待誦金輪之咒。

## 張棲竹先生《棲竹圖》序

予乙未歲始晤先生於毘陵，即承以《棲竹圖》索題。予披視之，清氣逼乎鬚眉，爽籟流乎煙墨。其人宛在，合封瀟灑之侯；小住此中，不減篔簹之谷。予時年甫十五，出頭未得，醫俗無從，正共群兒爲騎竹之嬉，謬承長者有折枝之命。今圖中長歌一章，蓋爾時作也。碧鮮偶賦，青削難工，童子何知？聊作聚沙之戲；先生不棄，遂同撫塵而游。迨庚戌歲，予請假南旋，復晤先生於毘陵。歲月如流，一星終矣；煙霞不老，萬箇蒼然。重陪佳士於坐中，如對真人於天際。猥以全帙，索我片言，敬獻枝詞，聊供竹笑。今夫鳳皇翔於千仞，喻所託之高也；鷦鷯巢於一枝，明所居之約也。先生以鳳比德，擇木而棲，非鳴盛於高岡，即蜚聲於玄圃。而何以年年空谷，倚袖常寒；寂寂柯亭，賞音罕遇？雖洽幽棲之趣，或增摇落之悲乎？然而餐煙飲露，四時之氣味皆清；抹月批風，一室之圖書盡緑。遠攀鄉樹，桑梓猶新；俯茁孫枝，檀欒可愛。以視渭川千畝，矜通侯之榮；鄧林一枝，逐夸父之步者，其風致固何如也？予辭京雒之塵，初還倦翮；飲蘭陵之酒，重挹清芬。十年聯青士之交，三日住墨君之館。拓新陰以棲鳳，願從君爲丹穴之游；覩舊日之塗鴉，愈令我憶青燈之味。

## 潘修梅先生《仙梅紀遇圖》序

夫延陵季子，蕭允與之論交；東里先生，周磐感而入夢。故知精神所契，謦欬斯通，千載之遥，一堂相見矣。修梅先生身抱仙骨，胸藏古春，居明聖之湖，便饒清福；拜水仙之廟，自證前生。性酷喜畫梅，筆墨之外，盡得風流；冰雪之中，自成馨逸。人徒賞其煙雲之欲活，而不知其臭味之原同也。辛卯歲，先生掃墓西湖。清明寒食，龐公上冢之時；竹閣柏堂，坡老題詩之處。遂乃登巢居之閣，謁和靖之祠。奉一瓣香，佐以寒泉秋菊；坐三生石，質諸明月梅花。而惜也葉已成陰，花將結子。殷七七之神術，芳信難留；陶八八之靈丹，香魂莫返。先生於此，亦惟玉笛一吹，瑶琴三弄已耳。不謂北窗望去，儼從東閣移來。花似菖蒲，乍無乍有；香如薝葡〔一〕，愈淡愈濃。噫嘻！異矣。

未幾而吴中有召仙者，仙至，示先生以詩曰：「天涯緑葉已成陰，猶有梅花撲鼻馨。」其仙即和靖先生也。然後知香火因緣，不在空王之座；山林枯槁，堪招處士之魂。因繪《仙梅紀遇圖》，以識其事。嗟乎！芸芸萬類，無非偶現之優曇；草草百年，都是寄生之窶藪。而先生盡

〔一〕 薝，原訛作「簷」，據蔡啓盛《校勘記》改。

芟凡豔，獨結古歡。月落參横，不續羅浮之夢；暗香疎影，别成天地之春。即此竹外一枝，疎疎落落；想見世間萬事，色色空空。然則此一圖也，謂先生之仙緣可也，即謂先生之禪悦亦可也。樾雖未撰杖以從，猶及披圖而見。莊襟老帶，儼成人外之游；琪草瑶花，迥異凡間之種。古香古色，名士名花。倘教一笑拈來，大可呈之我佛；若問幾生修到，還請證諸逋仙。

## 《紅葉讀書樓雅集圖》序

竹箭萃東南之秀，何幸逢君；浮雲指西北之樓，其中有我。此予於斯圖所以不辭而爲之序也。夫古之人弦韋爲贄，萱杜相逢，必有僑札之圖，以存惠莊之樂。瀛洲學士，固可丹青；瀟湘故人，亦堪描寫。樂賢堂上，帝子親賢；見客圖中，平章愛客。香山居士，鬚眉摹九老之閒；摩詰詩人，風雪從七賢之後，皆所以永今情，追昔款。使青楓雖遠，舊夢可通；黄壚或遥，酒人如晤。以視《韓家夜宴》《虢國春游》，不費臙脂，别成馨逸，故可傳也。

紅葉樓主人孫蓮叔，鶴鶴神清，熊熊氣遠，置通賓之驛，歌《招隱》之篇。一時鏖戰酒兵、尋盟詩國者，或温八叉之詩格，或柳三變之詞華。或摹没骨之花，最工畫本；或拈長心之筆，雅號書家。無香不蘭，有樹皆杞，宜留翰墨，以誌雪泥。而如僕者，酒膽不剛，詩脾尤澀。磨驢蹤跡，祇解隨人；了鳥衣冠，不堪入畫。乃鸞鳳萬舉，野鶴亦飛；蕭韶九成，啞鐘先奏。諸君則暈然而起，下走亦蝨於其閒。豈非空王座上，原有因緣；詩派圖中，本同鼻祖故耶？嗟乎！仲尼住廣桑山，不能倒江河使西返；釋迦居波羅柰，不能喝日月使東還。世有易逝之流光，人有難忘之故我。而紙上之雲烟無恙，即壺中之歲月長留。此一幨之流傳，雖千秋而亦可。僕薊門春雨，交燕市之酒徒；滕閣秋風，識馬當之才子。而皆去如逝水，付之飄風。每當月白風清，燈紅酒緑，空齋獨坐，舊夢忽來。雖豪無結客之詩，而雅有懷人之賦，撫斯圖也，能無言乎？公等健者，無非東閣之奇才；僕本浪人，幸附西園之雅集。聊爲之序，以存歲月，并誌姓名。

## 汪愷卿《瞻園圖》序

瞻園主人以「瞻」名園，而繪圖紀之。余披其圖，巖腹内凹，澗唇旁拓。好山千疊，孕碧生青；流水三分，倒花鑒月。穿辛夷之塢，度皁角之橋。碧鴨欄低，紅鵝館小；三竿兩竿之竹，十枝五枝之花。移柳待鶯，種松借鶴。怪石孤立，自成雲霞；飛流善鳴，不假絲竹。每當曲徑紅深，長隄緑淺；露白如洗，煙青欲浮，吸碧海之朝暾，濯金門之娟魄，洵足滌塵中之目、游物外之觀矣。然而南垞北垞之幽，當歸摩詰；東瀼西瀼之勝，合住少陵。自來謝墅庾村、陶廬潘宅，雖勝由天造，而名以人傳。不有雲情鶴態之人，難爲竹弟石兄之伴。瞻園主人性如水淡，氣得秋清，何晏神仙之姿，李約山林之致，爰成小築，以寄勝情。和雲劚山，買溪分水。頑青鈍碧，都與平章；籠柳驕花，無非經濟。時復攜佳伴，恣幽尋；選竹題詩，撥霞覓路；花鑾負到，茶碾攜來。油窗紙室之中，桐帽棕鞋而坐。泠泠然得松石閒意，飄飄乎如神仙中人。予喜此名園得遭賢主，因爲之序，以當小園之賦、瑞室之銘焉。顧如予者，迹雖塵網，心本林泉。亦思買三五朵之山，搆八九椽之屋，友于花鳥，問訊煙霞。而松性雖存，萍家尚泛，徒乞主人之菜把，并無容我之團焦。回首故山，安得不呼負負乎？

## 孫雨樓《花甲自壽圖》序

三篙兩篙之水，十枝五枝之花。烏榜青簾，撐來艓子；荷衣筍笠，坐箇詩人。固已極山水之娱、煙波之趣，而先生此圖意更有進焉。先生黄海閒身，赤城賦手。讀書八千卷，金壺之墨未乾；彈指六十年，鐵樹之花又放。鶴籌細算，麝粉輕研；摹鬚眉於坡老壁閒，紀歲月於香山集裹。翔襪集蝦，會意諧聲。爰繪是圖，以寓花甲一周之意。余披其圖，雲光納納，天亦白描；樹影扶扶，山皆紫邏。半溪萍合，剛容翠碧之眠；兩岸桃酣，似染紅藍之汁。萬花深處，一葉浮來。癡蜂醉蜨之中，桐帽棕鞋而坐，漿牙不語，櫓臍自鳴。定知打網人回，誤呼罛叟；最喜扶牀孫小，可代艑郎。圖中一童子操舟，即其六歲孫也。先生方且擁鼻豪吟，撚鬚微笑。墨磨烏玉，書檢紅牙；浮重碧之樽，展硬黄之帖。安排莾竈，料理煙蓑，幾欲招賀監於鏡湖，傲玄真於雪水矣。所冀與水同春，共花不老；六旬再屆，一幀重描；配舊翠以新紅，伴東舷以西舫。僕請一枝筠管，更題九老之圖；君其六幅蒲帆，遠渡千秋之水。

## 葉魯泉《囊琴訪雨圖》序

君不見七貴五侯之第，肥肉大酒之場，客至而響玉鳴，舞散而明珠落。漢曲胡曲，李供奉之箜篌；急聲緩聲，薛陽陶之觱篥。暢飛暢舞，以翺以翔。車掛轊而晨來，燭填街而暮罷，豈不盛與？何爲乎屢唱《勞商》、虚誇《清角》？牧琴三尺，毛雨一天；鬱奇律而誰知？抱古心而獨寫。嗟嗟！龡段興而雅樂廢，拍板盛而正聲衰。樹梨普棃，非中州之音韻；雞識沙識，豈太古之宫商？撫斯琴也，得無歌苦而知希、曲高而和寡乎？乃君則花閒集富，爨下材清；鍊成金石之聲，洗盡箏琵之俗。聞鐘悟道，製笛觀賢；吹篪而過吴門，擊筑而游燕市。借流水高山之意，從名人魁士而游；流連梁父之吟，悽惻楚妃之歎。往往蕤賓鐵躍，姑洗鐘鳴焉。

雖然，桓譚文士，亦有繁聲；摩詰詩人，非無新曲。君苟于喁善應，硍散無嫌，跌宕乎左驥、史妠之閒，婆娑乎景武、丙彊之後，則和凝曲好，作宰相而何妨？徐鍇歌成，换中書而亦得。宜乎抱軒轅之瑟，自獻王門；吹子晉之簫，即登仙籍矣。顧乃胡琴碎於市上，商歌聞於門中，人驚安道之高，自得啓期之樂。青琴神女，天上無媒；黄帝伶官，人閒游戲。雲夢八九，鬱奇氣之輪囷；晨星兩三，招酒徒而捉搦。朱絃三歎，自有遺音；白蠟一經，初無長物。愔愔琴德，其在斯乎？今者長卿游倦，潘令居閒。徵苦宫甘，無非閱歷；彔仁商義，皆見性情。長歌短歌，借七絃寫出；今雨舊雨，從千里招來。而僕不習鵾絃，難調牛鐸。朝欷暮唶，都不成音；氏厭但吹，豈能中節？謬附琴星之一，未諧金奏之三。然而吾輩交游，每在風塵之外；中年陶寫，最宜絲竹之中。僕於斯圖，所以不辭而爲之序也。他日老雨初晴，閒雲忽至，贈君紅石薦，坐我白木牀，將爲奏《渌水》《游春》之曲乎？抑爲鼓《歸風送遠》之章乎〔二〕？請眠琴以俟。

〔二〕 歸，原訛作「回」，據蔡啓盛《校勘記》改。

## 《張憶娘簪花圖詩》序 憶娘名小乙

二百年倩女之魂，十三行洛神之賦，呼之欲出，翩何來遲？卜姓則好好前身，減世上雄張之色；問名則真真小印，摹商家女乙之觚。乍下秦樓，便歸蔣徑。臙脂一捻，偶憑天女拈來；翰墨千秋，竟被名流看殺。尋春杜牧，都恨生遲；入畫崔徽，不愁瘦損。柔情描畫，輭語評量，見於國初諸老之詩，洵爲天壤有情之物。吾友大台山人，素工豔體，善説情禪。喜此一幢之流傳，竟爲楚得；謂有三生之緣分，未可唐捐。傳眉眼之深情，最宜紅笑；觸心頭之舊恨，别有紫雲。爰借天涯芳草之思，以寓流水落花之感，固已綺堪呈佛，夢欲游仙。而又以爲彤管乃美人之贈，未敢自私也；采薇有先輩之詩，不容久祕也。於是録其墨蹟，貌出朱顔。召黄仙鶴之名工，使刻深情之帖；借梅河豚之贋本，以傳定武之真。人謂風流，自云游戲。因上頭之千騎，必有引喤；索下走之一言，得無著糞？噫嘻！予生太晚，敢從名下題詩？我輩鍾情，實亦前人作俑。曼殊天女，登大毛公之堂；横波夫人，作老尚書之配。雲郎玉貌，摹來水繪園中；髯客風情，傳出填詞圖上。老子之婆娑可想，豎儒之趚趄安知？即此一圖，自成千古。而僕枯腸芒角，饞眼麻茶，得附微名，豈非奇福？刻香匳之集，固知孫楚可人；洩繡谷之春，未免蔣侯惱我。

# 賓萌外集卷四

## 序

### 相國祁春圃夫子六十壽序

夫佐堯醲舜薰之化，而銀策書功；際嵩生嶽降之期，而金提建福。稽諸古昔，若商大夫之斟雉，齊尚父之飛罷。伊水乘舟，夢游日月；傅巖板築，出應星辰。莫不享遐齡，膺龐褫，神明竺厚，精氣延洪。故知九乾雨露，飲之即玉液瓊蘇也；五鼎鹽梅，調之即青芝赤箭也。我國家重仁襲義，含甘吮滋，凡在紀侗視冒之臣，必有絣福曼齡之慶。若乃翊五德之運，作三壽之朋，人望之如河岳日星，知其閒必有名世者；帝錫之以富貴壽考，謂宰相須用讀書人。則於我春圃夫子見之矣。惟我夫子系出伊耆，秀鍾澤潞〔一〕。宋廣平之名字，銜自雙龍；曾魯公之精神，呼爲老鳳。際恢台之令序，爲攬揆之佳辰，化日舒長，仁風披拂。九五福曰壽，從天上頒來；十七物之餐，自尚方奉出。一時隸門生之籍、醉馭吏之茵者，咸竭丹誠，以祈黄耇。然而將迎之術，君子不言也；曼衍之譚，達人不受也。請從庾乘之下坐，敬陳霰蔑之嘉言。

夫履絇冠述，孰究天人？胙史枕圖，誰通今古？我夫子學窮五際，才擅三長。製《月儀》之辭，彦昇幼慧；作《日出》之賦，維翰才高。庾赤玉之胸襟，都無宿物；丁紫宸之才調，不愧詞臣。東觀讀書，南齋儤直。應劉公宴之作，風骨自高；歐蘇帖子之詞，蓋懷已寓。柏梁賦罷，蓮炬歸來；心在冰壺，手張珊網。犀軒熊節，迎將使者之車；黄尾裴頭，寫定神仙之籍。宣公知貢舉，最得人才；永叔作試官，能移風氣。在多士久欽爲哲匠，即天家亦倚作經師。東平北海之賢，齊向先生問字；梟渚鶴洲之地，親看帝子横經。即今詩和三侯，集成一品。閒臨玉版，萬本争鈔；偶灑金壺，五都競購。白虎蒼龍之闕，非蕭相而誰題？北風雲漢之圖，爲漢廷所共寶。雖翰墨無非游戲，而文章亦見經綸。此其學術之槃深也。

〔一〕 鍾，原訛作「鐘」，據蔡啓盛《校勘記》改。

王荆公爲翰苑才，入政府而聲名頓減；韋玄成以經術進，居相位而建豎無聞。蓋衮職既隆，鼎司難稱，非有茹古涵今之量，莫奏熙天耀日之勳。我夫子華蓋承辰，紫宫執斗，右爲麟而左爲鳳，合成前後之輝光；規司春而矩司秋，妙此陰陽之調燮。盟心於水，著手成春。杜元凱領度支，而朝野之稱翕若；李棲筠兼起部，而公輔之望魁然。固已效奏便章，職修清晏矣。然而東垣上相，西垣上將，論功者固以從容坐論爲高；武事樞密，文事中書，勷治者尤以密弗親承爲寵。國家威弧遠指，捆鼓遐征，爰置軍機，俾參碩畫。小延英之地邇，大於越之官高。我夫子以公才公望之隆，膺斯謀斯猷之寄。陸敬輿職居内相，龔茂良位進首參。每當鈴索宵聞，蠟丸朝奏，近承天語，遠燭機宜。渠牟之入内廷，或五六刻而始出；廬陵之掌外制，薄四六體而不爲。凡夫平津十策，曲逆六奇，夾袋内之人材，履屐閒之方略，咸符乾斷，克洽泰交。此其治功之㬥著也。

且夫雲起彌天，而觸自岱宗之石；河流入海，而發從星宿之源。蓋惟德厚而信矼，然後機翔而㡬集。我夫子雖具恢恢有餘之度，仍抱匑匑如畏之忱。蘧大夫之車，無欺暮夜；韓僕射之笏，不授童奴。每出殿門，尺寸守而不失；偶詢温樹，左右顧而無言。晝臨深履薄之圖，住虎尾春冰之館；威福總歸之皇極，臧否不及於人倫。李孝伯之直言，必焚諫草；錢侍郎之盛德，不發私書。而又東閣延才，南金選士；門開通德，館啓招賢。雖一一之吹，無竽敢濫；而九九之見，有技必收。韓荆州人物權衡，李祕書詞林根柢。若夫識陶侃爲不凡之器，決王導爲令僕之才，或蒙晏元獻之知，而折節願稱弟子；或受狄梁公之薦，而終身不識何人。本無目色之私心，豈問耳鳴之陰德。譬猶高山大澤，食其利而不知；霽月光風，游其宇而自化。此其德行之純全也。

韋、平之族，以世濟爲難；軾、轍之才，以同時見美。我夫子楹書守舊，堂構開新。吹華黍之笙，養能竭力；捧芝泥之誥，孝在揚名。人紀克敦，天倫無憾。又況荆花豔發，千里聯芳；珠樹紛羅，一枝翹秀。哲弟風清藩服，行開旌節之花；佳兒名在賢書，新茁科名之草。從此綸綍對掌，弓冶相傳。張綰隨兄，就僕射中丞之位；蘇瓌有子，講《尚書·説命》之篇。古有東川西川竝持虎節、大郎小郎同拜鸞臺者，亦何以加兹光寵，逾此遭逢乎？此其福報之崇隆也。

至於樓臺鼎鼐之詩，傳爲佳話；鐘鼓園林之勝，樂此清時。黄髮番番，克副秉鈞之望；赤舄几几，親襄受璽之儀。《湛露》歌詩，需雲演卦。鳳飛五色，銜温詔而頻來；虬賜九花，入禁城而代步。值此懸弧之喜，更邀錫命之榮。祝以大年，昭其備禮。斯則五更三老，止循乎典禮之恒；而千載一時，罕覯此明良之盛者也。某等身經孔鑄，名隸韓門。小草無知，亦被臺萊之蔭；大椿不老，益敷桃李之陰。瞻壽者相而來，夏日亦形其可愛；修弟子職而退，春風何幸而同依。所願算永期頤，道隆輔弼。縹醪酒熟，高會方壺圓嶠之仙；雲母屏開，敬書聖主賢臣之頌。

## 姚平泉舅氏七十壽序

夫久而不敝者精氣，遠而彌耀者文章。精氣之固，固於金石也；文章之壽，壽於旗翼也。是故將迎之術，上士不言；綽綰之祈，達人弗受。使徒鋪張洪笮，肸飾腴詞，接芬錯芳；翔機集椵，將爲長者壽乎？抑爲諂子嗤乎？然而登戲綵之堂，侑祈年之爵。禮終於稅，人喜斯陶。先生書策琴瑟在前，當亦爲之莞爾；小子應對進退則可，或有取乎斐然。雖至親無文，切人不媚，而安能已於言哉？

惟我平泉舅氏與物爲春，如山之壽。行吾素位，其學介晉宋之閒；和其天倪，斯壽邁松喬而上。於一陽來復之月，爲七旬初度之期。一時孔李通家，潘楊世戚，咸酌大斝，以祝延洪；暢舞暢飛，善頌善禱。矧如樾者，衛玠本武子之甥，李漢又昌黎之壻乎？然而玉笈金箱之記，逖而難稽也；青松綺柏之辭，甕而非實也。我舅氏遁奇於野，抱璞而居。苟效丁宏之掞張，何解枚皋之骫骳〔一〕？請登酒座，聽我卮言。

公生即端凝，幼而孤露。磨祖貽之硯，讀母授之經。雖在童年，便敦至性。痛大椿之早萎，喜荆樹之不孤。無何而聽雨牀虚，吹壎聲罷。公力營大事，手撫遺孤。伏波敬嫂，非衣冠而不見；伯魚愛姪，雖衽席而必興。課以父書，紹其家學，必使羽毛豐滿，頭角峥嶸。而後以桐孫之秀，上慰高堂；鞠子之成，下告泉壤。其天性有如此者。

讀史之士，問撐犁而不知；窮經之儒，遇櫨梨而莫識。載籍極博，淹貫爲難。公入則能膽一丸，出則牛腰三尺。披青藜老人之牒，本本元元；受黄蓋童子之圖，奇奇怪怪。故能目空千古，手定百家。分小學、大學之書，而朱子之傳不必補；續《新唐》《舊唐》之史，而梁氏之統不必存。當其上下古今，出入神鬼，可使長頭之賈奉作經師，秃鬢之蘇避其史席。其學問有如此者。

夫方圭而圓璧者材也，躝蹏而纍僦者遇也。以公芸香三代、桂林一枝，豈不可以待詔北門、司文東觀？而乃牌仍鄉貢，船止孝廉；冬集書中難登名字，春明門外虚費輪蹏。徒以史館之勞，將膺民社之寄。好官思之爛熟，老夫耄矣無能。州郡之職，徒勞人耳；俎豆之事，則嘗

〔一〕 皋，原訛作「乘」，據蔡啓盛《校勘記》改。

學之。他日廣文氈冷，苜蓿盤空，得無有史公不遇之文、揚子《解嘲》之作乎？而公逌然任運，密爾自娱；世事浮雲，吾心明月；佛能自在，仙更堅牢。燒尾宴前，雖無位置；打頭屋底，可住妻孥。啓期自樂其貧，傳永并忘其老。其襟期有如此者。

且夫犀軒熊節，不足爲榮；北毳南金，不足爲富。自來抱五都之璧，不如傳一卷之書。而或未握蛇珠，虚留鼠璞，識者嗤焉。公以陶玄浴素之才、潤古雕今之筆，而又廣之以閲歷，助之以交游。虎阜春風，自拜生公之石；馬當秋雨，來尋帝子之洲。嗣後驅車走燕趙之郊，結客半幽并之士，非青雲之仙客，即黄散之舊家。雖至岫有還雲，門無舊雨，而近則煙波一棹，少伯祠邊；遠則風雨重陽，禹王臺上。狂歌互答，逸興遄飛。讀所著《鉼山草堂集》，許舍人之筆墨，妙得中和；顔延年之體裁，仍歸明密。不徒詩律之細，抑徵後福之長。又況搜奇於孔壁之前，則史成捃逸；析義於宋儒之後，則書著瑣談。固不僅文號有神，詩推無敵而已。其著述有如此者。

雖然，尺鷃不足論天，寸蠡安能測海？公之所藴，不盡於斯。而樾以爲訂《鄭志》之書，豈無弟子？傳蘇門之學，自有佳兒。必盡臚陳，轉嫌羼雜；盍徵壺史，以侑壽觴？我舅母黄孺人，出叔度之門，歸武功之族。鐵簪三寸，辛苦持家；竹笥一枚，艱難遺女。竟以中年哀樂，積成痌疾纏緜。幸逢絡秀之賢，代操内政；遂毓機雲之秀，克繼書香。階前玉樹，行茁孫枝；室内金籯，益緜先業。然則占家人之卦，不必再筮邱園也；入儒林之傳，不必再登勳業也。如公者心有天游，指與物化，不已足握大年之券，而濬多福之源乎？所願夫子牆高，丈人屋廣。小雅之材七十，合天下士而論交；大椿之壽八千，作地行仙而不老。將見朝錫引年之典，家賡偕老之章。稽世系表於《唐書》，不墜家風之舊；峙靈光殿於魯國，長依化日之新。

## 蘇完瓜爾佳氏太夫人七十壽序

仰矚鵬霄，夫人星朗；俯尋鼇極，慈姥峰高。凡在珠履之賓、玳筵之客，莫不黎收而拜、揚扢而稱曰：此福門之慶，壽母之祥也。而況出歐公之門下，親聞魏國之風；拜韋母於帳前，不媿宣文之號也哉！惟太夫人幼習張箴，長嫺班誡；步陸孤之貴姓，紇豆陵之名宗。其在室也，色絲黄絹，久工幼婦之詞；其來歸也，夷鼓青陽，實衍天潢之派。自仙源而積慶，從若木以分支。孫桓有宗室顔子之稱，肅晃有吾家任城之譽。嘉耦曰配，令德來教。知伯鸞之賢，而能成其高節；定展禽之謚，而益振其清風，其所見固已卓矣。然而義統於尊，未足盡黄裳之美；教成於子，乃愈徵彤管之光。陶士行以勳業著，封鮓成之也；柳仲郢以文學名，丸熊勖之也。欲知太夫人折蔑畫荻之功，盍觀我薌生夫子振采負聲之力乎？

夫敦宗院内，自有名材；親賢宅中，非無偉器。不過名高西邸，望重南班已耳。我夫子金枝翹秀，便開杏苑之花；銀漢分流，又占蓬山之頂。賢良射策，珠玉揮毫。聽名字於臚傳，雲飛五色；學文章之官樣，紙貴《三都》。祕府校書，何減卯金之子？内廷侍晏，能賡裸玉之詩。爲公族作羽儀，人皆動色；得子弟如迦葉，帝亦稱賢。則惟太夫人教以植學者勤也。

夫大李爲法官，虞廷有命；司空掌邦士，《周禮》無書。蓋必通乎法外之條，而後雲司可領；亦必熟乎域中之數，而後水部能兼。我夫子始則敭歷承明，繼則迴翔臺省；宗英名重，卿貳階高。顔魯公拜秋官，克司邦憲；李棲筠官起部，已具相才。手定刑書，棘木之陰自静；胸羅綰籍，藤花之户皆清。故不必守金布之文，泥土斷之法，而早已獄無愧竹，野有桑麻。則惟太夫人教以服官者豫也。

至於門啓登龍，臺高市駿。金鎞刮目，黑白無淆；玉尺量才，短長皆適。秋風京兆，兼收南北之英；曉日觚棱，分閲天人之策。凡東閣才人，西清詞客；金闈初登之士，銀袍待試之人，莫不向龍燭以分光，附驥旄而致遠。入珊瑚之網，便是明珠；種桃李之門，無非仙筍。則惟太夫人教以相士者精也。

然而既擅文通，必兼武達。孫、吴之略，非必閫外而始知；頗、牧之才，即在禁中而可見。我夫子冠飄孔翠，旌颺雲藍；都護之府既開，統制之官特拜。受武功爵，而儒臣之遇愈榮；領曳落河，而君子之營自正。兵容貔虎，陣法龍蛇。謂《詩》《書》即吾道干城，非徒章句；謂騎射乃本朝家法，況在宗支。則惟太夫人教以養威者大也。

稽諸古昔，陳母以忠孝勗堯咨，蘇母以禮義誨易簡。何承天之勵學，實稟慈儀；李景讓之治軍，亦遵母訓。竊以名臣之樹立，半由賢母之栽培。若太夫人者，豈非母可兼師、養而能教者乎？今當七夕之期，將進千秋之祝。曝書樓上，丹誥鸞章；乞巧筵前，朱顔鶴髮。太夫人備只孫之法服，戴固姑之華冠。王母稱觴，窗開朱鳥；佳兒舞綵，袋繫金魚，樂可知也。某等列門生之籍，得悉壼儀；循夫子之牆，久瞻慈蔭。喜穿鍼之令節，即設帨之佳辰；酒進長生，花開吉慶。從此九重綸綍，定有馮親荀母之褒；百歲期頤，長開雪藕冰桃之宴。

## 謝母汪太安人七十壽序

金馬門前，郎君官貴；緑楊城外，婺女星高。乃因設帨之期，特設稱觴之禮。一時潘楊世戚，孔李通家，無不酌女乙之觚，奉婦庚之卣；以祈綽綰，以祝延洪。而況公瑾同年，原有登堂之誼；陶家賢母，備聞剉薦之風。豈可使緑純勿表、黄絹無詞乎？惟太安人受公宫之四教，讀《女誡》之七篇。潭上桃花，生自汪倫之宅；雪中柳絮，來吟謝傅之庭。祥女入門，便有三言之益；吉人在室，從無六鑿之傷。凡越羅蜀綫之裁量，韭芼梅蘇之調劑。竹豆木豆，春秋祭祀之儀；金羅銀羅，賓客往來之節。一經指畫，都見心裁。克儉克勤，入粗入細。鐵簪畫壁，相夫子以持家；銅盤傳餐，坐佳兒而課讀。固已一門稱德，九族推賢矣。

而太安人則更有不可及者。自來君號宣文，女稱博士。曹大家代阿兄續史，黎夫人與傅母聯吟，從壺内以論才，亦人閒所恒有。而至於羽陵之簡，載自瑶華；石室之書，藏於金匱。則黄童亦多未見，元晏猶待借觀。未聞閨閣之中，獲覩瑯嬛之祕，乃謝氏自司寇公與修四庫之書，遂永百年之澤。賜書猶在，以顔醉白之堂；祖笏相承，不墜汗青之業。竟因庸成之舊守，得窺文滙之藏書。若節春秋，敬司灑掃，丙丁庫啓，庚子經陳。紅牙之籤，因風成韻；玉板之紙，映日有光。裝以玳瑁之函，護以芙蓉之粉。太安人因勷盛舉，得縱奇觀。鳳諾龍奴，鈔來祕本；金題玉躞，識是吴裝。此無論銘椒頌菊之人，眼無此福；即問諸冠述履絇之士，口莫能名矣。然使爲傳經之韋母，作獻賦之韓公，而未聞令德之歌，亦安見閑家之美？

且夫來伸往屈，羲《易》之微言也；前沈後揚，《越書》之精語也。太安人亨屯一視，欣鬱兩忘。其在室也，族本華腴，不必布裙而椎髻；其來歸也，門猶鼎盛，亦非紙閣而蘆簾。北毳南金，美哉此室；東音西舞，爛其盈門。似乎樽節爲難，清寒不耐矣。乃無何而禺筴累多，脂膏潤少；鳩羽之司既失，鼠耳之帳難稽；錢不飛來，杯能化去。畫指之券，積而益多；纏腰之資，散而愈少。在目論者，未免慮點金之乏術，悵餐玉之無方。而太安人倚竹忘寒，食荼有味。束修壺酒，必均親串之貽；兼味盤飧，無缺賓朋之饌。貧而能樂，儉以養廉。守柳下之清，乃稱賢婦；服桑中之宦，自有佳兒。又何必撫破甑而自嗟，聽回帆而不樂乎？

夫食都蔗者，及尾而甘；種靈檀者，隨心所欲。至庚戌歲，我夢漁同年席福門之餘慶，掇盛世之巍科。金殿宣名，争看探花之使；玉堂珥筆，共推視草之才。賦罷長楊，蓬山日永；收來仙筍，棘院風清。即吉語之頻傳，想慈顔之有喜。然後知太安人所見者高而所期者遠也。今者梅花有信，剛逢十月之交；萱草無憂，將進千秋之祝。鸞章錫命，天邊之冠帔新頒；鳳律回春，膝下之壎箎迭奏。孫枝濯濯，珠著樹而俱芳；壻水溶溶，玉映冰而並潤。板輿既御，綵服争趨；鞠𦡄一樽，雲璈三奏，樂可知也。某等驥旄偶附，忝分琴上之星；麋壽同祈，敬祝壺中之日。雖無鉅筆寫雲母之屏，且藉巵言侑麻姑之酒。所冀康强逢吉，美意延年。此時鶴獻籌來，齊唱百年之曲；他日鳳銜詔至，榮披一品之衣。

## 但雲湖前輩七十壽序

夫張蒼柱下，錫曼衍之奇齡；羅結城中，受頻繁之異數。固已争光旗翼，比美蒼牙；而況注籍玉堂，書名晶策，已届從心之候，猶勤宣力之勳。人望之如魯國靈光，共仰重名於北斗；帝用之爲傅巖霖雨，俾敷惠澤於南邦，如我雲湖先生者乎？先生麗水祥金，丹山威鳳。秦黔中之故郡，秀氣獨鍾〔一〕；漢都尉之家聲，清芬克紹。際此橙黄菊緑，剛過九月重陽；喜聞鳳舞鸞歌，將祝七旬雙壽。忝與登龍之列，敢忘酌兕之忱？敬獻小言，以侑大斗。惟先生裴邈才清，徐陵慧早。一夔之俊，貢此芹香；百尺之枝，攀來桂子。慈恩塔上，親題千佛之名；天禄閣中，小集群仙之隊。燭移龍鳳，湯賜麒麟；鱠蓬萊之魚，騎杏葉之馬。冰銜既貴，霜議益清。嶽移來東觀神仙，壯此西臺風骨。赤棒所至，識高中尉之威名；白簡無私，見傅鶉觚之慷慨。嶽嶽神羊之角，行行驄馬之歌，蓋有鮑葛之風、薛袁之直焉。至於秉龍虎之節，平燕雀之衡。涉湘水而採其茝蘭，登會稽而收其竹箭。一簾秋色，文章之味同清；萬種春花，桃李之門更盛。類皆秤心自運，鐸舌親操。蘇子瞻試院之中，煎茶有味；和魯公省門之外，撤棘無譁。朝廷收

〔一〕鍾，原誤作「鐘」，據文意改。

得士之功，士林服論文之識。然而清華之選，所以觀其學也；盤錯之交，所以試其才也。汲長孺之重望，乃莅淮陽；李鄴侯之仙才，亦臨浙右。先生諫垣聽鑰，帝扆書名；移卿月於九霄，作福星之一道。風清鷁首，浮沅水以南游；雲傍馬頭，度太行而西去。其所至也，六條察吏，五禮防民；蓬蒿不翦於庭前，桑麻成陰於境内。韓大中之政，傳爲美談；顔有道之歌，達於朝聽。欲試移風之手，俾正吴趨；因知飲水之心，命司禺筴。

夫自鹽屯既設，榷法屢更，鐺户易疲，綱官難給。先生始官山左，旋莅江南；籌握帳中，錢流地上。貨布得流通之術，脂膏無自潤之心。故能杜攘竊之奸，而梟心自静；定踦零之帳，而鼠尾皆清。雖劉晏著美於唐時，陳恕得名於宋代，亦何以加於此乎？然使馭飛雪之將，揚思次之旌，而徒争心計之工，其安見指麾之略？先生安邊有論，經武有方，受鳩治子之兵書，通馬將軍之故事。當海氛之未靖，正軍事之方興，遂兼廉訪之銜，以重師干之任。修殷鐵之密奏，自達九重；負劉輿之長才，足當百萬。於是開黄皮之室，造金翅之船。募横海之雄師，鐵蝀遠跨；練淩波之勁卒，銅虎分頒。鹿角十重，魚膏千斛。卒之刁公城固，焦度樓高，亭堠銷烽，市廛安堵。自定便宜之策，高張吉利之旗。即此一面之獨當，洵可八州之兼督。而乃潘岳有閒居之日，文園多移疾之時。幾疑超棘無徵，浮萍有詠。豈知再懸再上，堇父之布彌高；愈磨愈明，獨孤之鏡無損乎？且夫人爵之榮，天倫之樂，求之於古，罕或能兼。先生二品階高，八旬親健。蘇易簡之奉母，頻邀霞帔之頒；陳堯咨之居家，每繫金魚而侍。此一端之可羨，雖三公以何加？德配吴夫人系出延陵，封高石窌。心能入細，代稽鹽鐵之書；德可宜家，榮受蘭金之誥。上以扶持鵠髮，下以培植鳳毛。三珠之樹争高，千里之駒並駕。或玉堂之繼武，或珊網之呈材。學海瀾深，郎官星朗，門庭之盛，海内同推矣。某素仰丰裁，倍殷頌禱。黄金臺下，幸逢長者之車；雲母屏前，敬獻壽人之曲。所望《易》占三接，史紀九遷。八千歲爲春，天上花開旌節；九五福曰壽，人閒樹種長春。

## 慎母陳太恭人八十壽序

夫揚尊遂者，表石窌之封；頌延長者，侈槐眉之迹。然而翠嫣、玄扈，事既遠則難稽；黄竹、白雲，語非經而罔據。豈若奏房中之樂，揚林下之風；借彤管之三章，寫錦屏之十幅乎？歲惟玄默，序入九秋，芙卿太史爲其尊慈陳太恭人稱八十壽。某等以公瑾之同年，拜宣文之賢母，欲進壽人之曲，宜陳女憲之書。惟太恭人毓自高門，教於名父。當玉勝呈祥之始，家在日邊；從花甎退值之餘，攜來膝下。授之班誡，課以唐詩。凡韋母《周官》、班姬《漢史》、宋家《論語》、伏氏《尚書》，無不了了於心，琅琅在口。時贈公治亭先生以孝廉之船，赴公車之署，龍門未上，燕市久留；喜諧敬仲之占，爰作齊髭之贅。吉人在室，嘻嗃無聞；快壻登堂，風流可想。而乃翼殷不逝，器大難成。遂以獻賦之相如，姑作傳經之劉向。匡衡補平原文學，後進景從；劉昞稱玄處先生，學徒雲附。然而束脩之羊常瘠，空倉之雀多饑。供落索之餐，僅餘舂妾；補挾斯之服，恒藉鍼神。太恭人儉以養廉，貧而能樂。攜阿汪之女僕，鬻繡三更；課衮師之嬌兒，咿唔一卷。食貧有味，交謫無聲；井臼雖勞，笄珈無慕也。逮乎註選人之籍，現宰官之身，而河陽之花，欲栽猶未；長安之米，屢索爲難。雖殷出門西笑之心，已決盡室南歸之計。二十年之新婦，始拜松楸；三千里之故山，僅存桑梓。猶謂牽絲已近，製錦非遥，從前橐筆而游，此後鳴琴而治。百里之地，試其利器而有餘；三徑之資，取諸絃歌而自足。孰意牛刀未奏，鵩賦先成。沅江蘭芷，虚迎葉令之舄；霅水雲煙，遽返蘇仙之鶴。斯時也，因樹之屋，止賸三椽；種秫之田，不盈五畝。太恭人艱難作筥，辛苦牽蘿；大厦獨支，偏絃自奏。帛似帛而布似布，刀尺宵聞；簪非簪而釵非釵，鉛華曉謝。缾無儲粟，能爲巧婦之炊；楹有遺書，惟勸孤兒之讀。且夫千尋之木，實生神芝；盈尺之珍，足蔭嘉穀。自來德無不耀，理有可徵，況重以太恭人教誨之勤、栽培之厚乎？

芙卿千雞學富，五鳳才高。卓爾不群，久冠子衿之列；拔乎其萃，果邀乙覽之知。首選既膺，頭銜便貴，民部司度支之重，郎官應列宿之尊。於是恭迓板輿，重游京國。晨昏甘旨，茅季偉殺雞以供；出入起居，陳堯咨佩魚而侍。霓裳一曲，名在月中；象服三加，恩頒天上。然而稽百官之表，惟玉堂之署尤清；號萬石之君，無芸香之俸則俗。乃至庚戌歲而輭紅得路，淡墨書名。甫開聞喜之筵，便入承明之選。《天人策》進，聖主頷頤；《羽獵賦》成，群公擱筆。餠分銀餡，炬撤金蓮。斯固已極遭遇之榮，食《詩》《書》之報矣。又況楷臺高築，筆陣雄開，肥瘦兼乎鍾胡，筋骨得之顔柳。求書客滿，門是鐵而亦穿；潑墨興豪，壺非金而不竭。士林珍其尺牘，公卿慕其姓名。從此臺閣蹐登，輶軒歲出。傍金坡而置宅，持玉尺以量才；薰班馬之濃香，樹夔龍之重望。太恭人手扶鳩杖，身擁貂裘，其亦爲之進一觴加一饍乎？而乃菀枯之境，無動於心；欣鬱之情，罕形於色。圖書滿架，花木盈庭；不禮兩足之尊，不設三净之饌。篋中舊稿，常倩兒編；燈下細書，不勞婦代。訂蘭閨之故事，都爲一書；仿玉臺之新詩，選從兩宋。即今期頤將屆，矍鑠如初。油窗花户之閒，筍席羔裀而坐。排金葉之格，則猶子亦偕；檢紅牙之籤，而女孫輒侍。隔户之婦，每共敲棋；扶杖之孫，時來索果。佛能自在，仙本長生，洵可樂矣。兹當設帨之辰，將舉稱觴之禮；萱堂春滿，菊圃秋高。某等忝有登堂之誼，敢忘介壽之忱？所望曲唱百年，長駐結璘之景；衣披一品，益高興慶之班。

# 孫鼎庵太夫子壽序

讀《萬石君傳》，羨門弟之榮；誦《九老圖詩》，見林泉之福。固已聲華並茂，齒爵兼尊。然而鶴鳴於陰，喜其子之能和也；豹隱於霧，美其身之有文也。倘徒席寵簪纓，比齡旗翼，亦奚足以焜耀枌榆，鋪張竹素乎？鼎庵先生以君子儒現壽者相，啓五經之笥，腹便便而愈饒；披一品之衣，骨珊珊而不俗。歲在癸丑，先生年六十有五矣。惟時我師蘭檢侍郎恭承簡命，視學皖江。效仁傑之望雲，低徊不去；喜維摩之示疾，矍鑠如初。乃寓書於樾，謂古者奉觴上壽，非有常期；今兹舞綵承歡，冀聞吉語。樾雖固陋，不敢辭也。雖然，先生文章名世，科第傳家，徒陳《黄竹》之謡，難補《白華》之雅。盍即其樹立之奇、遭逢之盛，爲先生侑一觴乎？

夫刀礪紛帨〔一〕，《内則》之恒儀；厠牏中帬，子弟之常分。苟庭闈之聚順，雖曾、閔以何加？乃先生父曉塘吏部，始而藤廳供職，繼而榆塞荷戈，層冰積雪之間，羸馬瘦童而去。黄龍府遠，白豹城高，先生左右扶持，晨昏調護；奉留犂以介壽，歌《敕勒》以勸餐〔二〕。迨恩出九天，

〔一〕 礪，原訛作「鑈」，據蔡啓盛《校勘記》改。

〔二〕 敕勒，原訛作「勒敕」，據文意改。

得唱刀頭之曲；而身經萬里，都忘繭足之勞。烏烏情深，明駝足健。其不可及者一也。史公游覽，即是文章；王粲從軍，何傷儒雅？先生歸從絶塞，踏徧名場，謂地芥之非難，何天香之有待？乃至甲午歲，始膺鄉薦，得列賢書。而蘭檢師已陪玉筍之班，同報金花之帖；查黎並秀，椿桂齊芳。龍門之游，使季方扶杖；鹿鳴之宴，因紀涉張屏。其不可及者二也。蘇老泉之策學，不列於制科；黃亞父之詩名，僅終於從事。雖有知名之子，末由歸美於親。蘭檢師早奮天衢，逕登雲路；司文東觀，珥筆西清。在常情而論，先生亦怡養邱園、優游家衖已耳。先生謂讀十年書，未登上第；拜五花誥，終愧君恩。於是鑄鐵硯以自盟，著銀袍而就試。不墜觀光之志，果開聞喜之筵，以司馬老先生，作昌黎前進士。其不可及者三也。唐人貴科目，一第爲難；漢代重循良，百里非易。既看花之得意，宜捧水以之官。墨綬銅章，莫笑牛刀小試；壬山癸水，行看鳧舄飛來。而先生燒尾情殷，折腰興嬾。羊鼻公無他嗜好，惟喜圖書；龍鬚友成我功名，更勤著述。輭紅塵裏，一笑抽身；虛白堂中，終年抱膝。載酒之客，酬以清談；負牀之孫，課以家學。詞曹接武，郎署蜚聲，皆先生之教焉。門前五柳，久淡宦情；堂下三槐，益饒佳氣。其不可及者四也。雖然，先生世受國恩，身爲鄉衮，使徒作嵇紹之野鶴，學劉勝之寒蟬，何以見入粗入細之精神、可方可圓之才略哉？先生南郭忘形，物來則應；東平好善，樂此不疲。

布長者之金，因而建寺；捐坡公之帶，遂以成橋。而生平致力者，尤以文風塔爲最。是塔也，拔地七盤，去天三尺，偶以謝仙之火，致毀鉅觀；將運郢人之風，使還舊物。先生採形家之論，謂文運之攸關；念先世之勞，懼前功之盡替。廣招巧匠，妙選名材；築就瓊階，裝成寶地。阿育王之神力，遂此莊嚴；舍利子之光芒，燭乎霄漢。果使科名草緑，及第花紅。而陶士行竹木之儲，都歸有用；孔君魚脂膏之地，共信無私。其不可及者五也。且夫茶鐺藥臼，王摩詰之幽居；掃地焚香，韋蘇州之清福。先生瑟琴静好，家室和平。宜乎開出曇花，必非頃刻；種來修竹，總是檀欒。乃德配徐夫人暫住華鬘，旋歸兜率。少君去而鹿車罷挽，德耀逝而鴻案虚留。但將法喜爲妻，不羡使君有婦。林處士山中清夢，祇堪配以梅花；王大令江上情波〔一〕，并未迎將桃葉。其不可及者六也。蘭檢師敭歷承明，回翔臺省。少司馬之職重於《夏官》，《大宗師》之篇清於《秋水》。先生謂鋒車問俗，非徒蒿目而談；玉尺量才，尤貴冰心自矢。每以教忠之意，寓於執訊之書。雖或旁午軍符，紛紜未息；夷庚孔道，充斥堪虞。而謝傅從容，依然賭墅；劉超鎮定，終不移家。其不可及者七也。歲時伏臘，居君子之鄉；傀儡盤鈴，尋少年之

〔一〕大令，原訛作「右軍」，據蔡啓盛《校勘記》改。

樂。釣游舊地，杖履閒身。登邑大夫之庭，止談風月；入鄉先生之社，但話桑麻。與哲弟謙齋、文垣兩先生，屐齒尋幽，杖頭買醉。東頭西頭之屋，無閒往來；南垞北垞之閒，每同觴詠。悠然有松石閒意，望之如神仙中人。其不可及者八也。

荀子云「美意延年」，史遷謂「修道養壽」。當嶺上春回之月，正壺中日永之時。雖我蘭檢師秉節云勞，稱觴未逮。然而陶隱居之樓上，謖謖松風；楊於陵之門前，深深桃李，亦足爲先生壽矣。樾遠承師命，敬溯高風；所喜鶴算銜來，正值龍光頒到。天上紫泥初錫，已看彩服增輝；膝前黄閣將登，願借金甌獻壽。

## 墓誌銘

### 户部候補主事前翰林院庶吉士壽君墓誌銘

君諱壽昌，姓某氏，滿洲鑲黄旗人。其先世自國初駐防江南，遂家江寧。從真人豐沛而來，素精武略；得六代江山之助，遂暢文風。曾祖官福保，祖樟柱，父尚德並以騎射承家，《詩》《書》啓後。君生而穎異，學有本原。讀東方曼倩之書，久推博雅；入北海康成之室，便號經神。凡舜碣堯碑、癸盉丁卣，佉盧字古、不準書新，莫不了了於心，琅琅在口。魯淹中之士，遜此宏通；齊稷下之儒，媿其浮辯。學飽千蹠，聲蜚一黌。賢書登其姓名，天府貢其品望。歲在庚戌，成進士，入詞林。黄榜名高，紅箋字大。寫同年之録，不媿魁人；居殆庶之科，是稱吉士。擔簦北上，被錦南還。跨内廏之飛龍，光生梓里；攜蓬池之仙鱠，香佐蘭餐。固遭遇之榮，亦文章之報也。夫以爾雅之才，膺承明之選，宜乎獻淩雲之賦，名動公卿；簪晝日之毫，身依禁近。乃壬子散館，改授主事。噫嘻！辟劦支未成正果，項曼都竟作斥仙。雪泥之爪印猶留，冰樣之頭銜已换。海中珊網，人惜遺珍；天上玉堂，自稱過客。接翼之鳥半翔，集於天衢；同隊之魚盡飛，騰於霄漢。而君挂名省署，供職農曹，得無有雲英未嫁之思、子晉成仙之憾乎？

雖然，郎官應列宿之尊，民部司度支之重。虎爪之板，不妨暫屈王微；鳳凰之池，原可仍還荀勗，君亦猶猶然不以介於懷也。孰意一官落拓，方閉户以著書；八口零丁，竟闔門而死難。蓋君官雖日下，家尚江南。自粤賊之沿江而下也，夷庚已塞，難爲就養之行；令甲方嚴，敢作偷生之計？黯黯將軍之樹，堂堂君子之營，固已視白刃而如歸，製黄衫而有待矣。癸丑二月，賊陷江寧。時則風鶴張皇，沙蟲慘淡。神鴉飛滿，孰與招魂？鬼馬騎回，尚思殺賊。短兵相接，至三日而未休；大義相期，竟一軍之同盡。君全家赴義，盡室捐軀；同抽光弼靴刀，不走田單車軸。嗚呼！烈矣。君在京聞信，哀不成聲，痛真欲絕。白雲千里，誰爲仁傑之家；碧血一堆，難訪萇弘之骨。死生契闊，旦夕呼號；血共淚枯，神先身死。未閱月而君亦不起，哀哉！予與君爲庚戌同年，西清之鈴索同聽，南浦之歸舟並放，庚戌假旋，與君遇於袁浦。每當交游之相對，咸推才調之無倫。乃並列清班，而文星竟謫；同依盛世，而劫運偏逢。苟天道之有知，何斯人之太酷！

君生平覃精小學，徧讀奇書。童律庚辰，補《禹本紀》之缺；吉日癸巳，摹《穆天子》之文。所著有《說文正誤》《夏小正補注》若干卷，殺青未就，殘墨猶香。此則丁敬禮之文，待陳思而定；左太冲之賦，藉玄晏以傳者也。君娶某氏，生一子。或云城陷後，有匿其孤以免者。雖覆巢之下，未必果有遺雛；而劫火之餘，或者猶留幸草，庶延炊種，不墜書香。然而全趙氏之孤，誰爲杵臼？存李固之後，安得王成？傳聞異辭，亦難必也。某年月日，同人將葬君於某原，而屬余爲之銘。嗟乎！抱九仙之骨，何期獨下神山？檢千佛之經，誰料先登鬼籙？一門忠孝，有光太史之書；三尺松楸，無犯大夫之墓。銘曰：

君粹於學而贍於文，既衣忠而裳信，亦雪白而蘭薰。胡蓬萊之早謫，而芝艾之先焚？彼爲蚍而爲虺，乃嘘毒於榆枌。既一門之俱盡，而君亦自蹶其蘭筋。嗟命途之舛錯，譬糾纆之紛紜。或皃没與欺魄，非達者之所云。苟君親之無負，雖九死而猶欣。蕭蕭白楊君之墳，千載而下毋耕耘！

# 誄

## 孫竹孫先生誄

夫西州智士之亡，應乎武擔之石；南岳幽居之誄，登乎《文選》之樓。故知身無論乎窮通，名無論乎顯晦，苟有可傳，皆堪不朽。孫公竹孫，諱家球，仁和人，故文淵閣大學士文靖公之從孫也。考諱某，江西南昌縣知縣。宰相世系，表於史官；廉吏子孫，食其舊德。公生而藴籍，幼即端凝。數馬之風，無慙石氏；舞象之日，已號璧人。李十郎生相國家，自有山林之致；范仲淹作秀才日，便存憂樂之懷。宜乎富貴逼人，文章驚世，不僅子衿之選，行看祖笏之還。而乃紅休已失其故封，黄散徒存其舊望。易消白日，難到青雲，未免銅狄傷今，金徒感舊。公少時隨父宦游江右，適文靖公總督兩江，避嫌改秩，遂辭手板，來拜牙旂。時則水驛更籌，護以亭公之弩矢；舵樓燈火，照來節度之旌旗，何其盛也！江山無恙，風雨重來；鬢已二毛，裝惟一葉，因繪《江行感舊圖》紀之。夢華小録，不無故我之思；穆護新腔，大有勞人之感。然而君子安雅，達人大觀，付舊事於飄風，證此心於明月。不乞木居士之福，且從麴秀才而游。花底扶頭，酒閒招手；食無三九，醉已二參。不必鯖仿五侯，膳司九婢。而大爬獨酌，謂輭飽之已堪；小户客來，即清談而亦可。君平坐乎市肆，臣朔雜以詼諧。或高齋學士之與游，或卑田乞兒之共語，可謂游於人外、和其天倪者矣。至於説《禮》敦《詩》，承平王孫之態；恤孤矜老，慈悲菩薩之心。秋風其涼，飲蘆中之窮士；夏日可畏，蔭樾下之暍人。則又壺士傳爲美談，輿人誦其高誼者焉。未登大董，遽隕少微，於道光二十四年冬十二月二十八日疾終里第。嗚呼哀哉！

公娶戴氏，乃先君子中表妹，而兄林又公之壻也。樾十齡就傅，五載依公；不徒以一第相期，乃并以千秋見待。自惟年齒未逮終童，便謂文章當歸阿士。憶公疾革之日，猶出《江行感舊圖》索題，爲製長歌一章而歸之。公呼燈就枕，忍死讀詩；氣已斷而不復成聲，目未瞑而尚能辨字。已而歎曰：「死是歸人，生爲欺魄；既鐘漏之俱盡，何金石之不流？然而病骨易消，名心難化。與其誦鳩摩之神咒，乞此餘生；不如將蜍志之微名，託君後死。或爲小傳，粗述生平。苟有見於集中，即無憾於泉下。」樾遷延敞罔，未敢當也，而公長逝矣。嗚呼！公叔垂危之語，張堪知己之言。過喬太尉之墓前，可爲腹痛；起顔士遜於地下，終負心期。謹按禮，謚以易名，誄以表行。爵非有謚，誄又何施？然而縣賁父之誄載於《檀弓》，知士之可以有誄也；楊荆州之誄成於潘岳，知幼之可以誄長也。竊緣此義，敬著斯文。望丹旐其已遥，書素旂而無及。嗚呼哀哉！其辭曰：

石鼓山下，靈光巋然。一朝星隕，哲人萎焉。祝噎不效，餐霞而仙。算隨臘盡，逝在春先。嗚呼哀哉！惟公家世，累葉清華。天上黄鉞，門前緑車。宜顯於世，以昌其家。如何釁舍，老此蘭芽？嗚呼哀哉！惟公内行，孝友詵詵。伯霜仲雪，合爲陽春。醋溝勸學，穅市憐貧。善人無禄，鬼伯不仁。嗚呼哀哉！公隱於市，交無賢愚。晉國大駔，魯中諸儒。苟入其室，誰非吾徒？而今已矣，寂寞黄壚。嗚呼哀哉！公隱於酒，無慮無思。提壺挈榼，餔糟啜醨。公真醉矣，臣復中之。金伶墓上，誰酹此卮？嗚呼哀哉！嗟予小子，曾從公游。總角之歲，許我千秋。蹉跎老大，將貽公羞。愧無巨筆，書此旗旒。嗚呼哀哉！

## 李春帆誄

李君春帆，名襄，黟縣人，予及門士簡庭明經從兄子也。叔夜幼孤，彥昇早慧。風舅、草翁之對，已見聰明；玉昆、金友之閒，尤推倜儻。少於簡庭者二歲，同趨家塾，並受楹書。試童子之郎，每同鋪席；拜先生之坐，不隔門墻。喚作吟朋，視如弱弟。叔寶之風神可想，阿檽之才具尤高。凡親故往來，歲時伏臘，一經險度，無不周詳。張曾子爲鄉里所推，杜伯夷有奇童之目。簡庭呼蕭藻爲迦葉，愛劉孺若明珠。雖行輩有懸，而形神無閒也。歲在癸卯，母病幾危。時則伯兄遠客，鬗指難招；諸弟扶牀，牽衣尚小。盡其一人之力，歷乎三載之遥；帶下求醫，囊中採藥。倭子勸餐而必飽，黄童扇枕而能涼。卒使貞疾有瘳，慈雲無恙，雖古人江魚、孟筍，亦何以加於此乎？乃至丁未歲，而其祖父母又相繼病。八旬年老，二豎災深；沃盥固賴扶持，帬牏亦資浣濯。其婦朱氏，心力忘劬，晨昏盡瘁；堂前進乳，廚下調羹。而孰意勞可傷生，孝真竭力。疾風忽起，竟占吹竈之凶；明月重來，未免倚欄之感。雖白華絳足，無改承歡；而紅粉碧雲，能無傷逝？既仲宣之體弱，又奉倩之神傷，亦自知不復永年矣。然而形骸欲化，神識未衰，臨殁猶從容謂簡庭曰：「書劍無成，鐘漏俱盡，委形隨化，亦無瞢焉。惟是偏親垂暮，孤子始孩，九死之餘，一言爲託。」嗚呼！𡖖没欺魄，誰知修短之期？鳥死哀鳴，未改纏緜之性，是亦可悲也已！今年春，簡庭從余於京師，固請於余，追爲此誄。一坏土掩，欲書丹旐而無由；再世人來，好與金環而共認。誄曰：

黟山之下，爰有素風。隴西之子，實惟終童。瓊姿鶴鶴，劍氣熊熊。書修保傅，集訂童蒙。雖讀《詩》《書》，不慕青紫〔一〕。綵服斑斕，能令親喜。石奮浣帬，王延温被。至誠感神，母病竟起。非無兄弟，伯淮季江。停雲千里，聽雨一窗。亦有嘉耦，蛩駏必雙。蘆簾紙閣，玉漏金釭。生死相依，乃惟臣叔。騎竹同嬉，編蒲互讀。夜卧聯牀，晨餐劃粥。爲同隊魚，爲呼群鹿。其齒雖弱，其才則長。入粗入細，可圓可方。十人足了，一面不忘。韓嬰心細，管輅膽剛。天不假年，斯人竟夭。珊網收遲，玉棺降早。黄口兒孤，白頭親老。顛倒遺書，飄零殘稿。嗚呼哀哉！曇花易謝，泡影難圓。修文何地，成佛何年？或如羊祜，再續前緣。白瑶宫遠，望斷人天。嗚呼哀哉！

〔一〕 慕，原訛作「暮」，據蔡啓盛《校勘記》改。

# 祭文

## 公祭相國杜芝農夫子文

嗚呼！霖雨方甘，江左拜謝公之埭；慶雲忽散，天邊增傅説之星。緑野俄空，黄扉竟掩。送温公之葬，野亦焚香；聞子產之喪，人皆捐玦。而況歐陽公之坐上，許見文章；安昌侯之堂前，與聞絲竹者哉！惟公秀毓青齊，門承黄散。蘇瓌有子，早見賞於九重；盧肇登科，洵無慚乎第一。遂乃西清待漏，東觀讀書，既簪筆以趨朝，復乘軺而出使。王珪之去，送以金蓮；李泌之來，召以銀信。使星既入，卿月俄升。既踐容臺，旋移水部。蓋王茂弘令僕之才，李棲筠公輔之望，固已肇於此矣。而乃未登鳳閣以調元，先入龍樓以侍學。金谷來軒轅之問，緑圖爲顓頊之師。每當怯薛風清，觚稜日暖；尚書履至，丞相車來。聽高季輔之言，珍逾鐘乳；味崔伯深之語，清若縹醪。此十七年之情懷，長留宸念；而一个臣之風度，獨重朝端者也。槐嶽既登，鹽梅攸寄；格心道大，造膝謀深。元振之入省中，或十四昔而始出；渠牟之對殿上，每五六刻而未終。蕭規曹隨，務崇其寬大；房謀杜斷，動合乎機宜。以百辟之儀型，承兩朝之知遇。柏梁酒罷，教編御製之詩；棘院茶清，屢拜文衡之命。入玉堂之署，笑看弟子横經；修金匱之書，特許老臣秉筆。崔家父子，並駕軒輶；温氏弟兄，同居華近。凡遭逢之特異，皆倚任之逾常。

今年春，因黄流之軌未遵，致赤子之勞莫息。庚郵入告，丙枕難安，特簡重臣，俾敷惠政。公朱軒就道，赤舄辭朝；顧温樹而依依，聽禁鐘而戀戀。玉音問答，猶陳忠愛之辭；金殿平明，大有徘徊之意。然而使車既去，奏牘頻來；即經畫之周詳，知精神之淵著。富鄭公之境内，屋廬衣服而皆全；鄧仲華之車前，班白垂髫而盡樂。方謂堂開晝錦，將徵永叔之文；誰知樓署望京，長抱令狐之恨。結旌不返，遺表俄陳；千里星馳，九天雨泣。念堂前之親老，珍藥先頒；知膝下之兒賢，清班特晉。千秋之論，獨斷於宸衷；一品之階，更高於保傅。温言慰問，已勞敕使頻來；異數便繁，竟荷乘輿親奠。懸車之父，扶拜天顔；勝帶之孫，攜來帝座。較之垂涕而問桓榮，加紼而封丙吉，雖哀榮相等，而震悼尤深矣。某等游韓愈之門，共欽北斗；問謝安之墅，猶在東山。方霑化雨之施，忽訝台星之隕。乃瞻丹旐，敬薦清尊。三載登龍，忝作李君之御；千秋下馬，長懷董相之恩。哀哉！

# 呈

## 公請林敏齋前輩入祀鄉賢祠呈

竊惟圭璋之品，士大夫所以立身；俎豆之光，都人士於焉觀德。是以豫郡留先賢之像，襄陽傳耆舊之書，既矜式於士林，宜光榮乎祀典。伏見故湖北糧儲道林公諱培厚者，秀鍾東浙〔一〕，系出南安。聲儁一黌〔二〕，登鱣堂而秉鐸；名尊千佛，企鵬路而摇鞭。既題氊筆之名，便與玉堂之選。花甎日暖，群公推作賦之才；棘院風清，多士服論文之識。詞垣珥筆，手披四庫琳琅；帝扆書名，身寄一方保障。酌岷江而勵潔，履蜀道而忘難。智察稻芒，獄無疑而不破；力除蠹本，盜有藪以皆清。頒鐺户之規條，而梟心向善；嚴鐵官之禁令，而鶴膝銷鋒。迨移蒞夫丁沽，復忝承乎巽命。

螭坳召對，鳳詔傳宣。謂潔己而愛民，是漢代循良之吏；俾承流而宣化，作唐時觀察之

〔一〕 鍾，原訛作「鐘」，據文意改。
〔二〕 儁，原訛作「儁」，據蔡啓盛《校勘記》改。

官。霖雨三年，福星一道。講救荒之政，野絶鴻嗸；陳治水之書，河清牛尾。蕭育杜陵男子，不避群嫌；吴公天下治平，終邀特簡。念天庾之重，敢辭使節賢勞；盡臣職之常，每荷璽書褒奬。蓋其精誠之至，既有以上結主知；而其孝友之風，更足以下垂家範。維桑與梓，愛早篤於童年；匪莪伊蒿，哀不衰於中歲。薄許武分財之陋，不取錙銖；推丁鴻讓爵之心，竟邀綸綍。其克敦乎天顯，洵無閒乎人言。至於燔券仁心，指困義舉，啓少陵之廣厦，以招賃廡之賢；開文翁之講堂，以待横經之彦。臨池作字，從無草草之時；仰屋著書，總繫林林之命。典型雖遠，景仰同深；名實既符，馨香不愧。夫聖世風聲之樹，援既往以勸將來；里人月旦之評，雖私議而符公論。伏祈鑒兹衆悃，籲請天恩，俾崇祀乎鄉賢，以俯從乎物望。肅明禋於千古，允爲大典之光；留碩望於一鄉，并樹人倫之準。

# 跋

《賓萌外集》四卷，德清俞蔭甫太史所撰駢儷文也。太史天才亮拔，慧業英奇，早掇巍科，久標清望。劉公幹時有逸氣，陸平原雅擅文名。當其組織萬言，雕鎪千古，舉凡述德表忠之製，抒情敘舊之篇，莫不妙奏鏗訇，蔚成藻麗。若夫典司著作，儤直承明，凌雲侍從之班，近日神仙之望。玉堂給札，書從鳳味啣來；金殿掄材，墨向螭頭蘸飽。景福受釐之際，平叔詠康；太和陪位之期，敬輿聽樂。如館閣進呈諸賦，渢渢乎鳴盛之音焉。洎乎持衡東洛，擁傳中州，敷經訓而衍師傳，議祭禮而推聖澤。特升子產，躋蘧、林二友之閒；增祔孟皮，列路、晳兩賢之上。重華古殿，宜招靈甫同龕；元聖崇祠，合進伯禽配食。如廟庭從祀諸篇，秩秩乎維世之教焉。然而羊祜位顯，猶戀角巾；馬援宦成，更思款段。雖賞嵩高之勝，恒吟苕霅之清。既而霜急鴻飛，風高鷁轉，掌禹錫以難題被議，潘安仁以易退去官。數載倦游，今兹主講。分齋授藝，士奉胡瑗；廣學培英，人尊趙德。持群經之正議，黑白忘懷；定諸子之公評，丹黄適性。洵所謂升沈不概其心，出處不渝其志者矣。文瀾誼聯維梓，交締漸蘭。爰因跋尾之篇，用博伸眉之笑。八分手簡，永珍遠道深情；什襲牙籤，待述名山盛業。秀水杜文瀾。

# 《俞樾全集》總目録

《群經平議》（二册）　王其和　整理
《諸子平議》（二册）　王華寶　整理
《第一樓叢書》（一册）　王華寶　喬秋穎　傅傑　王博　張曉青　金鈺　整理
《曲園雜纂》（二册）　顧莉丹　整理
《俞樓雜纂》（二册）　倪永明　整理
《賓萌集　賓萌外集》（一册）　滕振國　整理
《春在堂詩編　曲園自述詩　補自述詩　春在堂詞録》（二册）　謝超凡　整理
《春在堂隨筆　九九銷夏録》（一册）　王華寶　整理
《經課續編　四書文　曲園四書文　曲園課孫草　經義塾鈔》（一册）　汪少華　劉珈珈　孫煒　王欣　整理
《茶香室叢鈔》（四册）　汪少華　顔春峰　整理
《茶香室經説》（一册）　魏慶彬　整理
《春在堂雜著》（一册）　孫幼莉　劉珈珈　黄曙輝　喬玉鈺　張龍飛　整理
《春在堂尺牘》（三册）　張燕嬰　整理
《春在堂日記　曲園日記》（一册）　孫煒　整理
《楹聯録存》（一册）　劉珈珈　整理
《右台仙館筆記　附耳郵》（一册）　王華寶　余力　整理
《薈蕞編》（一册）　謝超凡　整理
《七俠五義》（二册）　田松青　整理
《春在堂雜文》（三册）　胡文波　白朝暉　張曉青　謝超凡　劉珈珈　王倩倩　整理